本书受"教育部高校示范马克思主义学院和优秀教学科研团队建设项目（优秀中青年思政治理论课教师择优资助计划）：大学生友善观培育研究（项目批准号：19JDSZK181）"的资助，为其结项成果。

大学生友善观培育研究

李 婕 赵 爽 著

燕山大学出版社

· 秦皇岛 ·

图书在版编目（CIP）数据

大学生友善观培育研究／李婕，赵爽著. —秦皇岛：燕山大学出版社，2024.1
ISBN 978-7-5761-0504-9

Ⅰ.①大… Ⅱ.①李…②赵… Ⅲ.①大学生－品德教育－研究－中国 Ⅳ.① G641.6

中国国家版本馆 CIP 数据核字（2023）第 047087 号

大学生友善观培育研究
DAXUESHENG YOUSHANGUAN PEIYU YANJIU

李 婕 赵 爽 著

出 版 人：陈 玉			
责任编辑：王 宁		策划编辑：王 宁	
责任印制：吴 波		封面设计：刘韦希	
出版发行：燕山大学出版社		电　话：0335-8387555	
地　址：河北省秦皇岛市河北大街西段 438 号		邮政编码：066004	
印　刷：涿州市般润文化传播有限公司		经　销：全国新华书店	

开　本：710 mm×1000 mm　1/16		印　张：16.75	
版　次：2024 年 1 月第 1 版		印　次：2024 年 1 月第 1 次印刷	
书　号：ISBN 978-7-5761-0504-9		字　数：254 千字	
定　价：70.00 元			

前　　言

　　培育和践行社会主义核心价值观，是有效整合我国社会意识、凝聚社会价值共识、防范和化解社会矛盾、聚合磅礴之力的重大举措。而社会主义核心价值观中的友善观在指导大学生进行日常人际交往方面发挥了重要的作用。大学生眼中友善价值观的内涵和外延是什么？典型的友善行为有哪些？当前大学生的友善水平如何？哪些因素会影响大学生友善观的培育？安全意识和友善水平是此消彼长的关系吗？行之有效的大学生友善观培育路径是什么？围绕以上大学生友善观的问题，在教育部专项资助下，笔者进行了三年多的研究。本书系教育部择优资助项目：大学生友善观培育研究（19JDSZK181）的结项成果。

　　本书涵盖上、中、下三编，共十一章。上编为大学生友善观内涵解析，从中国传统文化中友善价值观溯源、马克思主义理论中的友善情怀、西方文化中友善因子的体现等层面进行解析，最后聚焦大学生友善价值观的科学内涵探析。中编为大学生友善观培育实证研究，通过科学采样、数据收集和编码、统计分析，对大学生眼中友善的内涵和外延、友善行为的影响因素、安全意识与友善的关系等进行了包括访谈调研、问卷调查和实验研究在内的实证研究。下编为大学生友善观培育实践路径，在上编文献分析和中编实证研究的基础上，从大学生友善观的培育主体、载体、环境、机制等层面，提出可操作性的培育路径，为大学生友善观的培育提供有效建议。

　　本书的写作过程与笔者培养研究生的经历有许多交集。2019 年笔者获批该项目资助，笔者的第一个研究生赵爽正值研二阶段，笔者和她开始对这一问题进行系统研究。在项目研究的三年多里，三位研究生先后围绕大学生友善观这一主题，寻找各自的兴趣点进行深入研究，形成了各自的毕业论文（赵爽：

《班级建设视域下大学生友善价值观培育研究》，冷雅琳：《自媒体环境下大学生友善观的培育研究》，周志芳：《新时代大学生友善价值观认同研究》）。现在，赵爽和冷雅琳已经进入高校，与笔者成为同行——思想政治理论课教师。作为导师，看到自己的研究生通过努力奋斗实现理想，从事自己喜欢的教学与科研，实在是一件幸福的事情。本书的顺利出版离不开几位研究生的辛勤工作，赵爽负责下编主要章节的撰写工作，冷雅琳、周志芳、刘春静、陈玥玥、陈霞、马子婵、周楠承担了大量的调研和部分章节的撰写工作。特别感谢两位研一的新生马子婵和周楠，她们在书稿校对、格式整理方面承担了大量工作。所以，本书既是对三年来我们研究大学生友善观的学术总结，亦是师门三年多学术和个人经历的汇总与见证。

作为一本学术专著，我们尽可能去探索友善观的含义，大学生友善观的水平、影响因素以及培育路径，但大学生友善观研究涉及内容之广、实证研究考虑因素之多，书中难免有疏漏之处，还望读者多批评指正。希望本书能够给后续研究友善观的学者提供一定的参考与借鉴。

目　　录

上编　大学生友善观内涵解析

中编　大学生友善观培育实证研究

下编 大学生友善观培育实践路径

上编 / ▲大学生友善观内涵解析

第一章　友善价值观的科学内涵

第一节　中国传统文化中友善价值观溯源

一、友善的辞源探究

"友善"在现代社会是使用频率较高的词，尤其是在党的十八大上被列为社会主义核心价值观公民个人层面的价值准则以来，"友善"越来越受到社会关注。在古典文献中，"友""善"二字也均被反复提及。因此，对于"友善"的探究，应当从"友"和"善"两个方面分别进行梳理和解读。

"友"从字义上来说，初见于殷商卜辞，后多记载于周代金文。在《说文解字》中，"友"的解释为："友，同志为友。从二又。相交友也。"[①] 刘翔在《中国传统价值观诠释学》中认为，"友"之本义为"佑助"，"既知友字从二'又'（右手之右）会意，其取意当与又字相关。又乃右之初文，凡人以右手为便利，故右字引申义为佑助。友字从二'又'，则表示两人相互佑助之意，此即友字本义所在"[②]。许慎认为，分析"友"字构形为"从二又"，当作会意字。其训"同志为友"，则为"友"的引申义[①]。在《辞源》中，"友"有五种词义：一是指朋友，如好友、良师益友；二是指兄弟相敬爱；三是指交好、相聚；四是指有友好关系的；五是指帮助[③]。可见，在古文典籍中，"友"的含义从"相互佑助"逐渐引申发展出朋友、兄弟之间的友爱关系，不断深化着友

---

① 许慎 . 说文解字 [M]. 北京：中华书局，1985：90.

② 刘翔 . 中国传统价值观诠释学 [M]. 上海：上海三联书店，1996：134.

③ 辞海编辑委员会 . 辞海：第六版缩印本 [M]. 上海：上海辞书出版社，2010：2304.

善的道德内涵。

在《汉语大字典》中，"友"按动词、名词和形容词三种词性进行分类。动词释义有：佑助（《孟子·滕文公上》："出入相友，守望相助，疾病相扶持。"）、结交（《论语·季氏篇》："友直，友谅，友多闻。"）、顺从（《尚书·洪范》："强弗友刚克。"）。形容词释义有：亲善、友爱（《广雅·释诂三》："友，亲也。"《周礼·地官·师氏》："教三行：一曰孝行，以亲父母；二曰友行，以尊贤良；三曰顺行，以事师长。"），亲爱、友好（《周书·康诰》："大不友于弟。"《尔雅·释训》："善兄弟为友。"），有友好关系的（《尚书·牧誓》："王曰：'嗟，我友邦冢君'。"）。而名词释义则主要指朋友（《诗·小雅·常棣》："虽有兄弟，不如友生。"）。在《60000词现代汉语词典》中，"友"按动词、形容词、名词进行分类。动词释义"友"为相好、亲近，形容词释义"友"为有友好关系的[①]，名词释义"友"为朋友。

可见，现代意义上的"友"在社会发展过程中不断深化，不管是在词义还是在功能上都有所扩充，具有更加丰富的含义。在"佑助""善兄弟为友"的基础上逐步引申出人与人之间的交互属性，呈现出一种道德规范和态度。

"善"古文字形为"譱"。《说文解字》："譱，吉也。从言、从羊。此与义美同意。善，篆文善从言。"段玉裁注："（说文）口部曰：吉，善也。（说文）我部曰：义与善同意。（说文）羊部曰：美与善同意。按羊、祥也。故此三字从羊。"[②]可知，"善"的基本义是吉、祥、美、义，一言蔽之即美好。而在《辞源》和《汉语大字典》中，"善"的词义多达20种，词性有名词、动词、形容词和副词。由"善"的基本义"美好"而引申出"亲善、友好"之义，"善人、善行"之义，"和善、慈善"之义，其他还有"擅长""做好""喜爱"等转义[③]。在《现代汉语词典》中，"善"有许多种解释，这里把"善"的解释分为三类：一是心地仁爱、品质淳厚；二是好的行为、品质；三是友好、和好的

① 汉语大字典编纂处 . 60000 词现代汉语词典 [M]. 成都：四川辞书出版社，2017：719.

② 许慎 . 说文解字注 [M]. 南京：凤凰出版社，2007：183.

③ 杨文全 . 20 世纪中国第一部新型大词典：《辞源》编纂体制说略 [J]. 贵州社会科学，1998（3）：89-95.

意思。

可见，随着时代变迁，"善"的词义和词性不断丰富，最初美好是"善"的基本义，演化至今，"善"已经转化为一种道德内涵，在特定场合下，具有"友善"的意味。

在此基础上，"友善"并不意味着将"友"和"善"机械组合，而是二者的统一。《汉书·息夫躬传》中有记载："皇后父特进孔乡侯傅晏与躬同郡，相友善。"说明此时"友善"已经作为独立词使用，意思是和睦友好的朋友关系和友好氛围。"友善"在《辞源》中的解释为亲密友好，意味着与人为善和关爱他人。放在中国传统文化的语境下，友善主要具有四重意思：一是自我友善，体现为对自我在友善层面的价值追求和道德涵养；二是对他人友善，主要表现在人际关系中；三是对社会友善，体现在国家治理、社会和谐和社会责任层面；四是对自然友善，体现在人与自然的关系中。

二、儒家文化中的"友善"思想

（一）仁爱思想

"仁"是中华优秀传统文化的核心，作为儒家思想的核心——"仁爱"更是在中国传统友善论中居于诸德之首。在中国古代封建社会，"仁爱"思想一方面是统治者的工具，另一方面也为民众所接受。春秋战国时期，诸侯称霸，"挟天子以令诸侯"，纷争不断，礼乐制度在维护社会秩序和统治者权威方面的作用逐渐弱化，孔子在《论语》中称之为"礼坏乐崩"。孔子斟酌损益，将"尚仁爱"确立为儒家思想的核心，并以"仁爱"贯穿儒家整个思想体系。从地位上来说，"仁"在儒家思想中居于统领地位，儒家思想中的忠、孝、义、信、智等都是"仁"在各个层面社会关系的具体表象。从渊源上来看，孔子所说的"爱人"是"仁"的直观外化表现。"樊迟问仁。子曰：'爱人。'"（《论语·颜渊》）爱人之心，人皆有之，此为人之本性，内生于人。而从实践上来讲，孔子将道德层面的"仁"规范为实践中的价值准则。"仁者爱人"把对于个人的道德要求、对于家庭的友好氛围以及对于社会的担当情怀统一起来，使人内在自发的道德人格具象为外在的善行善举。因此，"仁"既是道德规范，也是人性固有，又是实践中的道德要求。

孟子继承并发扬了孔子的思想。孟子对于"仁"的观点主要从"心""性"两个方向出发。在此之前，人之"心"是一个价值中立的范畴，而孟子通过"孺子将入于井"，人皆有"恻隐之心"的关怀，指出这种关怀、怜悯的情感尺度和行为选择并非出于对声望的渴求，并非出于对利益的追求，而是一种与生俱来的本能。"恻隐之心，仁之端也；羞恶之心，义之端也；辞让之心，礼之端也；是非之心，智之端也。"（《孟子·公孙丑上》）孟子把人的本性和仁义礼智四端联系起来，人之"心"具有了道德层面的含义，具有"良心""善心"之义。"仁义礼智，非由外铄我也，我固有之也，弗思耳矣。"（《孟子·告子上》）因此在孟子看来，人和善良是直接相关的，这种正向的道德选择并非强制，而是一种主体的自由意志。人对于友善正向的价值判断和行为选择也并非后天习得的，而是与生俱来的，是在人"心性"基础之上形成和发展出来的。一方面，孟子将性善上升到人之本质的高度，进一步激发了儒家文化影响下主体对于友善的价值认同，使性"善"在平民圈层的人际交往和统治阶级的人才选拔晋升中都成为一种极为重要的准则和需求。另一方面，孟子曰："生，亦我所欲也，义，亦我所欲也。二者不可得兼，舍生而取义者也。"（《孟子·告子上》）因此，对于"仁义礼智"的追求也不断成为人对于自身道德境界塑造的动力。

总之，在传统儒家文化中分析友善，必须以"仁爱"为基础。"善"不仅具有利他性，更是对于自我生命的塑造，是一种对人生境界的追求。儒家的友善思想渊源将道德的利他性和自我成就相结合，进一步深化了友善的内涵，拓展了友善的外延，将"仁者爱人"的价值来源和价值主体统一起来。

（二）爱有差等

儒家传统文化中"爱有差等"的客观价值秩序产生于特定的社会历史文化背景下，也是中国"差序格局"的价值起源之一。"我们的社会结构本身和西洋格局是不相同的，我们的格局不是一捆一捆扎清楚的柴，而是好像把一块石头丢在水面上所发生的一圈圈推出去的波纹。每个人都是他社会影响所推出去的圈子的中心。被圈子的波纹所推及的就发生联系。"[1]在中国传统文化中，家族和血亲是维系人际交往的重要纽带。中国传统的社会关系以血缘为基础，由

---

① 费孝通.乡土中国：修订本 [M].上海：上海人民出版社，2013：28.

近及远向外延伸，并由此产生等级规范和社会秩序。而传统儒家文化的友善观，也必然以血缘、亲情为起点，由此向外发散，延伸到其他的社会人际关系当中。

"爱有差等"造成主体间社会关系的差异性。儒家友善论肯定人际交往的主体性。孔子强调"己所不欲，勿施于人"（《论语·颜渊》），就是指自己不想要的、不能接受的观点，都不能强加于人。这里的"己"与"人"，都是社会关系的主体。而对于主体的肯定，必然以肯定主体间差异性和主体间关系的差异性为前提。"老吾老，以及人之老；幼吾幼，以及人之幼"，要像爱护自己的亲人一样，来敬爱和呵护别人的亲人。儒家友善论从对亲人的爱开始，以"推己及人"的方式发散至他人，以情感亲疏的变化延伸至其他关系当中，由此来形成稳固的社会秩序，即"天下可运于掌"（《孟子·梁惠王上》）。一方面，体现了儒家对于人的本性关怀和人与人之间真挚情感的表达。另一方面，也体现出在儒家伦理背景下的人际关系建构，存在先后顺序和远近亲疏。朱熹《四书集注》记载："父子相隐，天理人情之至也。故不求为直，而直在其中。"[①]这就可以看出，当存在公共关系与亲情抉择的情景时，血亲之情感往往是优先的。同时，朱熹认为这种"亲亲相隐"是天理人情，是客观存在的，并非对"恶"的纵容，而是通过道德劝诫的形式将"恶"隐于家庭内部。这也正符合儒家"仁爱"的价值核心。作为国家治理、人际友善的起源，"亲亲之爱"是一切人际关系和社会秩序的基础，保护亲人是顺应天道、符合人伦的。因此，虽然从现代社会的视角来看，"亲亲相隐"与法治社会在某种程度上不相契合，存在局限，但是在儒家文化的背景下来看，社会的长治久安必定需要人与人之间情感的连接和支撑。而在作为社会组成单位的大家族中，对善恶的统一价值认同、血浓于水的情感连接更是自律、内省、有序社会的最好的黏合剂。所以，孔子称赞"父为子隐，子为父隐"是"直"，就是顺理、顺道而行。

"爱有差等"形成社会价值秩序。孔子为维护社会稳定，主张"君君、臣臣、父父、子子"（《论语·颜渊》），即君王、臣子、父亲、儿子都应当有各自的样子，各司其职，各居其位，各尊其礼，由此来维护等级秩序，避免"礼乐

---

① 李申.四书集注全译：下册[M].成都：巴蜀书社，2002：34.

崩坏"，恢复社会秩序，进行国家治理。由此可见，在孔子的理念中，对于国家和社会的治理，不仅需要处理君臣之间的政治关系，还需要正视在家族中的父子血亲关系。家族中的长幼尊卑与治国的礼制准则有机结合，统一了身份、地位、权利、责任，使整个社会和平相安、井井有条。这种"克己复礼"的思想，以弘扬周礼、维护社会良知为目的，为血亲关系在中国社会中的重要地位奠定了基础，这也是儒家伦理文化架构"三纲五常"的渊源之一。西汉董仲舒将"五常"界定为"仁义礼智信"五德，又提出"三纲"的范畴，他认为："王道之三纲，可求于天。"在《春秋繁露·基义》中，他将君与臣、父与子、夫与妻等伦理关系与"天道观"结合起来，认为："君臣、父子、夫妇之义，皆取诸阴阳之道。君为阳，臣为阴；父为阳，子为阴；夫为阳，妻为阴。阴阳无所独行。"《礼纬·含文嘉》记载："三纲，谓君为臣纲，父为子纲，夫为妻纲矣。六纪，谓诸父有善，诸舅有义，族人有叙，昆弟有亲，师长有尊，朋友有旧，是六纪也。"自此，"君为臣纲，父为子纲，夫为妻纲"即"三纲"的伦理原则也得以确立。"三纲五常"概念的形成，也使得自孔孟以来的儒家人伦道德观念逐渐凝合出主线，将内容庞杂、包罗万象的治国理念、价值观念规范逐渐升华成为一种社会规范，既抓住了汉儒政治理论的核心，又使得深受"差等之爱"影响的"纲常礼教"在社会中广泛而实际地产生影响。

当然，"爱有差等"存在其历史局限性。社会风气友善与否，人际关系交好还是交恶，国家治理是否稳固，本质上还存在着其他同等重要的影响因素，如经济水平、治国之策、理政之术等。这种以血缘关系亲疏远近为主线维系的社会秩序，可能会使血亲存在功利化趋势，出现"任人唯亲""排除异己"的社会隐患。

（三）贵和思想

"贵和"思想意蕴深厚，源远流长，是儒家文化的主导精神和重要特征。"贵和"思想不仅展现了中华优秀传统文化中对天地万物的博大胸襟，也超越了宗教观念，锻造了中华民族特征鲜明的友善特质。"礼之用，和为贵。先王之道，斯为美"（《论语·学而》），即强调礼制的应用以和谐为贵，追求万事万物间的一种平衡、和谐、协调的状态。

第一，表现在个体的自我完善上。儒家关于君子之学的阐述十分丰富，强调君子要注重道德修养，追求道德理想，提高人生境界。孔子明确了君子所应该具有的宝贵品质。如"君子道者三，我无能焉：仁者不忧，知者不惑，勇者不惧"（《论语·宪问》），"君子坦荡荡，小人长戚戚"（《论语·述而》），这些都强调真正的君子应不忧、不惑、不惧，不仅要仁心善念、心系天下，还要有远见真知、丰厚学识，更要有旷达的心胸、坚强的意志。如此，方能不拘泥于物，不以物喜，不以己悲，于迷惑不解时勇于挑战，在面对困境时无愧于心，始终胸怀坦荡、豁达淡然。《中庸》进一步阐明君子的伦理规范，强调"君子尊德性而道问学，致广大而尽精微，极高明而道中庸，温故而知新，敦厚以崇礼"[①]。《大学》阐明了明德、亲民和止于至善的"三纲领"与格物、致知、正心、诚意、修身、齐家、治国、平天下的"八条目"。荀子倡导君子"乐得其道""文以载道"，强调君子应当克制私欲、乐而不乱，由人格角度的自持和约束出发，达到得道修道的目的（《荀子·儒效》）。"贵和"思想强调君子应当积善成德、提升品行、达到自治，既要"修其内"，又要"让于外"，即对内提升自身修养、积累德性，对外礼让谦逊、遵循道德规范、修身养性、进德至善，最终在至高的道德追求中身心合一，养成平和、恬静的处事心态，达到平静、寡欲的人生境界。

第二，表现在个体间的和谐关系中。一方面，儒家认为，"和"也是人际交往的价值准则。儒家强调"君子无所争"，提倡"温良恭俭让"。儒家认为，人际的和谐是社会和谐的重要条件。人与人之间，应当互相谦让、符合礼节。"君子和而不同"（《论语·子路》），在人际交往中，儒家承认个体间的差异性，强调君子当与周围保持和谐融洽的氛围，追求真正的和谐贯通，但不能人云亦云。在朋友关系上，要明辨是非，主张"谋人以忠"，强调"朋而不党"，在任何时候都应该保持独立思考，有自己的思辨，同时也不能将自身的观念和认知强加给别人。儒家认为，盲目附和、一味苟同、迎合他人看法和心理是小人的行为。成长背景、生活习性、价值观念的差异是客观存在的，应当正视这些差异，通过交流、沟通的方式化解分歧，进而达到"和谐"的状态，更能进一步体现人与人之间相互尊重，达成开放、和睦、友好的人际

---

① 朱熹. 大学 中庸 论语 [M]. 上海：上海古籍出版社，1987：31.

关系。另一方面，儒家讲究"和"，但并不放弃"争"，强调"当仁不让"，坚持自己的原则和立场。如在君臣关系上，臣子应当忠君爱国、辅佐君王，更应敢于直言规劝。

三、墨家文化中的"友善"思想

墨家的友善思想以"兼爱"为核心。墨家学派产生于战国初期，在当时，天子权威和礼制已经不被各国诸侯承认和尊崇，作为周王朝根本经济制度的"井田制"被破坏，"私田制"开始盛行起来。土地所有权的变化使得原本只能属于封建贵族的土地流转到其他社会阶层出现了更多可能，也使得人身依附关系逐渐松动起来。在这种情况下，一方面"礼乐崩坏"导致诸侯倾轧礼制，并且逐步发展成为战争和侵略。当兼并战争成为时代背景，百姓流离失所，底层人民的生活十分困顿。而另一方面，灌溉技术的提高、铁器等农具的普及、牛耕的广泛使用，进一步促进了荒地的开垦，土地的流转和平民积极性的提高使得商业活动也渐渐活跃起来，人们越来越追求个人利益，经济活动开始兴盛，甚至有人利用生产活动创造了大量财富，社会地位也发生了改变。墨家学派大多居于社会底层，他们深知底层人民生活的困苦，追求平等的渴望深植于每一个成员心中。社会秩序和个人利益的矛盾不断激化，墨家学派对于如何使人民生活得到改善和推动社会进步作出思考。

墨家认为，之所以社会秩序出现混乱、人际关系出现矛盾和冲突，究其根源在于人与人之间没有以"爱"作为交往的起点，即"起不相爱"。以谋求利益为价值起点的人际交往，使得"今若国之与国之相攻，家之与家之相篡，人之与人之相贼，君臣不惠忠，父子不慈孝，兄弟不和调，此则天下之害也"。（《墨子·兼爱中》）正是这种亏人自利、损人利己的现象和交往逻辑，使得人与人、家与家、国与国的秩序混乱。因此，天下大乱的深层次原因在于个体的自私自利。对于这种情况，墨子提出了他的解决方式，即"兼相爱，交相利"。墨家认为，应当从"兼爱"的态度出发，用"平等的爱"帮助、体恤他人，即承认个体自身利益存在的合理性，指出人应当理性地看待利益。同时承认他人利益和权益，达到共赢。这样一来，"兼爱"并不会损害自己的利益，若人人都像爱自己那样爱别人，以"兴天下利"来爱己爱人，那么人的利益冲突就可以化解，每个人的利益都能够得到保障，可实现阶层间、家庭间、人际的和谐局面。

墨子的"兼爱"思想具有多层次的内涵。第一，具有平等性。墨子受儒家思想影响很深，行文中也多涉及"仁"等带有儒家特色的字眼，推崇儒家的本真性情感，但从"兼"字就能看出，与儒家"差等之爱"不同，墨子提倡"无等差之爱"。他认为，人与人或有不同，但对社会的奉献和对他人的善意没有高低贵贱之分。墨子的友善思想提倡对于所爱之人和帮助的对象应一视同仁，主张人在交往的过程中，忽略社会阶层、家庭背景、文化水平和亲疏远近的差异，平等地爱人、利人，以自我真实的价值评价和情感体验施展友善。第二，具有交互性。墨子所提倡的爱以"利人"为前提，每个人都有爱的权利和义务。从被助者的角度来看，人群的互相帮助、体恤谅解能够使得社会底层人群得到帮扶，改善生活水平，化解谋生困境；从施助者的角度来看，根据"以其人之道还治其人之身"的对等互报心理，坑害别人的人必定得不偿失，在"兼爱"的社会环境下，被施以援手的人也会投桃报李、感激报答，如此，自然能够营造和谐的人际关系和崇良向善的社会秩序。因此，"兼爱"也被学者视为功利主义之爱。利他的"兼爱"指向利己的结果，这一理念把人性之欲望纳入理性的道德价值标准下，也正是墨家在友善理论中进步性的体现。第三，具有普遍性。"爱众世与爱寡世相若，兼爱之。"（《墨子·大取》）墨子之爱穿越时间、跨越国界、不分民族，对世间大多数和世间少数，对前世和后世之人都给予相同的爱，以一颗恒常的爱人之心爱世间所有。因此，"兼爱"思想更体现出一种公共意识和集体主义精神。"相爱"和"互利"有机结合，良性互动，在今天，对于和谐社会友善氛围的营造也仍旧提供着丰富的实践指引。

四、道家文化中的"友善"思想

林语堂先生曾言："儒家及道家是中国人灵魂的两面。"道家对于中国传统文化的影响存在其特殊性。中华文化在秦汉以前以"儒墨道法"为主体，在唐宋之后以"儒佛道"为主体，可以看出，道家始终是几千年历史长河中不可或缺的一个部分。在中华文明几千年的历史过程中，儒家思想长期以官方的教育为制度支撑，在其演变过程中逐渐成为一种政治、学术、思想的"学统"综合体。而相比之下，道家作为一种学术思潮，其演化传承和发展并没有过多地受统治阶级的干预，但是其精神内核、哲学思想又始终在各方面影响着中华民族几千年的传承和发展。道家由老子所创，后继者是庄周，因此道家学说也称为"老庄学说"。道家思想体系所需要的诸多范畴，涉及万物起源、本原本体的关系等哲学性的问题，其友善思想也应当放在一个更为独特、更为宏大的视域下去感知。

第一，道家强调"道法自然"，即要尊重事物本身的规律性，遵照其自然规律和内在本质。"道"是生成一切的起源，是万物的尺度，是世间万物的规律性所在。"道"无所不在，无处不有，万物皆有其道。"道"最本质的属性就在于它的自然性。一方面，道家强调"利物"性。这里所说的"自然"并非现代与工业社会和城市化发展所对应的"大自然"，而是一种"应然"，即事物本来的自然秉性，一种不需借助外力自然生长的状态。道家认为"上善若水"，"道"滋养世间万物，使万物成熟繁盛，但同时，"道"并不"为而不恃"主宰万物，如同水一样为人间至上之善。水涵养着万物，虽然柔弱，但能顺应万物、利于万物，虽然不可或缺，但却安于低处。水不争不居，至柔至刚，是这世间的至善。另一方面，"道"也体现在人的格局和胸怀中。"不争"与"天下莫能与之争"相辅相成。"不争"不是甘于人后，不是忍耐退让，而是一种智慧、一种风度。利与害相辅相生，顺应万物，不与物争，方能"不利而利"。因此，道家关于"善"的观念并不像儒家一样，有着具象的价值要求，而是从一个更为宏大的哲学视角来感知和描绘人间至善。

第二，"天人合一"思想至今仍然给人以深刻启示。道家强调人和大自然的和谐关系。"天人合一"思想尊重大自然的运行规律，强调"天""人"联系紧密，二者地位平等，且作为一个整体，在一个自然系统中共生共存。物质生产活动应当以大自然的可承受程度为限，不可过分干预自然。天地之间，人的活动与物的规律和谐统一，紧密交织，这也与新时代中国特色社会主义友善价值观中"友善自然"的思想不谋而合。人类社会的产生和发展源于人与自然关系的紧密联系。习近平总书记反复强调，人与自然之间不是征服与被征服的敌对关系，而是和谐相处、共生共荣的朋友关系，人类应该将大自然看作不可或缺的朋友，应该像对待朋友一样善待自然[①]。生态友善将人对人本身、人对社会的关怀拓展到人本就赖以生存的环境当中。作为大自然中的一部分，人们对自然的友善观念，不仅意味着人当下生存的物质性需要，在长远的意义上，还为人类社会的可持续发展与人类子孙后代的延续提供了原则保障。

五、法家文化中的"友善"思想

在中国传统文化中，法家思想独具特质，影响深远。在法家看来，儒家的"仁爱"和墨家的"兼爱"各有侧重，但都是利用伦理道德来应对政治问题。法家思想却从国家治理和秩序构建的根源上就与二者存在本质差别，它挖掉了儒墨思想伦理道德的"内核"，否定了以充满人性的温情和大爱来构建政治规则的方式，将伦理和政治隔离开来，把"利"作为构建社会秩序的首要元素。法家并不否认人治、德治的重要作用，但法家认为儒家思想"义大于利"的理念，实际上是在"利"前蒙上面纱，忽视了真正需要解决的社会矛盾。道德情感约束使得在人数庞大、规模巨大的共同体中难以建立既能长期稳定又能强制有力的社会规则，势必会限制国家和民族的发展。因此，法家思想具有两面性。一方面，法家思想是"冷漠"的，认为人性好利，强调严刑峻法、"厚赏"、"重罚"。另一方面，先秦法家强调"以法为德"，把"法"作为道德准则，法与德绝不是割裂的，而是有机结合的。在法家看来，道德不仅仅是一种情感呼吁和思想共鸣，还是调节政治关系、经济关系、生态关系和人际关系的尺度与准则。因此，法家思想不断在道德范畴的革新中丰富新的内涵，同样有着元素丰富、独具特点的友善观念。

首先，法家思想以社会和谐为道德追求。"法者，所以爱民也。"在商鞅看来，"法"都是为爱护人民、保护人民而实施的，制定什么样的法律，确立什么样的制度，必须以"爱民"作为依据，只要能使国家富强、人民幸福，可以

---

① 冯正强，何云庵.习近平的生态伦理思想初探 [J]. 社会科学研究，2018（3）：129-135.

不遵循旧的礼制。因此，"法"是爱民的手段和方法，惠及百姓、造福社会、维护稳定才是"法"存在的重要意义。法家虽然以严刑峻法著称，并与儒家的"德政"相区隔，但在更深的层面上，并不与"民本""仁爱"理念相悖。"苟可以利民，不循其礼。"（《商君书·更法》）商鞅革新性地打破了传统的立法原则，将"利民"置于君权之上。"利民"就是要保护农民利益，切实提高农民收入，扩宽农民通过农战军功改善生活、提高社会地位的通道。农民的利好促进农业发展，进一步稳定农村，维持社会秩序、国家安定，构成良性循环。韩非子强调构建"强不凌弱，众不暴寡，耆老得遂，幼孤得长"（《韩非子·奸劫弑臣》）的理想社会，也同样展示着法家思想悲天悯怀的心胸和以人为本的格局。不难看出，韩非子有着崇高的和谐社会追求，其出发点是为天下苍生计，对人类的终极关怀不亚于儒家。

其次，法家以人性自私为其价值前提。法家认为人性是逐利的，社会各个领域的争夺和冲突因为"争利""利异"而起。因此，国家政治秩序的建立和制定必须"不别亲疏"，把个体从伦理关系中隔离开来，以"陌生人"作为价值前提治理国家。人与人之间当作"陌生人"，摒弃血缘亲疏、情感意志的影响，尽可能地避免"差等之爱"下"多中心"的人际关系，方能在最大范围内构建起统一、普遍适用、人人认同、公平公正的法律和准则。"厚德之不足以止乱也"（《韩非子·显学》），天下之人所求各不相同，以"法"为强制力，可以更好地维护社会集体利益，巩固国家稳定。

再次，法家"以吏为师"塑造道德表率。"以吏为师"是由韩非子提出的，倡导把官吏作为道德标杆，在社会中起到表率作用。这首先就要求官员本身德高品正，有较高的思想觉悟水平和为民解忧的博大胸怀。同时，官员本身更应精通律法，知法守法方能公正执法，为"全大体者"和"智术"之士。如此，国家政治清明、社会安定有序，百姓自然也能对"法"树立敬畏之心，并且内化于心、外化于行。

从法家思想的友善元素需要与"法"相结合来看，法家思想以社会和谐为道德目标，承认人性中的自私成分，"以吏为师"树立道德表率，通过突出国家强制力、强化秩序约束、平衡利益关系维护社会风尚、稳定时局，这在今天仍然能为法治建设提供实践指导。

第二节　友善价值观在不同历史时期的展现

中华优秀传统文化博大精深、源远流长，"友善"观念在传承中发展，不断丰富着其内涵和深意，在历史的漫漫长河中闪烁着人性光芒，这些思想之光也成为社会主义友善价值观的思想渊源。同样的，在民主革命时期、新民主主义革命时期、社会主义革命和建设时期、改革开放和社会主义现代化建设新时期以及中国特色社会主义进入新时代以来，友善观也在新的历史条件下始终与时俱进。尤其是近现代以来，不论是社会结构的变更还是人际交往的调节，抑或是战争与阶级的冲突，都离不开更加符合中国国情的中国化的马克思主义友善观的规范和调节。友善观在中国"站起来、富起来、强起来"时代递进中，也为社会主义友善价值观的提出、确立和发展奠定了具有深刻意义的理论基础。

一、民主革命中的友善观

明代以来，中国封建社会逐渐衰落，西方列国逐步完成了社会转型后开始对外扩张，列强的入侵和中国封建统治者的封闭愚昧导致中国逐渐沦为了半殖民地半封建社会。在一次次的负隅抵抗中，友善思想寓于人们的爱国精神之中，展现着中华民族不怕牺牲、凝心聚力的民族血脉，弘扬着众志成城、和衷共济的可贵品质，始终为民主革命注入精神动力。戊戌变法后，民族资产阶级首次登上历史舞台，维新派试图托古改制，将西方"自由、平等、博爱"的观点与中国的大同思想结合起来，推陈出新，探索救国的道路。康有为是维新派领袖，著《大同书》描述其社会理想。在书中，他揭示了人世间的众生之苦，认为现实社会是不合人道的。他吸收西学中的天赋人权、自由、平等思想，提出"夫大同太平之世，人类平等，人类大同，此固公理也"①，主张消除国家、等级、家庭等"九界"痛苦根源，否定等级制度，达到极乐的"大同"之世。康有为的"大同"理想，带有空想社会主义的色彩，毛泽东曾评价他："没有

---

① 康有为，杨佩昌.民国时期影响国人的大师著作·康有为：大同书 [M].北京：中国画报出版社，2010：45.

也不可能找到一条到达大同的路。"①

辛亥革命是中国历史上第一次资产阶级民主革命,结束了统治中国几千年的封建皇权制度,使民主共和观念深入人心,开启了中国历史的新纪元。孙中山结合传统"仁爱"观念,与西方"博爱"思想融合,对蕴含着"博爱"的革命理论作出新的友善阐释。他认为,"博爱"和革命是统一的。在三民主义中,民族主义"驱除鞑虏,恢复中华",即强调民族独立、主权自主。中国国民党第一次全国代表大会上,孙中山为三民主义注入了新的生命力,提出"联俄、联共、扶助农工"三大政策,强调要使"中国民族得自由独立于世界"。"因为我们的民生主义是图四万万人幸福的,为四万万人谋幸福就是博爱。"②孙中山晚年演讲时强调,博爱与民生主义是统一的,期望以"博爱主义"推动实现"世界大同"。

1919年,五四运动爆发,中国的民主革命从旧民主主义革命走向了新民主主义革命。这场以陈独秀、李大钊等先进知识分子为先锋、群众广泛参与的伟大社会革命运动,启迪了人民智慧,凝聚了民族力量,不仅具有反帝反封建的彻底性,还具有传播新思想新文化的先进性。"五四运动,孕育了以爱国、进步、民主、科学为主要内容的伟大五四精神,其核心是爱国主义精神。"③五四运动是进取的、自由的、平等的,是追求全社会幸福的体现。五四运动中的青年满怀赤子之心,积极投身革命,展示了胸怀天下、担当重任、舍己为人的爱国主义情怀,担当起迎难而上、奉献人民、砥砺奋斗的时代使命,用青春之我创造青春之中国,以高尚的道德描绘了人间大爱。

二、第一代领导集体友善观

接触到马克思主义之后,毛泽东友善的观念中关于道德的价值、善恶的看

---

① 毛泽东.毛泽东选集:第四卷[M].北京:人民出版社,1991:1471.

② 中央大学历史系孙中山研究室,广东省社会科学历史研究所,中国社会科学院近代史研究所中华民国史研究室.孙中山全集:第六卷[M].北京:中华书局,2011:283.

③ 习近平.在纪念五四运动100周年大会上的讲话[J].思想政治工作研究,2019(5):7-11.

法、理想社会的构建等开始发生转变。受到考茨基《阶级斗争》和陈望道翻译的《共产党宣言》等马克思主义经典著作的影响，毛泽东开始运用阶级分析法解决问题，他关于友善的看法和观念也同样是站在马克思主义的立场，运用马克思主义的观点和方法来阐释的。

第一，阶级的存在是友善的内在前提。"真正的人类之爱是会有的，那是在全世界消灭了阶级之后……我们不能爱敌人，不能爱社会的丑恶现象，我们的目的是消灭这些东西。"① 因此，在毛泽东看来，"爱"也是具有阶级性的，历代的封建统治阶级所倡导的爱并非"人类之爱"，在阶级被消灭之前也不可能真正实现。只有消灭了阶级和私有制后，人类才能在共产主义社会中实现纯粹的"人类之爱"。而在阶级社会中，不同阶级代表着不同的需求和利益，不同阶级中所倡导的道德准则和观念也各有不同。无产阶级对本阶级群众讲友爱，但是对于敌人不能讲友爱。毛泽东要求党内同志、革命战士、军民之间都要讲友爱。在革命队伍中，新型人民军队的友爱精神是强大的精神源泉。将士间的互相谦让、互助关爱、团结奋进的氛围春风化雨，与旧军队中随意打骂、以上欺下、贪污腐败的军阀做派形成鲜明对比，在革命初期就为中国共产党的响亮口碑打下坚实基础。也正是这样浓厚的友爱氛围，激励着每一位将士在挑战面前勇往直前、众志成城，紧紧团结在党中央的周围，始终以饱满的革命斗争精神守望相助、同心同德，跨越雪山草地，取得伟大胜利。这种团结友爱的情感、互帮互助的氛围滋养着条件艰苦、衣衫单薄的士兵们，革命队伍越来越壮大，凝聚力、战斗力与日俱增，团结一切可以团结的力量最终取得胜利。在对待俘虏的问题上，毛泽东也提出宽待俘虏的政策，以友爱精神感化他们，不允许谩骂俘虏，并且欢迎俘虏兵留在革命队伍中。对于不愿留下的俘虏兵，也给予充分的尊重，甚至分发路费。俘虏兵大多出身贫苦，在帮助和感化下，他们真切地感受到红军的友爱氛围，很多俘虏兵自发地选择留下来，成为团结友爱集体中的一员。这些友善的革命人道主义方略也塑造了中国革命道德，展现了中国共产党人的仁爱精神和宽广胸怀。

第二，"为人民服务"是友善的基本元素。"为人民服务"体现着马克思

---

① 毛泽东.毛泽东文选：第三卷 [M].北京：人民出版社，1991：871.

主义政党坚定的人民立场，体现着共产党深厚的人民情怀。在党群关系问题上，毛泽东始终坚持人民是历史的主人，始终坚持把人民利益作为工作的出发点。"因为我们是为人民服务的……你说的办法对人民有好处，我们就照你的办。"[①]毛泽东十分注重人民群众在道德建设中的主体地位，强调要积极树立群众观念，主动向群众学习。他认为，只有深入群众、了解群众，方能了解群众所需所盼所想，才能更好地服务群众。他也鼓励人民群众发挥主动性，积极参与社会活动，通过个性解放、文化素质水平的提升凝聚社会合力，激发群众力量，进一步塑造符合革命道德和社会主义建设的友善社会。在对党员干部的要求上，毛泽东将"为人民服务"作为思想道德评价的重要标准，号召党员干部和人民群众自觉地把助人为乐、积极进取、扶贫济困的精神转化为行动自觉和思想追求。作为"为人民服务"的代表，雷锋精神彰显着共产党人的先进本色，被群众广为称颂并争相效仿。脚踏实地、不计报酬，服务人民、助人为乐，雷锋用实际行动践行着友善、弘扬着友善，这是社会主义友善价值观的生动体现。

第三，互助友爱是友善的外化表现。红军初创时期，在苏维埃政府的号召下，农民积极参与生产活动，组成劳动互助组和耕田队，缓解劳动力缺乏难题。在抗日战争时期，"变工队""扎工队"解决耕种困难，提高生产效率。社会主义改造时期，从互助组、初级社再到高级社的发展，生产资料公有化程度不断提高，逐渐弱化甚至消解了贫农和中农的界限，生产资料的公有化进一步营造了团结友爱的劳动风尚。社会主义建设时期，毛泽东提出了关于正确处理人民内部矛盾的理论，为构建社会主义新型人际关系奠定了理论基础，社会主义崇高的理想信念得到人民群众的普遍认同，互助互爱、团结奋进、勤劳肯干蔚然成风。

三、改革开放以来的友善观

改革开放以来，我国经济、政治、文化和社会建设各个方面都取得了长足的进步和卓越的成就。在物质文明和精神文明的同步推进中，友善在国家建设

---

① 毛泽东. 毛泽东文选：第三卷 [M]. 北京：人民出版社，1991：1004.

和经济发展中发挥了重要的调节和规范作用。友善社会的构建、友爱氛围的营造也随着社会财富的增加、人民生活水平的改善、利益分配制度的不断优化和人民文化素养的提升创造出前所未有的社会条件。

友善广泛凝聚社会共识，推动物质文明和精神文明协同发展。随着改革开放的推进，中国的经济建设具有了充足动能，不断促进社会主义事业迈向辉煌。中国人民勤劳、勇敢、奋进、踏实的传统劳动精神也在生机勃勃的中国特色社会主义基本经济制度下迸发出强大的生命力。

一方面，中国的经济发展举世瞩目。改革开放之初，邓小平提出"先富带动后富"，逐步实现"共同富裕"。在党中央的领导下，我国国民经济大踏步前进，经济总量接连跨越新台阶，中国经济增速在全球经济体中名列前茅，中国的经济结构不断优化，城乡发展的协调性也不断增强。在自主发展的道路上，中国的综合实力、国际影响力将进一步提高，为共同富裕打下了坚实的物质基础。和谐稳定的社会环境、安定有序的生活秩序提高了人民的幸福感、满足感。

另一方面，党中央高度重视道德建设。随着结构和利益的深化调整、社会机遇的增多，人们思想中的多样性和差异性也随之展现出来。市场经济的负面因素导致了道德失范、市场欺诈等问题，出现拜金主义、功利主义的倾向，而精神文明的发展、人际友善的产生必定是要受到物质发展水平的制约的。因此，党中央在社会主义市场经济体制建立初期，就明确提出，精神文明建设是中国特色社会主义的重要内容，强调物质文明和精神文明两手都要抓，警惕以牺牲精神文明来换取经济发展的陷阱。邓小平提出"三个有利于"，为社会主义现代化进程中存在的精神空虚、重视物质获得、友善缺失等矛盾提供了基本的价值标准。他将人民利益作为价值评判的出发点，进一步规范了生产层面、国家层面、人生层面等的行为准则，协调利益关系，推动构建了重视集体利益、互帮互助的友好风气。江泽民"三个代表"重要思想进一步顺应时代发展，为解决思想道德领域的突出问题指明了具体方向。胡锦涛强调把"以团结互助为荣，以损人利己为耻"列为"社会主义荣辱观"的重要内容，更是凸显了友善在市场经济建设中的重要引领作用。具有科学性、先进性的道德指导思想广泛汲取中华优秀传统美德，使市场经济运行更加规范化和制度化。市场秩序的规范、营商环境的优化又进一步在精神层面优化社会风气，使友善的广泛性和先进性统一起来，凝聚人心，不断创造社会财富、积累生产资料，推动现代化建设行稳致远。

四、新时代友善价值观的新向度

2012 年 11 月 8 日，党的十八大把友善列为社会主义核心价值观的主要内容之一，彰显了新时代友善在思想引领和道德建设中的重要作用。友善观与其他社会主义核心价值观相辅相成，指的是公民之间始终相爱相敬、和谐相处，并不断发扬深化的社会涵养。友善观包括人自身、人与他人、人与社会、人与生态之间四个方面的要求。人自身的友善是指一个人心怀善念，是建立在人格品性上的仁心和善意。人与他人的友善，要求一个人在人际交往中，尊重他人、关爱他人，谦敬礼让、携手互爱。人与社会的友善具体表现为尊重社会发展规律，竭尽自身所能促进社会和谐发展，服务社会，乐于奉献。人与生态的友善具体表现为保护青山绿水、万物生灵，贯彻可持续发展和绿色发展路线，不做破坏环境、有损自然发展的事情，保持人与自然和谐共生的关系。习近平总书记着眼于新时代中国思想道德建设的生动实践，精准把握国情变化，为中国式现代化理论再创新谋篇布局，进一步丰富、完善友善思想，对友善思想作出新的定位和阐释，使友善价值观展现出更具时代特色的新使命和新内涵。

第一，友善价值观强调制度建设。习近平总书记强调，中国共产党人要不断提升廉洁奉公的自我约束力，保持慎独意识，时刻自查自省、洁身自好。习近平总书记在党的十九届六中全会上的重要讲话中指出，党的自我革命是我们党为跳出历史周期率给出的"第二个答案"。自我革命是共产党人接续奋斗的精神密码。中国共产党人历经百年仍风华正茂，靠的就是敢于自我纠错的政治智慧和强大魄力。党的十八大以来，以习近平同志为核心的党中央打虎拍蝇、雷霆万钧，党内政治风气持续明显改善，进一步营造了风清气正、崇廉尚实的政治生态氛围。一方面，习近平总书记强化政治建设，不断提升党内民主制度法规的权威性。党内法规中关于党代会制度、基层党内民主制度、党内民主监督制度和党员民主权利保障制度等相关内容都得到了进一步的完善。《关于新形势下党内政治生活的若干准则》《中国共产党重大事项请示报告条例》和《中共中央政治局关于加强和维护党中央集中统一领导的若干规定》等党内法规的颁布，为制度建设层面的友善奠定了坚强的制度基础。另一方面，依法治国稳步推进。习近平总书记强调，要将党和国家工作纳入法治化轨道，统筹社会力量，依靠法治解决各种社会矛盾和问题。全面依法治国筑牢法治体系建设，充分体现人民意志，凝聚人民力量，维护社会公平正义，为营造友善和谐的社会氛围筑牢法治之基。

第二，友善价值观严明党性纪律。在中国共产党第二十次全国代表大会上，习近平总书记强调"江山就是人民，人民就是江山"[①]。"人民江山论"充分证明，民心就是最大的政治。党的纪律就是凝聚人心的有力保障。对于党员干部来说，只有真挚地为民行动，方能深入群众、了解群众，只有与人民群众心连心、同呼吸、共命运，方能赢得群众尊重。党员干部要始终以党员身份严格要求自己，在工作中勤勤恳恳、兢兢业业，在生活中严以律己、言行一致、率先垂范，始终坚守党性原则，成为团结友爱的标杆，做塑造友善的榜样。这就要求每一个党员干部为人民谋求实际利益，培育与人民同甘共苦、团结奋进的友善情怀，以实际行动服务群众、造福群众。

第三，友善价值观具有国际视野。党的十八大以来，以习近平同志为核心的党中央高瞻远瞩，立足中国国情，敏锐把握国际形势变化，大力推进中国特色外交理念。中国呼吁国际社会树立"你中有我、我中有你"的命运共同体意识，这一理念随着外交实践不断发展完善，已经由倡议转为多国共识，进入"全球治理新方案"和"国际关系新准则"层面。中国始终走和平发展道路，中国的事业是世界合作共赢的事业。中国坚定地维护世界和平，坚持以和平方式解决争端，倡导世界各国通过扩大共同利益汇合点坦诚沟通、求同存异、实现共赢。中国特色外交理念不仅饱含着"和为贵"的传统文化精神，还与社会主义友善价值观的内在逻辑相契合，展示了中国海纳百川的博大胸襟。

第四，友善价值观注重生态文明。习近平生态文明思想根植于中华优秀传统文化之中，深刻阐释人与自然和谐共生的本质规律，强调"像保护眼睛一样保护自然和生态环境"。习近平总书记强调，生态文明建设关系着人民福祉，

---

① 习近平 . 高举中国特色社会主义伟大旗帜 为全面建设社会主义现代化国家而团结奋斗：在中国共产党第二十次全国代表大会上的报告 [EB/OL]. [2023-03-30]. http://www.gov.cn/xinwen/2022-10/25/content_5721685.htm.

关乎着民族未来，必须树立起"尊重自然、顺应自然、保护自然"的生态文明新理念，把生态文明建设放在突出地位，努力建设美丽中国，实现中华民族永续发展。党的二十大描绘了以中国式现代化全面推进中华民族伟大复兴的宏伟蓝图，将"促进人与自然和谐共生"作为中国式现代化本质要求的重要内容，为推进生态文明、建设美丽中国提供了根本遵循。习近平生态文明思想推进绿色发展，是人与自然友善相处的生动体现。

五、国外友善观历史演变简述

在世界历史上第一次欧亚两洲大规模国际战争——希波战争中，波斯帝国一蹶不振，希腊城邦国家得以幸存。这场战争前后持续了将近半个世纪，希腊城邦的内部发生了严重的动荡，然而也正是这一冲击，希腊在伦理思想与哲学方面有了一片广阔的天地，发生了深刻的变化。这一时期的苏格拉底、柏拉图、亚里士多德等学者对友善进行了深刻阐述，他们认为友爱是社会生活的润滑剂，与安稳的人际关系和社会秩序不可分离。人与人的交往构成了社会关系，当任何两个人相互交往，都可以被认定为友善关系，友善关系能够吸引两人产生联系。苏格拉底提出了"美德即知识"的命题，他把科学的真知和道德的真知看成一回事，知识就是善，道德的善只不过善的一部分，同时，他认为善与恶是相对的，一切善都是和一定的目的相联系的，由于与一定的目的相联系，才称其为善。善不仅是具体的，而且是相对的，道德的善恶是依对象的不同而不同的。固在此基础上，柏拉图对"善"的思想进行进一步的理论化、系统化。他指出，任何技术都有自身的善，就不同的人而言，具有各自不同的美德。善的本质，即善的理念，是高于一切真理和知识的，人生的根本目的就是达到至善。他认为所谓友爱是一种交互的爱和友谊，是利己与利他相结合的矛盾统一体。亚里士多德进一步把友爱看作维系城邦存在的基本因素。他指出，友爱把城邦联系起来，与公正相比，立法者更重视友爱。对于友爱的论述主要集中在他的巨著《尼各马可伦理学》的第八卷和第九卷中。他从友爱产生的动机出发，将友爱分为因有用的友爱、因愉悦的友爱和因善的友爱，而只有德性的友爱，才是最持久的，它包含着朋友所具有的所有特性，这种友爱以平等和相似为纽带，是一种爱朋友的同时爱着自己的善，既令人愉悦也有用。

关于欧洲中世纪友善思想的研究，阿奎那和奥古斯丁的友善思想在当时的社会形成了较大的影响力。在阿奎那的伦理学中，关于友谊的思想是值得注意的。他认为，在世界上，只有真正的友谊才是最好的东西，因为友谊能够把有德性的友谊联系起来，帮助他们保持并巩固他们的德性。阿奎那把德性与友谊联系起来，把友谊看作促进和保障德性的必要条件，同时指出，只有在社会中才能找到实现本性的能力和自由，因此，友谊是必须的，不管我们从事何种工作，我们大家都需要友谊，在顺境和逆境中全不动摇的友谊。可以说，阿奎那的友善思想对个人、社会都有一定的影响。而奥古斯丁认为友爱属于全人类，他的友爱思想带有强烈的基督教色彩，并在此基础上提出了"幸福来自真理"的命题。他指出，真正的幸福是对真理的热爱和追捧，每个人都追求幸福，但人们对幸福的体验感悟和要求却不尽相同，这种幸福，是一种至高无上的幸福，不要说是求而得之，即使仅仅寄以向往之心，亦胜于获得任何宝藏。

相对于古希腊罗马时期、欧洲中世纪而言，近代西方社会对友善思想的研究更加丰富。亚当·斯密在《道德情操论》中指出，善良的行为总是来源于恰当的动机，因此总是值得赞赏的；仁爱总是自发的，它能被强迫，也不会带来惩罚，因为对善行的渴望不会造成任何不好的结果，不过，所有能激发感激之情的善行其实是最接近"义务"的一个概念的，友情、慷慨、慈善都要求我们尽义务。以边沁和密尔为首的近代功利主义者，形成了以苦乐原理为基础、以行为效果为判定依据、以最大多数人的最大幸福为人际交往基本原则的理论体系。他们认为，追求快乐、避免痛苦是人类行为的终极结果，一个人行为是否善良，主要看这个行为是否能够带来快乐的结果，并极力倡导在追求个人利益最大化的同时要实现最大多数人的最大幸福。他们认为最大多数人的最大幸福就是人际交往的主要原则，践行友爱应该以此基本准则为依据，但这是一个有着内在逻辑困境的原理，在践行友善的过程中充满了矛盾。康德区分了仅仅"合于义务"的行动与"出于义务"的行动，他认为唯有后者拥有道德价值，也唯有后者才能揭示善良意志，善良意志是这个世界上或这个世界之外唯一无条件善的东西。出于义务而行动就是出于对道德法则的尊重而行动，而非出于本能或对行为的、现实的、期待的或想要达成的结果的偏好而行动。

伴随着工业文明进程的加快，社会生产水平得到了进一步提升，人们生活的物质基础得到了很大程度的满足，但不容忽视的是过度的物欲追求使人们面临着极大的精神困惑。在西方现代生活工业化、机械化、商业化的同时，人们的精神世界匮乏，出现了自私、冷漠等社会道德情感。因此，面对社会人性异化现状，人们开始注重回归人的本性，挖掘友善这一道德力量，推动构建一个"相互理解、友善共处"的和谐社会。弗洛姆正是在这一时代背景下提出了爱的伦理思想，弗洛姆指出，爱是一种本能力量，它不仅仅是人的一种情感体验，其社会性更为凸显，是更广泛意义上的人性之爱，而正是这种力量，才能使人与世界产生联系，才能对人类生存生活问题进行解答。爱究其本质来说，是一种给予而不是索取，只有相互之间彼此有能力给予，才能创造更多的快乐，让人们体验精神世界更富足的生活，从而健全社会，实现新的和谐。同时，弗洛姆主张要爱亲人、爱朋友、爱社会中的每一独特个体。在社会转型时期，人与人之间的社会交往更加频繁，如何实现人际的友善？理解就显得弥足珍贵了。伽达默尔指出，这种彼此之间的相互理解构成了一个共同的伦理世界。同时，伽达默尔在继承亚里士多德对友爱论述的基础上形成了自己的友爱观，但需要指出的是，伽达默尔观念体系中的友爱是一种共同性的善。他认为，真正意义上的友爱就是产生像是在家里一样的归属感，因为家庭成员之间的关系是纯粹的，因此，能够在社会共同体中产生相互理解、相互包容的如同血肉亲情般的关系，这才是真正的友爱。在伽达默尔看来，人类的发展不是单个人的发展，而是整个社会共同体的共同使命，这就离不开团结友爱，只有处在这一共同体中的成员彼此友善团结，才能够构筑和谐美好的社会。

第三节　马克思主义理论中的友善情怀

对于友善这一价值观念的科学内涵，马克思也曾对其进行过相关论述，或直接或间接地表述了友善价值观的内涵。马克思主义理论从友善思想的正确指引、人性、人际关系、发展的理想状态等方面对友善思想进行了相关论述与分析，为如今培育和发展社会主义友善价值观念奠定了理论基础。

一、正确指引——利益的一致性

马克思认为友善思想并不是一个虚幻而抽象的概念，它来源于人们的社会实践活动，并与人们的社会实践活动息息相关。特别是在西方资本主义生产资料私有制的背景下，那些资本家们为了获得更多的剩余价值，实现自身利益的最大化，表面上表现出对无产阶级的"友善"，看似对工人阶级进行施舍与恩惠，实质上只是为了将工人们当作廉价劳动力，满足他们自己的私欲罢了。"难以想象同一个国家里的不同阶级在自由贸易中如何能产生友爱……这种友爱真的友爱吗？只有资产阶级想得出来，把世界范围的剥削美其名曰普遍的友爱。"① 这实质上就是披着"友善"外衣的"伪善"罢了。资本家们通过殖民掠夺获得大量财富，对殖民地人民进行剥削与压迫，在殖民地建设那些只符合本阶级物质利益的部分，而不顾广大人民群众的利益，对待殖民地采用与故乡完全不同的态度，其所谓的"文明"表现实质上就是掩盖资产阶级"野蛮行径"的虚伪表演。与此同时，马克思还批判了生产资料私有制条件下，高度重视商业发展的行为体系所展现出来的亲和友善行为。"商业行为的自私和贪婪的实质是根深蒂固的，从前是这样，现在还是这样，这种自私和贪婪一开始就暴露于一切基于商业角逐而引起的战争中。"② 商业行为本身就是商业主体以营利为目的而从事活动的一种行为，其主要目的以及最终目的都是获取巨额利润与巨大财富，这种行为将人性中的自私与贪婪演绎得淋漓尽致。可以说，这种友善行为就如同"以强权为基础的贸易和掠夺一样"③。

不仅如此，马克思还严厉地批判了资产阶级对外实行侵略与压迫、进行资本掠夺的野蛮无耻行为。"外国军队无论如何友善，被占领的国家也认为是一种负担。"④ 他们打着"友善"和"友爱"的旗号，对外进行殖民掠夺与压迫，

① 中共中央马克思恩格斯列宁斯大林著作编译局 . 马克思恩格斯文集：第一卷 [M]. 北京：人民出版社，2009：55.

② 中共中央马克思恩格斯列宁斯大林著作编译局 . 马克思恩格斯文集：第一卷 [M]. 北京：人民出版社，2009：757.

③ 中共中央马克思恩格斯列宁斯大林著作编译局 . 马克思恩格斯文集：第一卷 [M]. 北京：人民出版社，2009：56.

④ 中共中央马克思恩格斯列宁斯大林著作编译局 . 马克思恩格斯文集：第十卷 [M]. 北京：人民出版社，2009：34.

采取一系列充满暴力、血腥与残酷的方式获取资本原始积累，给殖民地人民甚至全球带来灾难。而他们进行的这一系列殖民活动，打着所谓"友善""共同发展进步"的旗号，其真正目的则是谋取私利、获取巨额财富、发展资本主义制度罢了。"那些看起来对邻人服务和行善的事情，其实只是名义上的，而非真是服务和行善。"①资产阶级通过倡导所谓的"博爱"与"友善"价值观念，以此来掩盖其制度本身的剥削实质，而且这一价值观念具有极大的欺骗性与隐蔽性，长期地宣传与引导，使人们对于友善价值观念的认识与实践产生了一系列的偏差与误导。所以，马克思的友善思想大多是通过系统地批判代表资产阶级利益的友爱、友善价值观念，揭露资产阶级的伪善面目和虚伪本质建立起来的，正如马克思所言，当时的人类社会"不道德达到登峰造极的地步"①。

"道德的基础是享乐和正确理解的个人利益、感性的自尊和特性。"②思想观念不是单纯的想象与意识活动，它往往与当时的社会现象、现实存在有关，是离不开物质基础的。马克思的唯物史观深刻认识到了思想观念背后存在的利益问题，思想观念产生的基础和前提不是在虚幻的想象当中，而是在现实的物质生产活动中的。友善观念作为一种道德思想，自然也与人们的利益紧密联系。马克思在对前人的相关理论进行批判和借鉴的基础上，立足于现实生活中的人，深入研究友善与利益之间的关系，认为友善在体现人与人之间的交往这一基础精神需要之外，还进一步体现出了人与人之间交往的利益诉求。简言之，正是人与人之间的共同利益需要，才促使人与人之间友善关系的形成与发展，它是连接人际交往的一个十分重要的环节与纽带，追求利益"不过是追求自己目的的人的活动而已"③。因此，是人与人之间的利益需要，而非社会思想道德观念构成了人们之间友善交往的动力。

总之，马克思揭露了为资产阶级利益所掩护的"虚假道德观念"，主张在尊重和保护个人利益的前提下，协调各方，努力实现"大家共同创造出来的福

① 中共中央马克思恩格斯列宁斯大林著作编译局.马克思恩格斯文集：第五卷[M].北京：人民出版社，2009：224.
② 中共中央马克思恩格斯列宁斯大林著作编译局.马克思恩格斯文集：第一卷[M].北京：人民出版社，2009：333.
③ 中共中央马克思恩格斯列宁斯大林著作编译局.马克思恩格斯文集：第一卷[M].北京：人民出版社，2009：52.

利供所有人共同分享"①。只有这样才能真正消除社会上的各种矛盾和不和谐的声音，为建立一个真正充满友善交往与和谐相处的社会关系而奠定基础。这就要求我们建立一个共产主义社会，在生产资料公有制这一前提下，必定会实现"社会利益与个人利益是根本一致的"②。只有这样，不和谐的社会矛盾才能得以真正解决，社会关系的友善与和谐才能真正得到实现。由此可见，人与人之间实现真正持久的友善关系，利益上的一致性是其重要基础。

二、友善人性论

关于人性，马克思也进行了相关的分析与论述。马克思的人性论首先是从界定人的本质开始的，他认为人的本质是人能够存在的依据，人的一切行为活动都要立足于现实生活中的人本身，从现实的人自身出发去进行考察。而对于人性，"他们的需要即他们的本性"，需要即人性。但是，人的需要与动物的需要不同，两者之间也存在着很大的差别。相比来说，动物的需要是由其本能驱使的，是对过去需要的简单重复与再现；而人的需要则是开放的和不断发展的，是有意识的，是人们通过投身生产与社会实践活动而获取的。因此，实践活动是人的本质，是人性的本源所在。正如马克思在《资本论》中所指出的："人与其他一切动物的区别在于其需要的广泛性和无限性。"③ "已经得到满足的第一个需要本身、满足需要的活动和已经获得的为满足需要用的工具又引起新的需要。这种新的需要的产生是第一个历史活动。"④ 人的需要还具有丰富性和多样性的特征，这也在一定程度上与人性发展的规律不谋而合。而这些丰富的人的需要又与友善观念具有重大关联，这就在一定程度上决定了人必然要以友善来作为自己的精神追求目标。规律是客观的、普遍的，人的需要也遵循着一

① 中共中央马克思恩格斯列宁斯大林著作编译局.马克思恩格斯文集：第一卷 [M].北京：人民出版社，2009：698.

② 中共中央马克思恩格斯列宁斯大林著作编译局.马克思恩格斯全集：第一卷 [M].北京：人民出版社，1956：3.

③ 中共中央马克思恩格斯列宁斯大林著作编译局.马克思恩格斯全集：第四十九卷 [M].北京：人民出版社，1982：130.

④ 中共中央马克思恩格斯列宁斯大林著作编译局.马克思恩格斯全集：第三卷 [M].北京：人民出版社，1960：32.

定的客观规律。当人的生存、安全等基本需要得到满足后，必然就会由低级向高级发展，产生尊重、平等、爱等更高级的精神性需要。这也在一定程度上说明了尊重、关爱、平等等友善观念并非空洞、虚无缥缈的道德说教，而是人性发展的必然逻辑与客观规律所在。

人是社会中的人，即人具有社会性，人的生存与发展要依赖于他人和社会。从某种程度来说，一个人若能得到他人和所在社会的认可与尊重，那么这就是其个人利益中最根本的利益所在。而能否得到他人和社会的认可与尊重，则在一定程度上取决于个人的品质与德行。如果他人和社会认为其品行端正、德行良好友善，那么就可以说这个人得到了他人和社会的认可，反之，则会受到批评与谴责。总之，友善作为一种美德，便是一个人所有的利益中最根本的利益所在①。在整个自然界中，人是最特殊的存在，这是毫无疑问的。人是世界万物中唯一能够进行意识活动、能够思维的存在物，正是由于这一点，马克思和恩格斯才说："真正的人＝思维着的精神。"②此处"思维着的精神"所象征的主要不是视觉与感官上的美丽与享受，而是一种道德感与崇高感，是人的道德性需要。而要满足人的道德性需要，首先，要对自我有一个清晰的认知。"人起初不像费希特派的哲学家说的那样，说什么我就是我，当然来到世间的时候也没有带着镜子，所以只能以别人来认识自己。"③由此可以看出，人在进行自我认知的同时，必须依赖于别人，以他人作为镜子，借助别人对自己的评价来认识自己，即怎样对待他人实质上就是怎样对待自己。尊重他人即尊重自己，友善待人就是友善待己。其次，要学会理性控制，要努力成为一个别人接受的人，成为社会中的人，学会照顾他人的合理需求，赢得别人的尊重。通过友善思想的指导，合理、理性地处理日常生活中的人际关系问题，努力满足自己的道德性需要。"人就只有在社会中才能发展自

---

① 王海明. 人性论 [M].3 版. 北京：商务印书馆，2014：69.

② 中共中央马克思恩格斯列宁斯大林著作编译局. 马克思恩格斯全集：第三卷 [M]. 北京：人民出版社，1960：5.

③ 中共中央马克思恩格斯列宁斯大林著作编译局. 马克思恩格斯全集：第二十三卷 [M]. 北京：人民出版社，1972：6.

己的真正的天性，因为人天生就是社会的生物。"① 这就要求我们通过友善来协调人与人之间的关系，努力在社会上营造一种充满和谐、友善等正能量的气氛与氛围，从而在一定程度上努力展现出人性的美德。最后，自觉的同类感是人的道德性需要的坚强保障，也是人性的基础所在。在社会生活中，人必然会产生对他人的同情和仁爱，从而友善地对待他人。人类具有自我意识，无论在哪种社会形态之中，都离不开自己的同类。只有彼此友善相待、和谐相处，人类历史才能生生不息，绵延不绝。

总之，马克思主义理论中关于人性问题的论述，不仅要立足于现实的人自身这一基点，还要将人置于整个社会生活当中，认识到友善是人性共有的一种心理需求与价值观念，它不仅是人性发展的必然逻辑，而且还是人性不断完善的一个标志。但值得注意的是，这并不代表人性是抽象的、永恒不变的，这只是在一定社会历史条件下人类这个群体所具有的共性，它对于人们认识人性当中的个性具有一定的帮助和指导作用。特别是在当今的社会历史条件下，要正确认识马克思主义理论中的友善人性思想，认识人类的共性与共同本质，进一步为友善人性巩固基础，进而使社会上的人具有向善的这一人性自觉。

三、人际友善思想

对于人际关系，马克思也进行了相关论述，他将其友善观念蕴含于相关的道德理论当中，反对从抽象的人性论角度去分析、审视人与人之间的友善关系，主张从现实的社会生活出发，立足于现实的人本身，去分析研究友善人际关系的问题。"马克思认为善意和敌意离博爱和友善最远。"② 在马克思看来，"友善"与"博爱"这两个词的意思非常接近。而"博爱"正是当时资产阶级的核心价值观念，这也为马克思对这一价值观进行彻底的批判提供了素材。费尔巴哈主张将"爱"作为人的"类本质"，大肆地赞美"爱"与"博爱"的力量。"爱随时随地都是一个创造奇迹的神，可以帮助克服实际生活中的一

---

① 中共中央马克思恩格斯列宁斯大林著作编译局. 马克思恩格斯全集：第一卷 [M].
  北京：人民出版社，1956：167.
② 黄明理. 社会主义核心价值观研究丛书：友善篇 [M]. 南京：江苏人民出版社，
  2015：107.

切困难。"① "彼此相爱吧！不分性别、不分等级地互相拥抱吧——大家都陶醉在和解中了。"② 这是以抽象的"博爱"来界定人性，从抽象人性的角度出发来界定人的本质。对此，恩格斯批判道："这个人始终是在宗教哲学中出现的那种抽象的人。这个人不是从娘胎里生出来的，他是从一种神教中的神羽化而来的。"③ 马克思、恩格斯反对错误的抽象人性论，他们认为人的本质是一切社会关系的总和，人的意识观念归根结底来源于现实的社会物质生活之中，会在一定程度上随着当时的社会生活条件与社会关系的发展变化而变化。因此，人们的"友善""爱""博爱"观念并非与生俱来的，而总是产生于人与人之间一定的社会交往之中的。

马克思在分析了资本主义社会人际关系现状之后，又进一步揭示了阻碍人际友善形成的一个重要因素。马克思认为，在生产资料私有制的条件下，人与人之间的社会关系更多地表现为一种"消费关系""利益关系""交换关系"，"它使人和人之间除了赤裸裸的利害关系，除了冷酷无情的'现金交易'，就再也没有任何别的联系了"④。它使正常的人际关系发生了异化，而这种异化了的人际关系在一定程度上势必会阻挡人际友善关系的形成与发展，同时也与资本主义国家本来所倡导的"博爱""友爱""公平正义"等观念背道而驰。在这种异化了的人际关系的主导下，人与人之间的社会关系就如同商品交换一样，"物质"成了人际关系的主宰，即谁拥有金钱和资本，谁就可以拥有统治、剥削与压迫的权力。与此同时，法律制度、道德观念和文化等也会外化为社会关系，规定并进一步巩固阶级社会中这种不合理、不友善的人际交往关系。社会中的人际关系逐渐走向"拜物教"倾向，显然，这在一定程度上与资本主义所倡导的"公平""正义""博爱"等观念背道而驰。不

---

① 中共中央马克思恩格斯列宁斯大林著作编译局.马克思恩格斯文集：第四卷 [M].北京：人民出版社，2009：240.

② 中共中央马克思恩格斯列宁斯大林著作编译局.马克思恩格斯文集：第四卷 [M].北京：人民出版社，2009：294.

③ 中共中央马克思恩格斯列宁斯大林著作编译局.马克思恩格斯文集：第四卷 [M].北京：人民出版社，2009：290.

④ 中共中央马克思恩格斯列宁斯大林著作编译局.马克思恩格斯文集：第一卷 [M].北京：人民出版社，1956：275.

仅如此，这种异化的人际交往关系也势必会在一定程度上阻碍人际友善关系的产生与发展，在这种环境下，冷漠、虚伪、怨恨的人际关系不断形成并大肆发展，无法达成真正的人际友善关系。

因此，要达成真正的人际友善关系，就要将希望寄托于"自由人联合体"当中。"这种共产主义，作为完成了的自然主义，等于人道主义，而作为完成了的人道主义，等于自然主义。它是人和自然界之间、人和人之间的矛盾的真正解决，是存在和本质、对象化和自我确证、自由和必然、个体和类之间的斗争的真正解决。"① 在这种社会中，即共产主义社会中，将会真正实现个体自由，人与人之间的友善关系也将会真正地确立起来，人际交往之间的友善关系也将会真正得以实现。在这个社会中，不仅人与人之间的关系和谐融洽，人与自然之间也将达成真正的共同发展，实现真正的和谐共生。"它不是限于内部和睦的共存共荣，而是相互承认不同生活方式的人们之自由活动和参与的机会，积极地建立起相互关系的一种社会结合。"② 只有在这样一种社会共同体中，人际友善关系才能真正得以实现。与此同时，马克思在阐述人际关系时，始终以社会现实为出发点，从客观存在的事实出发，认为不同的社会造就不同的人际关系，而且人际关系的友善程度也会存在一定的差异。只有将希望寄托于共同体，即共产主义社会，才能实现真正的平等、互助、包容、正义的人际友善关系。

总之，马克思主义理论中对关于人际友善思想这一问题也进行了相关论述与研究。他认为，无论如何都要从现实的人本身、从当时的社会现实与社会实际出发去认识人际友善关系，正是因为资本主义生产资料私有制的引导，劳动产生异化，进而使得人际关系发生异化，产生了"拜物教"倾向。在这一思想倾向的引导下，算计、对抗、欺骗等成为人际关系交往中的主导因素，这不仅对当时的社会关系产生严重危害与消极影响，而且也不利于人际友善关系的形成与发展。而要建立真正的人际友善关系，就必须要建立一个真正的社会共同体，在这个社会共同体中激活个体的公共性，在彼此尊重个体权利与自由的基

---

① 中共中央马克思恩格斯列宁斯大林著作编译局.1844 年经济学哲学手稿 [M]. 北京：人民出版社，2002：77.

② 尾关周二.共生的理想 [M].卞崇道，刘荣，周秀静，译.北京：中央编译出版社，1996：113-118.

础上与他人通力合作、互惠互利，真正形成公平、正义、友善的人际关系。

四、理想状态——人的自由而全面的发展

马克思主义自诞生之日起，就将实现人的自由而全面的发展作为其全部理论与实践奋斗的最高级目标与最终归宿，无数马克思主义者将其作为最高价值目标去努力践行，而这一奋斗目标也始终贯穿于马克思主义发展的整个历史进程中。这就在一定程度上表明，实现人的自由而全面的发展，是马克思主义理论中的友善价值观能够存在并与时俱进、不断发展完善的基础和保障，是当今时代社会主义友善价值观得以形成并不断发展的可靠依据。从根本上来说，马克思主义理论是关于人的解放的理论，马克思主义的根本出发点和归宿就是要实现全人类的解放。而这一远大理想则是诞生于生产资料私有制的大背景之下的，人的状态普遍异化，资本统治着劳动，人丧失了自由自觉的劳动这个本质力量，也就完全地丧失了自己。不仅如此，大量的社会生产资料被少数的资本家所占有，而实际劳动并创造了剩余价值和社会财富的工人们却贫穷得一无所有，只能劳苦度日。资本家们对广大劳动工人进行十分残酷的剥削与压迫，特别是在经济和政治这两个方面，使得本就贫苦的工人阶级更加一无所有，甚至会使其陷入绝对贫困当中。而这导致的直接后果就是进一步加剧了资产阶级和工人阶级这两个阶级之间的矛盾与斗争，二者甚至会达到不可调和的状态，最终演化为"一切人反对一切人的战争"。

"这种一切人反对一切人的战争，这种到处都很混乱、到处都在剥削的现象就是现代资本主义社会的实质。"[①]这是资产阶级追求利益最大化的必然结果，他们在无限追求自身利益的同时，也给人类特别是广大工人阶级队伍的生存与发展带来了冲突与灾难，使得他们被迫像动物一样，在激烈的生存竞争环境中求得一丝存活的希望。因此，只有彻底地消灭资本主义制度，消除生产资料私有制，建立共产主义社会，实现生产资料公有制，人们才能享受到真正的自由与平等、幸福与友善，整个社会才能真正实现友善，实现全人类的解放这一最终目标才能达成，我们才能开始真正属于人本身意义的历史。

---

① 中共中央马克思恩格斯列宁斯大林著作编译局. 马克思恩格斯全集：第二卷 [M].2 版. 北京：人民出版社，2005：602.

人的自由而全面的发展是人的主体性特征的一个重要彰显，是人之所以能够为人的本质体现，是人将何以为人的一个理想状态。在资本主义生产资料私有制的前提下，社会中的人的命运注定是被异化了的，这也在一定程度上表明了人之所以为人的自由本质也必定无法得到实现，更不必说最终实现人的自由而全面的发展了。简言之，资本主义社会是一个"工业、普遍竞争、自由地追求自己目的的私人利益、无政府状态、自我异化的自然个性和精神个性的社会"①。而与此不同的是，共产主义社会将实现人的自由而全面的发展作为基本原则，在这里的每个人都能得到真正意义上的自由与发展，都能实现自身的解放，进而推动整个社会的解放与发展。"在那里，每个人的自由发展是一切人的自由发展的条件。"② 在这个社会中，人与人之间的异化被克服，每个人成为真正自由自觉的人，真正实现个人与他人、个人与社会、个人与自然和谐共生的友善状态，真正实现人类的解放。只有这样，人才能够把握自身的命运，才能成为社会的主人，人与人之间才能拥有健康、和谐、友善的伦理关系，整个社会的友善之花才能够竞相开放、花团锦簇、美不胜收。

与此同时，人的自由而全面的发展也是人们对于未来理想友善关系的美好希冀，它包含了广大人民群众对于未来幸福生活的盼望与期待。"在共产主义社会里，任何人都没有特殊的活动范围，而是都可以在任何部门内发展，社会调节着整个生产，因而使我有可能随自己的兴趣今天干这事，明天干那事，上午打猎，下午捕鱼，傍晚从事畜牧，晚饭后从事批判，这样就不会使我老是一个猎人、渔夫、牧人或批判者。"③ 这是未来在共产主义社会中人们的生活场景，也是马克思对未来理想社会的想象。在这样的共产主义社会中，物质生产得到极大的丰富与提高，每个人都不再被日常的物质生活保障而困扰束缚，不仅如此，人们还更加注重精神文化领域的发展与提升，真正实现整个社会物质

---

① 中共中央马克思恩格斯列宁斯大林著作编译局 . 马克思恩格斯文集：第一卷 [M]. 北京：人民出版社，2009：324.

② 中共中央马克思恩格斯列宁斯大林著作编译局 . 马克思恩格斯文集：第二卷 [M]. 北京：人民出版社，2009：53.

③ 中共中央马克思恩格斯列宁斯大林著作编译局 . 马克思恩格斯文集：第一卷 [M]. 北京：人民出版社，2009：537.

与精神生活领域的满足与充盈。在这一状态下，应运而生的是友善价值观念相比于简单直接地体现社会人际关系而言得到了进一步的升华，它向我们证实了不断发展的社会主义友善价值观念是值得期许的，它是一种社会关系的真实反映，是人们淡然恬静、优雅从容精神状态的真实写照。

总之，马克思主义理论中关于友善价值观念的理想状态就是实现人的自由而全面的发展，彻底改变资本主义生产资料私有制条件下人与人的异化问题，将全人类从剥削与压迫中彻底解放出来，使人成为真正自由自觉的人，掌握自己的命运，书写自己的历史。

综上所述，友善情怀不是凭空出现的，而是有一定的理论基础与渊源的，特别是在马克思主义理论中也包含了友善情怀。马克思不仅为社会主义友善价值观念的发展指明了正确方向，还分别在人性方面、人际关系方面对友善进行了论述，最后得出友善价值观念的理想状态就是要努力实现人的自由而全面的发展，建立共产主义社会这个联合体。只有这样，才能真正实现个人与他人、个人与社会、个人与自然之间的友善，进而推动社会主义友善价值观念不断发展完善，为实现无产阶级解放乃至全人类的解放奠定基础。

第四节　社会主义核心价值观中的友善价值观内涵

友善观既是社会主义核心价值观的重要组成部分，也是公民在社会生活中必须遵循的基本道德准则，更是一个国家实现长治久安的重要保障。在社会主义核心价值观这一范畴内，友善与其他的社会主义核心价值观有着密切的联系，并通过一些普遍的美德品质体现出来，具体来说，社会主义核心价值观中的友善价值观的内涵包括以下几个方面。

一、尊重他人是个人内在修养的外在表现

尊重往往代表着人际交往中的平等关系，尊重他人既是做人的基本道德，也是友善的基本特征。正所谓："仁者必敬人。"[①] 每个人都是独立的个体，其个性特点、成长环境、生活习惯都存在差异，但不得不承认的是，在差异之下

---

① 王先谦．荀子集解 [M]．北京：中华书局，1988：51.

存在着一个共同点，那就是每个人都渴望得到他人的尊重。尊重在古语中是指将对方视为比自己地位高的人而必须重视的心态及其言行，如《汉书·萧望之传》："望之、堪本以师傅见尊重，上即位，数宴见，言治乱，陈王事。"[①] 如汉陆贾《新语·资质》："夫公卿之子弟，贵戚之党友，虽无过人之才，然在尊重之位者，辅助者强，饰之者巧，靡不达也。"[②] 然而随着社会的进步和发展，现代意义上的尊重，是以社会的平等、公正为基础的，表现为平等相待的心态及其言行，其基本内涵在于承认人格的平等性，即承认他人是与自己一样独立的个体，有着与自己一样重要的各种情感和价值诉求[③]。当前，社会不断发展，区域流动性强，人与人之间的交往日益密切，那么该以何种态度来处理自己与他人之间的关系呢？这是一个极为重要的现实问题。尊重要建立在平等和张扬个性的基础上，尊重他人与保持自尊密不可分。一个人要想得到别人的尊重，首先要尊重别人。只有尊重他人，才能得到别人的尊重。因此，一定要意识到尊重是相互的，即要像对待自己一样平等地对待他人，只有这样，才能形成一个人与人互相尊重的关系网，个人层面的爱国、敬业、诚信的价值目标才可能得以顺利实现。故而，尊重是公民之间友善相处的最为基本的前提。

尊重体现在多个方面，首先，要尊重他人的评论、观点和想法，要尊重他人的劳动果实，要尊重他人的人格，要尊重他人的隐私等。在这些方面中，首先，最重要、最基本的是要尊重他人的人格，正如高尔基所言："尊重别人，最重要的一点就是要尊重他人的人格。"尊重人格是指尊重每个人的人格尊严和内在价值，尊重人其为人的基本权利。人的能力有大小，智商有高低，财产有多少，命运有穷达，但每个人的人格是平等的。人无论贫穷富裕都有同等的道德权利和公民权利。人生而平等，人格尊严不可侵犯，这是宪法赋予公民的基本权利。没有人可以完美无缺，我们没有理由用清高的眼光去看待别人，也没有资格用鄙夷的眼光去嘲笑别人。如果别人在某些方面不如自己，我们也不能用傲慢的言语去伤害别人的自尊；如果自己在某些地方不如别人，我们也不

---

① 班固. 汉书 [M]. 北京：中华书局，1962：3289.

② 王利器. 新语校注 [M]. 北京：中华书局，1986：5129.

③ 黄明理. 社会主义核心价值观研究丛书：友善篇 [M]. 南京：江苏人民出版社，2015：145.

必自卑、自嘲或嫉妒他人，一个真正懂得尊重他人的人，一定会以平等的态度、平静的心态来面对生活中出现的每一个人。

其次，要尊重他人的隐私。心理学家经过观察和实验发现人人都有一个把自己圈住的心理上的个体空间，它就像一个无形的气泡，人们随身携带着这些气泡，一旦有人冲破了，它就会发生反应。在生活中我们都有这种体会，当我们的私人空间受到侵犯时，就会紧张不安，甚至焦虑。这个私人空间指的就是每个人的隐私。所谓隐私，是自然人享有的对其个人的、与他人及社会利益无关的个人信息、私人活动和私有领域进行支配的一种人格权。每个人在自己的隐私不想被侵犯的基础上也应该充分尊重别人的隐私。因此，"尊重隐私"是法律与道德的双重要求，在人际交往中，务必要严格遵守"尊重隐私"这一与人交往的主要原则，把握好自己与他人的"界限"，不偷窥别人的秘密，不侵犯他人的个人空间，不打探有关别人的消息，尊重别人不愿分享隐私的权利，给予别人充分的安全感，保持合适的分寸感和界限感，从而形成人与人之间舒适的相处模式。

最后，要尊重他人的劳动成果。李大钊曾说过："我觉得人生求乐的方法，最好莫过于尊重劳动。"通过劳动获取报酬来养活自己和家人，这是人类生存的基本法则。劳动有分工不同，但没有贵贱之分，任何一种劳动都应该受到尊重。我们每一个人都是劳动者，也都是劳动成果的享有者，所以，尊重别人的劳动成果其实也是尊重自己的表现。当我们每一个人都尊重别人的劳动，那我们带给别人的将是方便和舒适，自己也会从这样的环境中受益。尊重别人的劳动成果不能只停留在意识层面，更要落实在实践中，比如：维护街道的干净整洁，这是尊重环卫工人的劳动成果；吃饭时积极践行"光盘行动"，这是尊重农民的劳动成果；上课认真听讲，这是尊重老师的劳动成果；垃圾分类投放，这是尊重清洁工人的劳动成果。所以说，尊重他人的劳动成果应该落实到生活的方方面面，这不仅是尊重他人的重要体现，也是自身人格塑造和社会发展的必然要求。

二、宽容礼让是构建社会主义和谐社会的基本要求

在社会发展进程中，友善也往往以宽容、礼让的形式体现出来。所谓宽

容，是指宽宏有气量，面对别人的过错不过分地计较和追究。"人非圣贤，孰能无过。"世界上没有永远不犯错误的人，宽容别人的错误与缺点，其实也是蕴藏于人格深处的友善。宽容是人与人之间关系的调和剂，随着人们交往的日益密切，在现实生活中，因社会交往而产生矛盾已然成为一种普遍现象，如何正确处理人际交往间的摩擦和冲突也成为人们热议的话题。由于我国的社会性质是社会主义社会，社会主义社会的基本矛盾是在生产关系和生产力基本适应、上层建筑和经济基础基本适应条件下的矛盾，是在人民根本利益一致基础上的矛盾。因此，它不是对抗性的矛盾，而是非对抗性的矛盾①。所以说，人与人之间只要相互宽容、相互谅解，多数矛盾都能够迎刃而解。宽容不但给了别人机会，也同样获得了别人对自己的感激和尊敬；反之，当自己犯错时，也能获得对方的原谅。因此，宽容能够促进人与人之间和睦相处，从而促进整个社会和谐发展。当然，宽容同"方以律己，圆以待人"是不矛盾的。人往往都是原谅自己容易，原谅别人很难，但是，轻易原谅自己，那不是宽容，而是不自律、不自知的表现。人只有平时对自己严格，在偶尔犯错时才能更容易获得他人的原谅。另外，宽容也要讲原则，宽容不珍惜宽容的人，是懦弱；宽容不值得宽容的人，是姑息；宽容不可饶恕的人，则是放纵。所以，宽容也是要把握好尺度的，要让宽容真正成为人际关系的调和剂、推动社会和谐发展的催化剂，而不能使宽容成为败坏道德、滋生违法犯罪的温床。

礼让表现为守礼谦让。孔子认为，"让"是"礼"的具体表现，治理国家要以"礼让"为原则。他非常赞成上古尧、舜、禹时期实行的"禅让制"，尤其对吴伯泰、伯夷、叔齐等人功成身退的表现大加赞赏，然而这种谦虚礼让的精神，到了春秋时期已丧失殆尽，孔子看到各诸侯国上层统治者为了得到权力，你争我抢，寡廉鲜耻。我们不去追问"礼让"对于治理国家到底有什么好处，时代发展到今天，我们倒是可以发出"能以礼让为国乎？"的追问。在当今时代，社会发展愈发明显地呈现出文化多元、价值多元的特点，导致了一些负面影响的出现，如传统的社会道德被弱化、解构主义文化侵袭、不同价值观与信念的融合和冲突等，都是这个时代不可忽视的社会现象。在这样的大环境

---

① 毛泽东．论十大关系 [J]. 文史哲，1976（4）：18-19.

之下，人们也面临着选择多价值判断、多元诱惑、多经济实利化等问题带来的困惑和心理冲突。君不见，在公共汽车上，一对年轻的恋人坐在舒适的座位上窃窃私语，旁若无人，而在他们面前的过道上，却站着一位抱着小孩的年迈老人，不是他们看不见这位老人，而是他们不愿意礼让；在城市的十字路口，经常发生车辆拥挤、阻塞交通的现象，各种类型的车争先恐后，都想着往前赶，结果是谁也走不了，并非每个人都急于赶时间，而是他们缺乏礼让的美德；为了争取一点小小的利益，有时候父子之间、夫妻之间、兄弟姐妹之间、朋友之间、同事之间反目成仇，甚至兵戎相见，不是他们不谙伦理纲常，而是他们不懂得"退一步海阔天空"的深刻内涵。

礼让自古以来就是一种个人的美好品德，孔融让梨的故事家喻户晓、耳熟能详，随着经济的快速发展，礼让的美德则显得更加难能可贵。它是一种文明优雅的社会交往方式，没有礼让，就没有城市生活繁忙而高效、快捷而有序的律动；没有礼让，就没有城市生活陌生而亲切、刻板而熟稔的温情。礼让不但体现了城市的文明程度，也关系到城市的生活秩序。因此，在日常生活中，我们要把礼让作为提升个人修养的价值追求，谦逊有礼、心胸阔达。如果人人都能以礼让待人接物，那么整个社会都会折射出一种井然有序之美，也会促进公民整体道德水平的提升和整个民族的持续健康发展。

三、关爱互助是实现国家长治久安的重要保障

就"友善"的本源来说，是人们对于周围的人或物一种爱的彰显，并通过一定的行为习惯表现出来。在日常生活中，友善常常以关爱的形式表现出来，关爱的对象可以有很多，并且不仅仅局限于人与人之间的关爱，还包括对动物的关爱、对自然环境的关爱等。人与人之间的关爱具体表现为能够体贴、帮助他人，能够体谅他人的难处，能够真正地换位思考，设身处地地为他人着想，在他人遇到困难时，能够伸出援手给予力所能及的帮助。关爱能给人带来温暖和希望，是维系友好关系的桥梁，是社会和谐稳定的润滑剂和正能量，有利于推动社会文明的进步。人对动物的关爱具体表现为尊重动物的生命，为动物营造适宜的生存环境，不弃养、不虐待动物。动物是人类的朋友，关爱动物是人的道德品质更高层面的表现，也是人类社会得以持续发展的重要前提。人对自

然的关爱具体表现为牢固树立尊重自然、顺应自然、保护自然的理念，节约自然资源，保护自然环境，建设人与自然和谐共生的美丽家园。正如习近平总书记所说："我们要像保护眼睛一样保护自然和生态环境。"① 只有充分关爱自然，才能在生态环境可以承受的范围内，使我国的经济社会发展与生态发展相协调。无论是对人的关爱还是对物的关爱，都需要道德主体超越个人功利，向与自己没有利害关系的人或物传递爱和温暖。② 但是关爱也不是只有付出、没有回报，关爱他人的人往往能更多地得到别人的尊重和爱护，往往能够获得更多的发展机会，生命中往往能够出现更多的"贵人"，其身心也能够获得更加健康的发展，所以说，关爱别人其实就是在关爱自己。

互助是自然法则的一种，是描述一种通过合作方式实现合作双方都获得利益的生物关系，这是友善在行为上的真实表达。互助在我国有着悠久的历史，在先秦的典籍中就有迹可循。在《诗经·小雅·大田》中，"彼有遗秉，此有滞穗，伊寡妇之利"③ 描述了善良的农民怀着悲悯的情怀，在农忙收割时有意留下一些谷物，供孤儿寡母来捡拾。儒家典籍《礼记》中有关"大同"社会的理想："故人不独亲其亲，不独子其子；使老有所终，壮有所用，幼有所长，矜寡孤独废疾者皆有所养"④，是对互助精神的全面描述。在先秦诸子中，除老子的"损有余而补不足"、孔子的"仁学"、荀子的"能群"、墨子的"兼爱"等思想之外，谈及互助最多的、后人最为熟知的便是孟子。《孟子·滕文公上》里提倡的"死徙无出乡，乡田同井，出入相友，守望相助，疾病相扶持，则百姓亲睦"⑤，给我们描绘了在一个理想的社会里，人们相互关爱与互相帮助的和谐画卷。此外，还有耳熟能详的"老吾老，以及人之老；幼吾幼，以及人之幼"，更是友善互助思想的有力体现。显然，在孟子的思想中，一个互帮互助的社会

---

① 习近平. 共同构建人与自然生命共同体：在"领导人气候峰会"上的讲话 [N]. 人民日报，2021-04-23（02）.

② 史泽源，荆蕙兰. 试论践行友善价值观的三重境界及提升策略 [J]. 广西师范大学学报（哲学社会科学版），2018，54（4）：120-124.

③ 罗吉芝. 诗经 [M]. 成都：四川人民出版社，2019：286.

④ 陈戊国. 四书五经：上 [M]. 长沙：岳麓书社，2014：513.

⑤ 杨伯峻. 孟子译注：下册 [M]. 北京：中华书局，1960：51.

才是最为理想的社会。由于传统中国是典型的乡村熟人社会，因而互助思想在乡村社会的实践更是不胜枚举。从农忙时节的相互帮助，婚丧嫁娶、造房时的凑份子，到各种形式的商会、行会、同乡会等互助组织，无一不显示出在缺乏现代社会保障和商业组织的时代，互助在民间生活中的重要性。比如，在毛泽东的《寻乌调查》中，"凑份立公田""打会"[①]等社会互助组织，生动呈现了中国乡村社会的互助文化，既切实解决了农民困难，又有效维持了乡村秩序。

"而在当今社会，作为友善价值观内涵中的互助，更多地表现为一种活动和行动的关系。"[②]互助要通过日常生活中的言行得以表现和落实，它是集责任和义务、理想和现实于一体的实践过程。在日常生活中，一个有较高友善水平的社会主义社会的公民是会主动承担提高自身素养并兼顾帮助他人、推进公共生活改善的责任的，其表现就是积极主动地与周围的人携手前行、互相帮助、共同进步。互助可以存在于家庭关系中、工作关系中以及和陌生人的关系中等，无论哪种关系，互助都会推动不同人群和整个国家的良性发展。因为在现实生活中，每个人都有可能遭受不可预见的风险事故，但是每个人的力量总是有限的，因此在社会制度的设计和组织架构上，努力营造一种相互配合、相互帮助的氛围或机制，是对社会资源的有效整合。比如，在当前的社会背景下，医疗不仅关乎个人的生命健康，而且关乎整个国家的长治久安。单靠个人的经济水平，显然不太能够医治各种疾病，故而各地努力探索和不断创新互助医疗方式，用以解决看病难、看病贵的问题。

总的来说，作为社会主义核心价值观意义上的友善的关爱和互助，既体现了友善公民性的一面，也体现了其理想性的一面，它是个体价值和群体价值在现实生活中的协调统一，也是理想和现实的完美结合。它不仅体现了个体的善良意志，而且承载着实现国家长治久安这一群体性的价值诉求。作为友善理想型的价值诉求，关爱和互助是需要表现在具体的行为活动中的，其中最为重要的就是要做到知行合一，要发自内心地去爱护和帮助其他的人或物。

---

① 毛泽东 . 毛泽东文集：第三卷 [M]. 北京：人民出版社，1993：331.

② 宋希仁 . 西方伦理思想史 [M]. 北京：中国人民大学出版社，2004：355.

第二章　中西方友善价值观比较研究

第一节　西方文化中友善因子的体现

友善这一思想不只在中国传统文化中有其渊源，在西方文化发展历程中也有相关内容。古希腊时期的友爱思想，中世纪基督教中的博爱思想，近代功利主义的友善思想以及现代追求人与自然和解的生态友善思想等都是西方文化中友善因子的重要体现。研究西方文化下友善因子的体现，对于促进社会主义核心价值观之一的友善观更为全面细致地发展完善，具有一定的借鉴与启示作用。

一、友爱论

古希腊时期的友善，主要体现为"友爱"思想，它是"德性论"的一个重要内容。苏格拉底说："友爱是人的天性；人们相互同情，相互需要，通力合作是为了共同的利益。"[①]柏拉图也曾指出，人与人之间的友爱是一种天然的需要。在亚里士多德看来，友爱是通往幸福的手段与途径，他认为人们进行的一切活动，其目的都是追求幸福，而只有在友爱中才能享受到最高层次的幸福。这种最完美的、最高层次的友爱是善的友爱，也被称为德性的友爱。这种关系单纯地是因为对方身上的品性，即对方自身的原因而确立的，并不是因为对方能给自身带来便利与利益才确立起来的；是因为彼此相互吸引的善良和优点而产生的，不是短暂兴起的，而是持久存在的善的友爱。"由于善良人对自身都是这个样子，他对待朋友也正如对待自身（因为朋友就是另一个自身），而

[①] 色诺芬尼. 回忆苏格拉底 [M]. 吴永泉，译. 北京：商务印书馆，2009：6.

在朋友那方面也是如此。"①因此，这种善的友爱通常产生于两个有道德的人之间，他们长期生活在一起，彼此之间相互信任、相互了解，且各自具有良好的思想道德修养，形成共同的理想信念，在此基础之上才有可能形成这种友爱思想。而这种友爱思想是最完美、最完善的，通常是比较难以得到的。而与此不同的是，我们在现实生活中遇到的更多的通常是有用的、带有功利性目的的较为低层次的友爱，它们的产生和存在不是为了朋友或友爱本身，而是为了对方所带来的好处和便利罢了。他们交往的目的只有一个，那就是要满足自身需要，其本质上就是一种建立在自我获利基础上的带有功利性目的的友爱。不仅如此，亚里士多德还提出了公正这一思想，并论述了它与友爱之间的关系，认为只有真正地将友爱与公正二者放于心中并存，公民之间才能形成良好的友爱关系，社会才能更加稳固健康。

在亚里士多德看来，友爱可以分为三种：因有用之故而生的友爱，因快乐之故而生的友爱，因朋友本身之故而生的友爱。其中，他更重视第三种友爱，认为其是"完善的友爱"。一方面，他认为前两种友爱思想是因为能够从中获得某种好处或利益而产生出来的，相对来说是易变的、容易消逝的；而第三种友爱思想则不同，它是因具有相似品德与德性的人与人之间相互吸引而产生的，相对来说具有持久性，即"因为他们对对方友爱，不是出于偶然因缘，而是出于每个人都爱对方的品质。所以在这些人之间存在的友爱，只要他们的德性品质还在，就一直存在，而德性就是持久的品质"②。另一方面，这种友善本身就是建立在德性基础上的，而这种德性是高尚的，它会令人产生愉悦，令对方产生欣喜，进而互相善待彼此，有益于彼此。因此，这种因朋友本身之故而产生的友爱，将友谊与爱这两个要素完美地展现了出来，可以说是"最完善的友爱"。

与此同时，亚里士多德认为，完善的友爱不是发源于社会或者其他任何人，而是发源于自己，来自真正的自爱，来源于一颗充满仁爱的心。通过强调

---

① 亚里士多德. 尼各马科伦理学 [M]. 苗力田，译. 北京：中国人民大学出版社，2003：193.

② 杨根东. 论完善的友爱在亚里士多德伦理学中的意义：以《尼各马可伦理学》之友爱论为中心 [J]. 理论界，2018（6）：35-43.

自爱，使自己的德性与品性高贵起来，能够拥有真正的德性，只有这样才能拥有真正的朋友。可以说，自爱是友爱的前提，而仁爱则是基于朋友自身的德性和对彼此单纯的善意而产生的友爱思想，这种思想并不为对方所知晓，是对他人产生的一种单纯的善意。正如亚里士多德强调的，要做一个有德之人和真正的自爱者，唯有如此，才能不断提高自身思想道德修养与水平，与人为善，与己为善，待友如待己，努力拥有真正的友爱，从而帮助我们实现现实生活中的幸福。

总之，古希腊时期的西方友善因子主要表现为亚里士多德的友爱思想，特别是因朋友本身之故而产生的"完善的友爱"是他最为推崇的。只有实现真正的自爱，拥有真正的德行与仁爱，才能努力达成"完善的友爱"思想。不仅如此，亚里士多德还倡导将友爱思想与公正相结合应用于城邦，只有这样，才能促进城邦更好更健康地发展，帮助公民拥有真正的友爱，实现幸福与快乐。

二、博爱论

进入中世纪以后，西方友善思想还体现在当时的宗教思想中，特别是基督教所宣扬的"上帝之爱"，从中找到了博爱主义的源头。在这种观念与思想当中，他们强调绝对的"爱"，认为"上帝之爱"具有终极价值，并终其一生对其展开不懈的追求，因此不可避免地带有一定的抽象性和超阶级性。特别是基督教当中的博爱主义思想，将"爱"作为核心范畴。不仅如此，他们还认为这种爱来源于神，即上帝。他们认为在现实生活中，上帝是统治一切的，人们在现实生活中所进行的一切活动都必须以上帝的意志为出发点，上帝意志也是人们在尘世中追求的最终目标与归宿所在。在他们的教义理念中，博爱正是一种来源于神的道德要求。"在人与人的关系中，根本的是来自上帝命令的爱以及被耶稣基督亲身证明的爱。"[①]这种博爱思想作为一种价值观念，在当时为拉近人们彼此之间的联系、促进彼此之间友善和平相处发挥了一定的作用。与此同时，这种博爱思想也是当时人们所崇尚的一种价值追求，是人们不断完善自身、追求完美的理想品德。基督教的教徒们认为，相比于其他形式的人类之

---

① 姚新中. 儒教与基督教：仁与爱的比较研究 [M]. 北京：中国社会科学出版社，2002：116.

爱，"上帝之爱"是更为先进的，它有更大的意义与价值。可以说，"上帝的爱是根本、是源头，信徒则是接受的器皿、流通爱的管道、反射爱的镜子。信徒只能接受、流通、反射上帝的局部的爱"①。他们用一些绝对性的词语，如至爱、至真、全能等来形容上帝，上帝也就超越了现实存在，脱离了现实的物质世界，存在于人们的理想信念与认知观念中，并在人们不断地对其进行美化与虚拟的情况下，以绝对权威和完美的道德标准形象出现在人类面前，在现实社会中得到人们的践行与追求。

鉴于基督教所宣传的博爱思想带有强烈的神本主义色彩，随着社会历史的发展与进步，近代资产阶级对其进行了批判与继承，对于其中的平等、尊重与博爱等积极向上的思想观念仍保留和继承，摒弃其中的上帝等带有神秘主义色彩的部分。这一时期的博爱主义思想虽然在一定程度上脱离了神学的色彩，但其根本并未发生改变，成为近代资产阶级掩盖剥削与压迫的统治工具。进一步对其进行分析可以得出，近代资产阶级博爱主义的主导思想仍然是具有抽象价值的尊重、平等与自由，宣传对人不加区分，一视同仁地具有爱。同时，对于代表不同利益的阶级，他们也要求其保持单纯的合作与共享关系。"世上决没有无缘无故的爱，也没有无缘无故的恨。至于所谓'人类之爱'，自从人类分化成为阶级以后，就没有过这种统一的爱。"②很明显，这只是一种不具备现实性和可行性的幻想罢了，这只是西方资产阶级为促进资本利益发展的借口而已，他们对博爱思想的汲取和追求，主要是为了推动资本主义制度的发展与壮大。首先，近代的博爱思想是在法国大革命时期为维护资产阶级的利益而提出的。其次，在近代，这一思想的实质却是为了资产阶级内部的自由与平等，为了维护资产阶级整体利益而存在的价值观念。最后，通过对博爱这一思想的鼓吹，企图以此来掩盖资本主义制度剥削和压迫的残酷现实。因此，博爱这一价值观念的实质在资本主义社会是不可能得到真正的践行与实现的，其在本质上只是近代资产阶级为其剥削和压迫寻求庇护罢了。

总之，无论是中世纪基督教以"上帝之爱"等神本主义思想为博爱源头的

---

① 黄明理. 社会主义核心价值观研究丛书：友善篇 [M]. 南京：江苏人民出版社，2015：35.

② 毛泽东. 毛泽东选集：第三卷 [M]. 北京：人民出版社，1991：871.

观念思想，还是近代资产阶级以"博爱"的名义来掩盖其剥削压迫本质的思想观念，都是西方社会在不同的历史发展条件下博爱思想的不同表现，而这一博爱思想也是西方文化中友善因子的一个重要体现。只有对博爱思想进行正确的理解与认识，才能使其本质作用得到充分的发挥与应用，才能实现真正的"友善"与"爱"。

三、功利主义友善论

中世纪以后，人们对于自我的主体意识开始觉醒，并且对自身的关注进一步加强，特别是文艺复兴运动的开展，使得人类将对神的关注转移到人自身身上来，他们不再追求上帝之城这一终极世界，而是探究人类自我意识的觉醒，倡导回归人类自身。而此时的友善观与这个时期的基调保持一致，都是以功利主义为基础来开展社会交往，通过强调各个主体之间的友善关系，来帮助人本身追求最大的幸福。

所谓功利主义，其本身是伦理学的一个基础概念，是一种伦理学说，通常是指在实际发展过程中产生的利益与功效，并将其作为衡量一个人道德好坏的标准。近代的友善思想从本质上来说是功利主义的。他们认为只从人的内心世界与行为动机出发，是不能够评判某种行为的善与恶的，只有结果以及是否能够带来快乐才是善恶价值判断的唯一标准。他们的指导原则是："一种行为是否能够得到赞成或者不赞成，源于它是否增加或违背了价值主体的幸福。"[1]如果一种行为能帮助人们增强内心的获得感与幸福感，那么这种行为就是正确的；若该行为会导致产生与幸福相反的东西，那么它就是错误的。这种幸福不仅涉及该行为的当事人，而且还与受到这种行为影响的每一个人有关。因此，这种功利主义的友善思想以此为基础，致力于帮助人类追求最大的幸福。哲学家边沁以苦乐计量为基础，提出了他的功利原理，即"最大幸福原理"。他认为，在友善交往的过程中，应充分考虑到个体的利益与幸福。社会是由个人组成的，我们每个人都是社会中的一分子，那么，组成社会的个人的幸福相加组合，就是整个社会全体人民的幸福，因而实现了个体对象最大的幸福，自然也

---

① 周辅成 . 西方伦理学名著选集：下 [M]. 北京：商务印书馆，1987：212.

就实现了社会公共幸福。但进一步深入分析会发现这一友善交往论存在一定的问题：社会幸福并不是个体幸福的单纯相加，他忽略了个体幸福与社会幸福之间存在的矛盾与冲突。

对此，约翰·斯图亚特·密尔在边沁学说的理论基础上进一步完善了"最大幸福论"。密尔认为："所谓最大幸福论，并不是行为主体自身的幸福，而是与之相关的全体对象的最大幸福。"①首先，密尔提出了快乐的质的区分，他认为不应单纯地只关注量而忽略质，质应该要高于量，无论是个体对象的幸福还是社会公共的幸福，都不应该建立在苦乐量这一基础之上，而是应该以质作为区分的快乐。其次，密尔提倡要有奉献精神，他认为人生最终追求的幸福是关乎他人甚至于整个人类社会发展的幸福，是从追求"自利"转变为"自我牺牲"，超脱一己私利的。当个人利益与集体利益发生矛盾时，要做一个"没有利害关系的、仁慈的旁观者"。但是这种牺牲是有条件的，只有当身旁其他人从中获得快乐与幸福时，这种牺牲才是有意义的，才是高尚的德性牺牲。在他看来，人是社会关系的总和，人必须以社会为其存在的依靠，在社会交往过程中，友善的交往方式要优先考虑到社会公共的幸福。不仅如此，他还强调功利主义在行为标准上的幸福，不单单指行为者本身的幸福，而应是与此相关的一切人的幸福。友善的交往方式不仅仅指个体对象与社会间的关系，理应还包括个人与他人之间的关系，而且个人幸福与他人幸福处于平等的地位。当你待他人就像你期待他人待你一样，爱他人就像爱自己一样，那么，功利主义的友善思想就达到了理想完美的地步。

总之，近代功利主义友善思想强调人本身的利益与关系，通过个人与他人、个人与社会的友善交往方式，努力追求实现个体幸福与公共幸福，即"最大幸福原理"。这一功利主义友善思想也是西方文化中友善因子的一个重要体现，在一定程度上也对近代资产阶级的发展产生了重要影响。

四、生态友善

随着历史的发展与进步、工业革命的兴起，人们的社会生活有了巨大的发

---

① 约翰·穆勒. 功利主义 [M]. 徐大建，译. 上海：上海人民出版社，2008：12.

展与变化。一方面，社会生产力的巨大发展，使人类跨入了机器时代，给人们的日常生活和思想观念带来了巨大的变化。另一方面，随着工业革命的推进，人类进一步加剧了对自然界的入侵和改造，这也导致了生态系统遭到了严重的破坏，带来了工业污染与一系列环境问题，使得人与自然的关系处于一种恶性循环的状态。在这一时期，人们感受到了大自然的威胁和惩罚，开始对以人类为中心的思想进行自我反思，人们开始将中心转移到自然界当中，开始关注自然界，因此这一时期的友善思想主要体现为人类与自然的关系。

西方文化中的生态友善思想主张在实现人际关系友善的基础之上，进一步将其扩展到自然界中人以外的其他物种。比如施韦兹的尊重生命的伦理学，他认为完美的理论应当是包括人与自然在内的伦理理论，真正的友善应该不分高低贵贱，应该尊重自然界当中所有的物种。我们不仅要尊重生命，还要保护生命、爱护生命。保罗·泰勒在继承汤姆·雷根动物权利这一思想和施韦兹的尊重生命伦理思想的基础上，进一步提出了尊重自然的伦理思想。在他看来，"某事物对某一实体来说有益或者有害而不关联其他实体，那这一实体就具有自身的善"①。除人类以外的其他生物也拥有其自身的善，因此，他提出了尊重自然的终极道德理念。他认为不应以人类为中心，而是应当以生物为中心。自然界是一个相互联系的有机统一整体，人类只是这个有机统一整体中的一部分，和自然界中其他的生物相比并没有什么高低贵贱与优劣之分。他倡导生物平等主义，认为在动物当中也应遵循友善与爱的基本原则，禁止一切严重危害有机体与生命共同体利益的行为。不仅如此，泰勒还就此提出了尊重自然伦理的一些基本准则，即引导人们尊重自然的相关法规、处理人与自然界中其他物种的优先原则以及人与自然和谐共处的原则。同时，美国大地伦理学学者利奥波德通过实践发现，人类活动的外在影响是破坏自然环境的一个最大的因素，并进一步分析提出了大地伦理思想。在此基础上，他将人们之间的伦理范畴进一步拓展到了自然界当中，进而提出了大地共同体的理念。他认为人与大地是一个完整有机的共同体，在这个共同体中，人类应该遵循友善、和谐、美丽的价值观念，自觉地履行对大自然的义务，真正做到与大自然和谐友善相处。

---

① 蒙珍珍. 社会主义核心价值观之友善观研究 [D]. 银川：宁夏大学，2020：26.

总之，西方文化中的友善因子在现当代主要体现为人与自然和解思想，即生态友善思想，无论是敬畏生命思想还是尊重自然与大地共同体理念，都表达了现当代西方文化中关于人与自然和解、和平共处的友善思想，只有这样，才是真正达到了人与自然相对完整、稳定、和谐的善。

综上所述，西方文化中也有很多友善因子的体现，其主要表现为古希腊时期的友爱思想、中世纪基督教的博爱思想、近代功利主义的友善思想以及现当代的生态友善思想。结合西方社会不同的历史时期与文化背景对其进行分析，对于正确认识西方社会友善思想的渊源、更好地认识与发展友善观念具有重要意义。

第二节　中西方友善价值观特点比较

基于上文对友善价值观念在中国传统文化中的溯源、不同历史时期的主要展现及其在西方文化中的体现与发展，本节对其进行进一步的分析与研究，分别从价值取向、核心观念、价值方法和实现路径这四个方面对中西方友善价值观念的不同特点与表现进行比较研究，从而能够以更加科学的态度对待中西方友善价值观念，并积极改进创新，弥补其不足之处，为新时代更好地传承与发展友善价值观念、提高公民的思想道德水平提供思想指南与方向指引。

一、价值取向："怎么做"与"是什么"

价值取向，就是社会中的人们在认识自己、与他人交往、与世界共处以及对待同一社会关系时所持有的主观意识形态，它对于人们在社会上正确地认识自己和世界并作出各种决策与行为具有一定的引导作用。这也就意味着不同的价值选择代表了人们价值观念的不同取向，而不同的价值取向在一定程度上也与不同主体的社会文化倾向有关。对于友善思想这一价值观念，在一定程度上受到不同历史文化的影响，中西方古代先哲们在研究这一价值观念的时候，从不同的基点出发。中国古代哲学家们更注重研究"怎么做"的问题，而西方哲学家们则是更加强调"是什么"的问题，即二者对友善这一价值观念的取向不同。

中国传统友善思想更多地规定了作为主体的人应当如何看待自己，在现实社会中，人与人、人与自然之间应当如何友善相处，它更侧重于回答在友善价值观念中"怎么做"这个问题。而这种价值取向与价值回答也与中国传统的伦理道德文化关系密切，特别是以儒家为代表的传统友善道德学说，它提出了"与人为善""亲仁善邻""仁者爱人"等精神追求，以期通过"推己及人"的方式来协调社会上人们彼此之间的关系，进而真正实现人际关系之间的友善，建立理想的友善、和谐世界。在中国的传统语境中，更加强调的是人们要想达到真正的友善境界应该如何去做，怎样才是值得推崇的、真正的友善。比如，流传至今的"己所不欲，勿施于人"，"君子成人之美，不成人之恶。小人反是"①，"夫仁者，己欲立而立人，己欲达而达人"②等，都对其进行了回答。我们要注重自律，只有不断提升自己、完善自己，才能进一步影响他人，推动友善关系的形成与发展。不仅如此，对待一切事物还要"由仁义行，非行仁义也"③。以儒家传统的道德学说看来，"仁"为爱与善的本体，而义则是施行仁爱的方法与路径，"由仁义行"，就是要求行为主体从内到外都要遵循相应的礼仪规范去践行人际友善，也就是将友善之道从具体的礼仪规范中剥离出来，并对其进行哲学的思考与反思，进而使其成为指导行为主体人生和人际关系的最高道德标准与原则。"中国哲学家这种实践的、务实的思维方式"④以及关于友善生活方式的指向与引导，回答了友善价值观念"怎么做"的价值取向与思维问题，从而使中国友善交往文化进一步发展壮大，甚至逐步上升到哲学的范畴与领域，逐渐成为中国友善道德观念与文化思维的传统和主流。

而与此不同的是，西方友善价值观念则不单单是传统意义上的道德规范学说，而是研究"自我"的理念，其本质上是一种道德哲学，即西方友善价值观念更加注重研究"是什么"的问题，这是其很明显的一个特点。中国古代哲学家们与西方古代先哲们他们不再只局限于对自然规律的探索与追求，而是在此

① 金良年. 论语译注 [M]. 上海：上海古籍出版社，2004：199.

② 金良年. 论语译注 [M]. 上海：上海古籍出版社，2004：123.

③ 金良年. 论语译注 [M]. 上海：上海古籍出版社，2004：127.

④ 马克斯·韦伯. 儒教与道教 [M]. 洪天富，译. 南京：江苏人民出版社，2010：149.

基础上进一步转向人本身，试图从"自我"的德性与关怀中获得友善交往的密码。在西方的友善价值观念论述中，哲学家们更多地从理论方面来寻求解决友善问题的答案与依据，比如，苏格拉底关于"自我"的哲学理念，他认为这种"自我"是一种有德性的实体，且这种实体具有普遍的人的本质，是社会中的人。在他看来，人的本质就是德性，无论是自然还是人，都要遵循这个本质，而且是要理性地、强制性地去遵循。因此，这种道德理论学说主张人们从内部的自我反思方面去追求和探索友善价值观念，而不是从客观存在的外在表象世界出发。这种充满理性的思维方式虽然在一定程度上回答了友善"是什么"及其表现形式等问题，但却并没有找到真正的友善应当是怎样的、在现实生活中如何真正做到友善等具体问题的解决方法与实践路径。

基于以上对中西方友善价值观念特点的比较与分析，可以看到，中西方友善观念表面上都是一种普遍的道德准则，但它们存在的前提与基础却是不同的。中国友善价值观念是建立在一定的感觉与经验主义之上的，它更加注重回答在现实社会生活中"怎么做"的问题，它是从中国古代传统礼仪规范中剥离出来的、具体的、细节的价值观念与道德准则，是一种为人处世之道。而西方友善价值观念则是在经验主义与感觉主义之上，进一步结合自然规律与道德规律来追寻人际交往关系的本源，并通过社会契约论来努力实现人均利益的最大化，它更加注重从理论上探索与回答真正的友善价值观念本质上"是什么"的问题。因此，从价值取向这一方面来说，中西方友善思想总是会受到不同时代的认识水平和科学发展状况等的制约，具有一定的片面性和不足，还需要一定的社会历史条件以及人类哲学思维方式不断发展完善，以更好地、更全面地进一步研究友善价值观念。

二、核心观念："仁"与"德"

所谓核心观念，就是主体存在的所有观念当中最根本、最重要的观念，它是所有价值观念以及由此衍生的各种行为准则的中心所在，是深刻于行为主体内心深处的一种终极信念。友善作为一种公民道德、社会伦理和价值观念，在受到不同的价值取向影响时，其所代表的最为核心的、最为重要的思想观念也就有所差异。相比较来说，中国友善价值观念注重"怎么做"的价值取向，一定程度上使其核心观念更为强调"仁"这一思想；而西方友善价值观念则更加注重"是什么"的价值取向，相对应的核心观念则更加突出"德"这一思想，即二者在友善思想的核心观念上有所差异。

中华民族拥有五千多年的历史与文明，在这漫长的历史长河中，我们的祖先创造了博大精深的中华文明，给中华儿女留下了无数宝贵的精神文明遗产，使中华文化始终屹立于世界文化之林。而"友善"这一思想价值观念，作为中国特色社会主义核心价值观念之一，在当今社会中发挥着越来越重要的作用，究其根源，与中华优秀传统文化有着十分重要的关系，特别是受到了在中国存在了几千年的在封建历史中占据主流地位的儒释道三教的影响。在中华优秀传统文化中，道家的"道"、佛教的"慈"以及儒家的"仁"，都是与友善相关的最为深刻、最为精粹的价值观念。据杨伯峻先生统计，在《论语译注》中，"仁"字一共出现了109次，可以说，"仁"是以儒家为代表的中国传统友善价值观念的核心思想。孔子说："仁者，人也。"倡导人们在日常的人际交往过程中要特别注重"人"的社会价值，并提出了"老吾老，以及人之老；幼吾幼，以及人之幼"（《孟子·梁惠王上》），推己及人，希望创造一个充满仁爱的理想世界。不仅如此，儒家还特别强调"仁"的价值理念，可以说，中国传统友善观念在一定程度上就是以"仁"这一思想作为其核心观点的，它是中国友善道德观的精髓和根本支柱所在。当然，这种"仁"的友善思想并不是空想的、抽象的，而是科学的、具体的，比如流传至今的"仁者爱人"（《孟子·离娄下》）、"己所不欲，勿施于人"（《论语·颜渊》）等都为人们在实际生活中践行友善提供了基本准则。而且在儒家看来，友善思想不是一种先天德性的存在，而是通过后天获得的，是由初始的被动接受到后来循礼而行成为自为主体的人际交往活动，因此，"友善之仁"是一个永无止境的过程，是一个无限追求的境界。

而与此不同的是，西方友善思想认为"德"是其核心价值观念所在。他们追求的"友善之德"不存在于现实的自然界当中，而存在于一种理念世界、友善世界、人的世界，即所谓的伦理世界之中。这就在一定程度上体现了西方古代友善道德思想立足于对现实世界的考察，将"善"作为一种习惯与爱人的本能，在全部的德性与精神品质当中，它是最伟大、最符合人的本性的存在。比如，在古希腊时期，苏格拉底从人的"自然性"观念出发，赋予"友善之德"

知识性的特征，认为德性即知识，友善价值观的终极目标就是要追求幸福的知识。在他的哲学理念中，这种追求幸福知识的"友善之德"是普遍存在于人们内心深处的，是人类自身已有的存在，只要后期经过教师的启发与提醒就可以被我们认识到。从这一理念观点出发，将"友善之德"的本源与苏格拉底对它的本质分析统一起来，就会很容易从根本上陷入唯心主义。与此同时，这种"友善之德"的观念还具有实践性和功能性特征，并不单纯是理论的、静止的。比如，亚里士多德提出的前两种友爱观，"皆是出于实用性的目的而产生，并且易变且不长久"①。只有德行好的人之间、真正拥有相近德性的人之间才能实现第三种友爱，践行真正的"友善之德"。

基于以上对中西方友善价值观念特点的比较与分析可以看到，"仁"与"德"作为中西方友善价值观念的核心范畴，它们在一定程度上都对思想道德理念的发展方面起到了重要的作用，而且对于实际的人际交往活动具有普遍的友善意义，但就具体的德行来说又相互区别。"仁"与"德"作为中西方友善思想观念的最高道德标准，在一定程度上影响着其他具体德行的存在与发展，我们只有真正从本质上掌握并理解"仁"与"德"，才能从根本上把握友善这一价值观念的意义，进而掌握道德本身。

三、价值方法："直接体验"与"理性分析"

所谓价值方法，就是人们在某一价值观念的指导下去认识世界和改造世界的一般方法，是在社会生活中对某一价值观念的贯彻与践行，从而使其得到不断升华与完善，进一步加深对客观世界的认识与理解。中西方友善价值观念在其取向和核心范畴等不同特点的指引下，在研究这一价值观念的方法论选择上也有不同的侧重，相比较来说，二者一个侧重于直接感受和切身体验，另一个侧重于理性分析和推理逻辑。

以儒家为代表的中国传统友善价值观念，在价值方法的选择上更加注重"直接体验"，强调人们在追求高尚的道德情操时直接感受的方法，并努力使友善成为深植于人们内心的直觉的存在。所谓直觉，也被称为直观，就是对某

---

① 段江波.友善价值观：儒家渊源及其现代转化 [J].社会科学，2015（4）：139-147.

一事物直接的认识与判断。这种直觉思维不依赖于严格的证明过程，是以直接的、跨越的方式直接获取问题答案的思维过程，其往往表现为一种"顿悟"。这种直觉思维通常表现在中国古代哲学家身上，直觉法也是他们最为常用的方法。他们认为人天生就具有判断是非与善恶的能力，友善与仁爱是人的天性所在，人们能通过自己的直觉来把握这一道德原则。例如，孔子的"天生德于予"（《论语·述而》）、孟子的"万物皆备于我矣"（《孟子·尽心上》）等都体现了中国古代哲学家对直觉法的应用。在中国传统道德文化领域，中国古代哲学家们主张在努力追求友善这一价值观念的基础之上，通过社会实际交往活动中的生活体验与直接感受来进一步加深对于友善的理解与认识，从而在内心深处建立一种更为完善的、更完美的道德与品质。不仅如此，中国传统友善价值观念还主张"天人合一"，以期实现"天道"与"人道"的完美契合。然而这种在实际生活中总结出来的经验与感官体悟更加侧重于规范人际关系中的日常行为习惯，对于这些行为习惯的细致描述与逻辑推理还有一定的欠缺与不足，没有从根本上发现"友善之仁"的本质，还具有一定的时代局限性。

　　而与此不同的是，西方友善价值观念则更加注重理性的分析与思辨。西方友善道德哲学所遵从的方法论就是将日常生活中所收集到的众多经验与感悟体会作为分析的基础材料与依据，对它们进行细致的分析与推理，从而获得正确的认知，更好地明辨善恶，作出正确的判断与选择。在西方的古代先哲们看来，只有先细致地观察自然界中的人与物，并对其进行详细的分析，研究其待人处事的原理与经验，然后才能获得有关道德与友善的绝对真理，才能告诉人们什么应该做、什么不应该做。当然，这些假设的理念需要通过大量的事实来进行验证，并以此作为所获得结果的前提和基础，只有这样才能把友善的道德哲学作为一种普遍的人类行为科学来进行研究，才能获得客观的、正确的友善真理。因此，相比于中国传统友善价值观念，西方的友善价值观念更加注重在真实可行的事实基础之上来探讨对于真善美的价值追求，使人们的行为努力符合友善的价值标准，从而真正实现对人生幸福这一终极目标的追求。

　　基于以上对中西方友善价值观念特点的比较与分析可以看到，无论是中国的友善价值观念，还是西方的友善价值观念，它们都在一定程度上强调了实践的必要性，但又有所差异。中国友善价值观念注重的是生活中的直接经验，主张在人际交往过程中要终身践行友善观念；而西方友善价值观念则是主张在生活实践的基础之上，进一步对直接经验进行客观的分析与理性的探讨，从而帮助人们获得终极的幸福与友善。这一不同方法论的选择，主要与中西方文化背景的差异有关。西方文化注重理性主义的传统，而东方文化则更加注重感性主义的传统。中华文化虽然历史悠久，但是通过对实践感悟而进一步总结提炼出来的哲学不多，逻辑与推理能力还有所欠缺。而西方文化则不一样，其更加注重逻辑推理与理性思维。因此，中西方友善价值观念在价值方法上的差异主要体现为"直接"与"间接"、"感性"与"理性"。这也给我们在当今时代促进人与人、人与自然、人与社会友善和谐发展以一定的启示，对于推动新时代社会主义友善价值观的创新与发展具有十分重要的理论意义和实践意义。

四、实现路径："内在修身"与"外在自知"

在充分研究比较友善这一价值观念在中西方不同取向、不同核心范畴以及不同方法论等方面的特点的基础之上，进一步分析其在社会现实中的实践路径。经比较分析得出，中国传统道德观念认为，要想达到真正的"友善之仁"，就必须要提高自身的内在修养；而西方伦理道德则认为，要想实现"友善之德"，最佳方式应是"外在自知"，即二者在友善价值观念的实现路径上有所区别。

以儒家为代表的中国传统友善价值观念认为，要使友善这一价值观念真正深入人心，并在此基础上进一步内化为人们内心自觉追求的价值观念，就应当首先从自身做起，加强自身的道德修养与道德实践能力，不断完善自我道德修养，并且在以后的日常生活与学习工作中不断对其进行深化与完善，可以说，在某种程度上这种友善行为开展是一个永无止境且不断深化的过程。"友善之仁"作为中国传统友善价值观念的核心范畴，也是个人行为主体"内在修身"的最高价值追求与根本价值取向所在，换言之，只有个人不断提升自我内在，努力遵循"内在修身"这一道德观念的实践路径并稳步前行，最终才能不断靠近并努力实现个人思想品德的"友善之仁"，达到"友善之道"。《大学》的德本论及其修身哲学："大学之道，在明明德，在亲民，在止于至善。""物格而后知至，知至而后意诚，意诚而后心正，心正而后身修，身修而后家齐，家齐而后国治，国治而后天下平。"① 从中可总结得出，修身即修德，修德乃在于向善，而这也是人之所以能够成为人甚至成为君子的最根本原因所在。"谦：亨，君子有终。"② "谦尊而光，卑而不可逾，君子之终也。"③ 此处的"君子"包含的意义更为广泛，它是美德的化身与主体，君子必定是崇善行善、谦虚慈爱之人，而这也是"友善之仁"的根本理念。与此同时，将人与人之间友善交往作为礼乐精神的原则，行为主体的个人修养也是一个由外向内转化的过程，在这个转化过程中，首先要求的就是主体要自律，要努力将"仁"转化为"为我之物"。为此，孔子提出求仁、修身、友善这三个步骤，即学礼、约之以礼、自觉循礼而行，这时的"礼"就成了"仁"的外部行为表现与约束力量，从内到外规范人们的人际交往活动，从而能够使得"克己复礼为仁"。

而与此不同的是，西方友善价值观念则认为，实现"友善之德"的最佳方式与路径选择应是"外在自知"。相比于通过"礼"的方式与途径，将外在之"仁"转化为个人内心修养，他们更加崇尚"理性"这一友善行为基础和道德实践途径，正如苏格拉底所推崇的"认识你自己"（自知）。"理性又体现于对知识对自然规律的掌握，因而掌握知识越多越能理解理性，从而增强改造自然的能力，使自我价值得到更好的实现，从而不断实现对自我与他者友善的超越。"④ 在西方道德哲学家们看来，友善是一种功能性的道德思想范畴，而"自知"就是其实践手段与方式，只有具有友善人际交往活动的具体经验，才能依靠"自知"这一手段使"友善之德"得以实践，而这里所指向的具体感情是"不包含对所交往人的感情"⑤，不仅如此，这种定义下的"友善之德"，其意义

① 金良年.大学译注 [M].上海：上海古籍出版社，2010：14.
② 陈学廉.《周易》倡导谦虚美德：读《周易》有感 [J].金融队伍建设，2012（4）：65-66.
③ 金良年.中庸译注 [M].上海：上海古籍出版社，2010：39.
④ 钱俊君，王周.中西伦理传统差异及对中西政治理念的影响 [J].湖南师范大学社会科学学报，2003，32（3）：16-20.
⑤ 亚里士多德.尼各马科伦理学 [M].苗力田，译.北京：中国人民大学出版社，2003：117.

是必然的、普遍的，可以通过"习惯养成"①和举止适度的友善行为使人快乐。

基于以上对中西方友善价值观念实践路径的比较与分析可以看到，中西方友善思想的道德实践，一个立足点在"修身"，另一个立足点在"自知"，它们一内一外、一动一静，从本质上来说，都是强调只有知行合一才能完成真正的"友善之仁"与"友善之德"。但在实践路径上的不同选择也体现了中西方传统道德理念上的差异，即自我修养与契约精神、自律与他律。儒家思想倡导性善论，人是道德的存在主体，通过对人本身的心性修养，督促自我学习、自我教育、自我修养，努力实现成仁成圣的道德理想目标。而西方社会的伦理文化观念则是以性恶论为基础的，并在此基础之上建立了社会契约论，以理性的、普遍的、一定的社会契约来约束、管理社会事务，调节人与人之间的行为，防止人的恶欲思想蔓延，以获得对自身行为的"自知"。总之，无论是"内在自律"还是"外在自知"，它们作为实现友善价值观念的实践路径，都发挥了十分重要的作用，对于当今社会调节人际关系、构建和谐社会具有一定的借鉴意义。

第三节　新时代社会主义核心价值观中的友善特点

当前，社会主义友善价值观已然成了新时代的重要彰显，随着社会的发展，它逐渐成为整个社会的价值共识。友善价值观主要是通过每一位社会成员的一言一行表现出来的，并在全体社会成员的实践中彰显出鲜明的时代特色。

一、友善价值观与社会经济相生相成

"渊深而鱼生之，山深而兽往之，人富而仁义附焉。"在当今社会，我们之所以能够就友善价值观侃侃而谈，正是立足于我国社会经济的飞速发展、人民生活水平的极大提升、全面建成小康社会的伟大成就。马克思主义唯物史观认为，经济基础决定上层建筑，社会存在决定社会意识。价值观属于社会意识领域，是社会上层建筑的重要组成部分，友善价值观作为我国的主导

---

①　亚里士多德．尼各马科伦理学 [M]．苗力田，译．北京：中国人民大学出版社，2003：35．

价值观以及社会主义意识形态的本质体现，其必然取决于我国的经济发展水平。因此，经济发展是兴国之要，是社会主义友善价值观发展的重要推动力量。只有经济发展了，综合国力增强了，国际地位提高了，中国人民才能有底气、有条件来谈友善、尊严等一系列的问题。如果人民连最基本的温饱都难以得到保障，友善当然就无从谈起。试想一个普通而平凡的人如果长时期处在挨饿受冻、积贫积弱的大环境下，哪有精力去考虑友好、善良、和谐、尊重的问题呢？能够吃饱穿暖恐怕就已经很满足了。新中国成立初期，当时最大的主题就是"发展经济"，价值观建设只能先放在次要位置，中国共产党带领全体中国人民"聚精会神搞建设，一心一意谋发展"，从而实现了国民经济又好又快发展，再逐步对文化、生态等领域进行建设和发展。因此，没有扎实的物质基础，没有强大的综合国力，人们思想层面的问题就很难从根本上得到解决，更不用奢谈社会主义友善价值观了。党的十八大以来，以习近平同志为核心的党中央胸怀"两个大局"，洞察时代大势，立足新发展阶段，贯彻新发展理念，构建新发展格局，引领中国经济巨轮沿着高质量发展新航道攻坚克难、乘风破浪，为实现中华民族伟大复兴奠定了更为坚实的物质基础，也让社会整体更加和谐友爱。例如，新时代我国的慈善事业正逐步实现"高质量发展"的新跨越。党的十八大以来，我国制定实施了《慈善法》，推动慈善组织有序发展，慈善事业取得了长足发展，慈善力量在打赢脱贫攻坚战、全面建成小康社会、支持民生兜底保障和社会福利事业等方面发挥了积极作用，中国的慈善事业进入了高质量发展的新阶段。党的十八大以来，在慈善捐赠、慈善组织、志愿服务、慈善信托等方面皆取得了较大成就，中国的慈善事业呈现出新的发展趋势：慈善事业的受重视程度不断提高，慈善需求加大，慈善事业的创新模式不断增加，慈善走出去的条件越来越成熟。除此之外，随着数字技术与慈善活动的深度融合，网络慈善已经成为现代慈善最重要的形式和最鲜明的特征。当前，中国慈善捐赠事业呈现出持续快速健康发展的态势，慈善捐赠绝对量持续增大，企业捐赠增加，受赠主体多元化，微公益日益活跃。当然，目前也存在诸多问题，例如慈善事业法治建设不成熟、慈善事业政策激励不足、慈善组织发展不充分、慈善行业专业化、从业人员职业化水平过低、慈善文化氛围尚不浓厚、慈善行业数据统计不理想、面对突发公共事件应对不足等，这也激励我们培养现代慈善意识，进一步加强慈善组织建设，促进中国慈善捐赠向更高层次发展完善。同时，我国的志愿服务活动也在不断进步，根据中国社科院于 2022 年 6 月发布的《中国志愿服务发展报告（2021—2022）》显示：10 年来，我国志愿服务取得长足发展，注册志愿者人数从 2012 年的 292 万增长到 2021 年的 2.17 亿，增加了约 74 倍，目前约占总人口（2021 年）的 15.4%。调查发现，在个体参与层面，新时代文明实践志愿服务呈现出参与面广泛、服务内容深入等特点；在社区组织层面，新时代文明实践志愿服务呈现出开展频率总体较高、实践站平台建设覆盖率高以及居民认可度高和需求量大等特点。应积极推进新时代文明实践志愿服务发展进入制度化、常态化的新阶段。可以明显看到，我国青年志愿者的服务领域和范围不断拓展，社区志愿服务也逐渐走向持久化、社区化。在特殊时期，一批批志愿者暖民心、聚民力，用实际行动践行友善、传递友善。

总的来说，新时代社会主义友善价值观得以不断发展，随着社会的发展、文明程度的提高而日益深入人心，社会主义友善价值观也必将成为全体人民认同并自觉践行的思想观念和价值准则。正是基于中国经济实力的不断增强、经济总量的大幅跃升，正是基于中国社会现代化程度的不断提高，正是基于中国经济与世界经济日益密不可分的关系，友善价值观才真正成为中国人民心中根深蒂固的信条，在社会主义核心价值体系当中熠熠生辉。

二、新时代友善价值观的内涵更加深刻

友善价值观的内涵既植根于对传统友善思想的继承，具有深厚的传统文化底蕴，又在继承的基础上根据时代的需要进行了自我革命和发展，具有鲜明的时代特色。当前，随着时代的变迁和经济的发展，友善价值观的内涵也变得日益丰富起来，呈现出情与理、己与他的辩证关系。

首先，友善价值观是情与理的辩证统一体。所谓"情"，是指人的情绪、情感等心理活动，所谓"理"，是随着时代发展所产生的理性需求。友善作为一种价值观念，作为社会人活动的基本价值准则，必然是感性与理性的辩证统一体，既反映人们内心的真实情感，又彰显时代发展的需要，其持久的生命力正是缘于其"情与理"的统一。一方面，友善价值观作为社会主义核心价值观

的重要内容，社会主义价值体系生活化、大众化的重要体现，无疑是对人性的深刻把握和对认识的升华。每个人都处在社会这个大环境中，社会性是人的基本属性，人的社会性使其自觉地内化社会生活准则和规范。人的社会性表现为人的生存发展离不开社会共同体，一个人不可能脱离社会而单独存在，"只有在共同体中，个人才能获得全面发展其才能的手段"①。人类社会从原始社会到社会主义社会的进阶，也就是人类社会共同体由低级到高级的发展史。中国特色社会主义进入新时代，习近平总书记在坚持和完善社会治理制度方面提出新要求，"建设人人有责、人人尽责、人人享有"的社会治理共同体，从而使每个人在共同体当中实现充分而自由的发展。这就意味着人应该自觉地内化社会道德规则，维护共同体的社会秩序，处理好人与人之间的关系，为友善提供生存的土壤。现实生活中，人与人之间的矛盾和冲突是不可避免的，但是正因为我们强调友善、宣传友善、践行友善，才节省了以法律手段干预冲突和摩擦的高成本，其所带去的彼此内心的满足是我们每个人的真实获得和体验，所以友善是必然的道德心理。另一方面，友善价值观的倡导是基于时代发展的理性需要，是具有鲜明特色的时代产物。马克思主义唯物史观认为，社会存在决定社会意识，友善价值观是社会意识的重要内容，因此它的存在是由当前的经济发展状况决定的。无论处在哪种社会形态中，人们都有一定的共同利益，也不可避免地有一定的利益冲突。通过不断探索和调和，人们发现只有遵从友善才能获得人与人之间的最大限度的满足，因此，在现实的强烈呼吁下，友善被提升到社会主义核心价值观的高度，从而成为全体社会成员普遍遵循的道德规范。

其次，友善价值观是己与他的辩证统一体。"己"是对己友善，"他"则是对他人友善。倘若只强调对己友善而忽略关爱他人，就容易形成自私自利、唯我独尊的性格；反之，倘若只强调对他人友善而忽略爱自己，就容易陷入超越现实道德水平的泥潭。所以说，真正的友善必然是爱自己与爱他人的辩证统一，而只有实现两者的统一，个人与社会才能一起和谐、健康地发展。友善价值观的内涵首先应该包含对自己友善，马克思认为："人是历史的创造者，是区别于其他一切生物的具有独立意识的个体，人的存在象征着人对自身实践行

---

① 中共中央马克思恩格斯列宁斯大林著作编译局. 马克思恩格斯选集：第一卷 [M].
2 版. 北京：人民出版社，1995：119.

为的感知、肯定与超越。"① 因此，只有先把自己作为善待的对象，学会对自己负责，才有余力将友善延续到更多地方。善待自己首先要爱惜和尊重自己的生命。身体是革命的本钱，爱惜身体、健康成长，是一切行为能力的基础。此外，人还应学会善待内心，善待自己并不意味着自私自利，反之应该学会自我约束，自尊自爱。孔子提出"克己复礼为仁"，就是在说每个人都应该克制自己不正当的欲望和冲动的言行，自觉遵守社会的道德准则，这样才能成为一个善良的人。放纵自己、为所欲为正是对自己不友善的表现，只有学会自爱，形成健康的心理，才能具备乐善好施的品质。

友善价值观的内涵还应该包含对他人友善。"与人为善，与己方便。"我们在善待他人的同时，也会感受到他人的尊重和感激，也会因为看到所帮之人摆脱困境而得到自我情感的满足，从而实现自身的价值，升华自身的性格品性。当今社会，人与人之间的交往日益密切，我们生活的公共交往空间越来越大，接触的陌生人也会越来越多，友善就必然会成为必不可缺少的交往准则。具体来说，我们应该做到平等待人、互相尊重、换位思考。尊重他人的风俗习惯，宽容他人的错误过失，在他人遇到困难时，能够伸出援助之手，解急救难。如此，对于个人而言，"友善价值观有助于人们用更多的理解填充你我之间的沟壑，建立良好的人际关系"②。友善不应局限于对人的友善，还应包括对物的友善，例如善待动物、善待他人物品、善待自然等。我们相信，随着人类社会的不断发展，友善所包含的内容将越来越丰富，其外延也将越来越宽广。

三、新时代友善价值观发展面临更严峻的挑战

前文已经提到，经济发展是友善价值观发展的重要物质基础和推动力量。但是，我们也要看到，经济发展不仅给我国带来了极大的物质财富和精神财富，也推动着社会发生深刻的变革，并且使人们的思想观念发生巨大的变化，

---

① 中共中央马克思恩格斯列宁斯大林著作编译局. 马克思恩格斯文集：第一卷 [M]. 北京：人民出版社，2009：196.

② 黄明理. 友善之为社会主义核心价值观论析 [J]. 广西大学学报（哲学社会科学版），2015，37（5）：29-36.

这种变化一方面给中国社会的快速发展注入了新的活力，但是另一方面也给社会的和谐稳定以及友善价值观的培育工作带来了很大的挑战。特别是改革开放以来，我国逐步由计划经济体制转向社会主义市场经济体制，经济体制的转型使得人们的价值导向悄然发生了一些变化。具体来说，人们的价值导向逐渐有了市场化的倾向，市场经济与生俱来的功利性特征容易使人淡漠精神价值，追求享乐主义和个人主义。一些人逐渐产生了极端个人主义思想，只注重个人得失，集体主义观念淡薄，甚至为了一己私利，不惜损害他人和国家的利益，严重影响了社会的和谐稳定发展，极大程度地引起了社会整体的担忧与关注，这些有悖于纲常伦理的道德乱象，给培育社会主义友善价值观的工作带来了极大的挑战和困难，倘若得不到及时解决，其最终后果就是会形成一种害人害己、相互损害的畸形社会关系。在这样的社会大环境中，每一个人都会不可避免地成为受害者，同时也不由自主、不知不觉地成为作恶之人，一边对道德沦丧的社会风气深恶痛绝，一边却又身不由己地成为自己所讨厌的那类人。毒害别人的人最终也会自食恶果，这无疑是时代的反讽和人类社会发展的悲哀，友善价值观将会离人们越来越远，和谐社会也将不复存在。

除此之外，随着我国改革开放和社会主义现代化建设的不断发展，中国开放的大门越开越大，从而多元化的社会思潮在中国广泛传播。与此同时，随着现代信息技术的不断发展，世界已跨入了"互联网＋大数据"时代，大数据正深刻地改变着人们的思维、生产和生活方式，掀起新一轮的产业和技术革命，为社会思潮的快速传播创造了条件。在这些纷繁复杂的社会思潮中，有一些是健康向上的、符合社会主流价值观念的，如爱国主义、民族主义、人民至上等思想对人的身心发展能够起到积极的作用，有利于社会的和谐稳定和全体人民的共同发展；但也应该注意到的是，还有一些，如利己主义、躺平主义、拜金主义等思想对于人民的整体发展来说则是不健康的，这些错误的思想观念易使人们产生消极和偏激的情绪，其消极影响非常明显，值得我们警惕。社会思潮的多元化、多样化从某种程度上反映了中国的发展成就和开放程度，这是值得肯定且令人欣慰的，但是由于社会思潮对于国家发展具有巨大的能动作用，那些不健康的思潮不仅阻碍了社会主义核心价值观的培育，也不利于我国社会的长期健康发展。同时，多元社会思潮的兴起，也是中国社会价值观多元化趋势的诱因之一，这也给社会主义友善价值观的培育工作带来了全新的挑战。这就要求我们提高对社会思潮的鉴别力，加强对社会思潮的深度剖析，看清各类社会思潮的实质及危害，取其精华、去其糟粕，以健康的社会思潮引领友善价值观建设。

总的来说，随着时代的不断变迁，社会关系也变得日益复杂，人与人之间在权力争夺、资源分配、地位以及价值理念、信仰追求等方面的冲突不断扩大，社会冲突的客观存在一方面确实冲击了友善价值观的发展，但另一方面它也在一定程度上促进了社会主义友善价值观的形成。友善价值观可以说是对冲突、隔阂的超越，是个人与集体、社会在新的历史条件下，在经过长久磨合、长期探索的基础上才得以形成的，其中既应包含对个体利益的充分尊重，也应包含对共同体利益的充分关照，因此它的内涵将会更加丰富、更加深刻，也更值得我们期待和追崇。

第三章　大学生友善价值观的科学内涵

第一节　大学生友善价值观的基本内容

友善作为公民层面的价值准则，对不同的群体来说，有着不同的独特内涵。象征着青春与活力的当代大学生是新时代下被赋予了民族复兴使命与责任的新鲜血液，他们的一言一行都体现了新时代公民的精神风貌。因此，大学生应是友善价值观极其重要的践行者和传播者。友善体现在大学生日常生活中的方方面面，包括处理人际关系，对待网络、生态环境和自身的态度等，这些都是大学生友善价值观应该包含的内容，是支配大学生践行友善价值观念的准则。

一、人际关系友善

友善作为一种内在修养，首先表示为与人为善，人际关系和睦。我们每个人都是社会中的人，每时每刻都要与人交往，拥有一个健康和谐的人际关系是保证我们生活愉快，从而实现自身全面发展的关键要素。作为人际关系复杂的当代大学生，他们不仅要面对处于亲密关系中的父母和其他亲人、舍友、挚友、男女朋友，还要面对处于半熟关系中的老师、同学、学校工作人员，以及学习或工作结识的其他人等，甚至每天还要接触各类陌生人。这些复杂的人际关系不仅占据着大学生生活的重要部分，而且其好坏也影响着大学生的生活。如果他们常常以自我为中心，甚至做出一些损人不利己的事情，那么他们的整个大学生活都会笼罩在是非中，因此，人际关系友善应该是大学生友善价值观的一个重要的内容。大学生要想处理好这些复杂的人际关系，不仅要掌握一些技巧，更要以真诚友善待人为原则。

首先，人际关系友善要从善待我们的亲密关系开始谈起。那么，善待他人就要从善待父母开始，大学生最需要懂的就是"百善孝为先"。"《论语》中认为传统社会中'公共之善'的实现是以血缘之亲作为情感共通点，然后才过渡到对他人的'善'。然而当代人际关系的冷淡和麻木，一部分原因是当前孝道衰落，亲情淡化，奠立友善的情感根基正在逐渐被遗忘。"① 对待自己的亲人都以一个冷漠的态度，何谈对陌生人施以友善？所以，当前大学生最首要的就是做到善待父母，即理解父母、关心父母，与他们沟通交流时，要保持耐心，尽量不与他们发生不必要的争执。除此之外，对待除父母外的其他亲人、舍友、挚友或男女朋友，也都要怀着友好善意，多多施以关怀，在他们遇到困难时尽自己最大的力量去帮助，在与他们产生矛盾时，能够冷静平和地沟通解决。往往我们在对待亲密关系时更容易放松警惕，认为这种关系会理所应当地长时间保留在我们的生命里，但实际上它更需要我们细心地呵护，如对那些亲密的人恶语相向，甚至发生更严重的冲突，将导致关系破裂。其次，大学生在面对半熟的人际关系时，需要相互尊重、互相帮助，这样才能形成良好的师生关系、同学关系、伙伴关系等。大学生长期生活在校园内，面对的都是来自五湖四海的人，由于各地风俗习惯不同，每个人的兴趣爱好和个性特点也不同，产生摩擦在所难免，这时就需要以友善价值观为指导与他们相处。同时，值得注意的是，脱离了家长和老师的束缚，正值青春年华的大学生或许会迫不及待地谈一段恋爱，但是往往这个时期的大学生们都不太成熟，缺乏处理恋爱问题的经验和能力，还有一部分人不能够真诚地对待感情，导致了一些因情感危机而引发的极端伤害事件。所以，大学生们应该在保护好自己的前提下以友善之心、友善之行对待他人，勿因冷漠自私而伤害亲近之人。最后，大学生人际关系复杂的一个表现就在于在日常生活中他们会不断地遇到不同年龄阶段的陌生人，在和陌生人交往时要有礼貌，行为举止要大方得体，在他们需要帮助时，在有能力的前提下伸出援助之手。但是，这种对陌生人的友善要在考虑到大学生人身安全的前提下，对于利用善心行违法之事的行为始终保持警惕之心。

① 唐明燕 ."友善"社会风气的涵育路径论析：以《论语》所倡导的价值理念为借鉴 [J]. 东岳论丛，2018（6）：53-59.

人际关系友善是大学生友善观中非常重要的内容，因为"大学生处于一个自我意识强烈的时期，他们时常以自己的价值观标准去衡量和要求其他人"[①]，所以通常导致他们处于一个不和谐、不友善的人际关系之中，人人都以自我为中心，这样既损害了人与人之间的温情，也不利于大学生身心健康发展。所以，大学生在人际交往中要心存善念、口出善言、行做善事，践行并推崇科学的友善价值观。

二、社会友善

一般来说，我们都能做到与人为善，而能否将与人的这种友善扩展到他物、社会，这是我们需要思考的问题。我们经常可以看到，不管是在校内还是校外，仍然会有些大学生在公共场合随意做出一些不顾忌他人感受或不合时宜的行为，例如在图书馆大声喧哗、随地吐痰或丢垃圾、不遵守交通规则、故意破坏公物等，如果他们继续忽视对社会友善，久而久之，会增加社会的负担。另外，还有很大一部分大学生不愿意花费时间去做服务社会的工作，认为是在做无用功，实际上，这是一种错误的认知。这些公益活动不仅能培养大学生的爱心和关爱他人的能力，还能为其日后的学习和工作积攒宝贵的经验。因此，无论是为了社会更加和谐发展，还是为了大学生学会以身作则并承担更多的社会责任，大学生友善观中对于社会的友善都应该被提倡和呼吁。

广义上的社会友善，主要是指大学生在社会生活中表现出的友善德性，包括对待社会秩序、社会公物、社会现象等的态度，同时还表现为能够为社会的和谐发展奉献自己。实际上，大学生对社会友善，除了是最基本的公德问题外，还需要他们有一定的服务社会的意识，有无私奉献的精神品质。

具体而言，一方面，大学生对社会友善要做到守公德。在校内，要遵守校规校纪，爱护校园内的公共设施，要做到既不随意抹黑学校，又主动维护学校声誉；在校外，要做到不做违法乱纪的事情，不主动破坏公物并阻止那些破坏公物的行为，积极宣扬良好的社会现象，不凭主观臆断捏造事实，扩散不实信息。以上社会友善都是大学生应该具备的素养。另一方面，大学生还应该积

---

① 赵亚萍，杨建云，张力.大学生友善价值观培育困境及发展对策浅析 [J].教育现代化，2019，6（1）：136-139.

极为社会的和谐发展尽一份力，多做对社会有益的事情，例如参与校内校外公益、志愿者活动或其他社会实践活动等，这都是对社会友善的表现。这些社会公益活动也会不断激发大学生关爱他人、奉献社会的热情，逐渐让大学生形成健全的友善价值观。

大学生对于社会友善的意识和能力还有待提高，这就需要他们在日常生活中将对他人的友善延伸至社会，关心社会的和谐发展，承担作为大学生的责任与义务。

三、网络友善

网络越来越成为现代社会不可缺少的一种实用工具，在众多的网民中，大学生占了很大的比例，网络仿佛成了他们存活的另一个世界，在这个世界里，他们可以以另一个身份畅所欲言，充分展现自己。然而，在这个可以匿名的世界里，失德事件时有发生：撒谎、盗窃、诈骗等网络犯罪活动常常发生在那些最熟悉的陌生网友身上，"网络暴力"等悲惨事件也时常上演，另外还有传播不实新闻、偷窥他人隐私等行为。我们可以看到，大学生在网络世界里时常扮演评判者的角色，为那些不公正的事件发声，拯救了那些"不能言语"的可怜人，却也有另外一些人以网络为伪装，背离了德性。因此，网络作为当今社会大众普遍使用的交流媒介，需要大家努力维护，共同营造一片"净土"。

网络友善，广义上就是指大学生在网络上，要秉持"未知全貌，不予置评"的态度，理性看待纷繁复杂的网络信息，同时对其他网民怀有友好善意，帮助他人，奉献爱心。具体而言，就是不随意辱骂他人，不从事违法犯罪活动，不传播不实信息，不窥探他人隐私，语言要文明，积极宣扬正确的价值观，抵制消极、低俗等对身心健康有害的内容。这就要求大学生在使用网络时，不仅要运用自身知识与智慧去帮助他人，维护网络环境安全，更要约束自己，不做违背德性的事。我们可以看到，许多大学生在网络上发起和参与公益活动，在困境中利用网络发起互助，也一次次为绝望之人发声，帮助他们重燃希望之火，从而拯救了自己也拯救了他人，这就是大学生应有的友善价值观。无论是在现实世界还是在网络世界里，大学生都有责任和义务弘扬友善价值观。网络并非法外之地，守好网络阵地具有重要性，大学生要利用网络践行和弘扬友善价值观，而不应该让网络成为操纵他们的工具，成为那些恶徒为非作歹的帮凶。

四、生态友善

自从人类开始向大自然不断地索取，就产生了一系列生态问题，例如雾霾、海啸、全球温度变暖等。人类活动虽然满足了一时的需求，但是却给大自然造成了永久性的破坏，直到产生了反噬性的后果，人们才开始意识到保护生态环境的重要性。实际上，对生态环境的友善就是对人类自身的友善，譬如，人们有意识地建立起了生态保护区，不仅保留了大自然独特的奇景观，还使其成了旅游胜地，给人们带来了可观的收入。相反，捕杀濒危物种造成了越来越多的生物灭绝，破坏了大自然的生态平衡和多样性，也给人类带来了诸多灾害。保护生态环境是我们每个人的责任，大学生更应该有这样的意识并做出相应的行动。

生态友善这一价值观需要大学生做到保护自然、节约资源。大学生虽然能力有限，但也可以从身边的小事做起。例如，不随地乱扔垃圾，不浪费饭菜、水电等，这些虽然都是小事，但对于很多大学生来说，却很难做到。这一价值观要求大学生要将保护生态环境内化于心、外化于行，不仅要在日常生活中养成良好的习惯，还要尽量将这一观念灌输给身边更多的人，例如可以加入保护生态的公益组织或参加志愿活动等。

总之，大学生生态友善价值观，就是要让大学生树立人与自然和谐共生的理念，真正理解"绿水青山就是金山银山"，为共建绿色家园出一份力。

五、自我友善

善待自己，才能更好地善待他人。在生活中，一些人往往愿意对别人说善言、施善行，但是却缺失了对自己的关爱，甚至对自己苛刻至极，导致许多悲剧的发生。

自我友善，即对己友善，就是说大学生要正确认识自己、对待自己和评价自己。正确认识自己就是要全面地认识自己，既要看到自身的优点，也要看到自身的缺点，不要用自己的短处与别人的长处比较，更不要因为自己的一点长处而骄傲自满。正确对待自己，就是要学会自尊自爱，关爱自己的身心健康。例如，一些大学生喜欢抽烟、喝酒，窝在宿舍熬夜打游戏、追剧，不喜欢运动等，就是无视自己身体健康的表现。同时，大学生更要关注自己的心理健康，稳固好心理防线。正确评价自己，就是要客观地看待自己的成长状况，不过于追求完美，学会接纳自己，看到自己的发展空间。总之，与己友善就像是房子的地基一样，只有打好善待自身这个基础，才能学会在生活中友善地对待他人、他物，形成健全的友善价值观。

第二节　大学生友善价值观的特征

大学生友善价值观基于践行和培育主体的特殊性，本身具有鲜明的特征。这些特征不仅体现了大学生友善价值观的独特内涵，也彰显了其所具有的重要意义。大学生友善价值观具备四个维度特性的统一，即历史性和时代性的统一、复杂性和层次性的统一、理论性和现实性的统一、善待自己和善待他人的统一。厘清大学生友善价值观的特征，有利于深化大学生对友善价值观的认知，对后续大学生友善价值观的研究具有先导作用。

一、历史性和时代性的统一

大学生友善价值观沟通古今，既沿袭了中国传统友善观的核心理念，又随着时代的发展变化承接着新时代赋予的使命，是历史性和时代性的统一。大学生友善价值观是多元文化资源共同涵养的结果，其历史性表现在大学生友善价值观具有深厚的历史底蕴，是中国传统文化和西方文明普遍认同的价值理念。中国传统文化思想体系中的儒家思想、墨家思想和道家思想都蕴含着友善精神，与当代大学生友善价值观意蕴相通。从孔子的"仁者爱人"到孟子的"性善论"，以"仁爱"为核心价值的儒家学说将友善作为交往行为的价值前提和价值归宿。墨家学说以"兼爱"为核心思想，倡导无差别无社会等级限制的爱。早在家国兼并、人人为利益相争的战乱年代，墨子就以一种心系天下的友善胸襟，提出了对待天下人要一视同仁的观点。此外，墨子还提出"夫爱人者，人亦从而爱之"（《墨子·兼爱（中）》）的交往观念，他认为人际交往是相互的，只有对他人饱含善意，自己才会得到同等的回馈，这是一种互帮互助的友善交往原则。道家的伦理思想中同样蕴含着友善精神："上善若水，水善利万物而不争。"（《道德经·第八章》）老子通过对水的赞颂，表达了践行善举要像水一样润物细无声的精神境界。老子的观点也启示着大学生要积极践行校内校外的公益活动，对他人以及社会施以友善的关怀。大学生友善价值观同样充分吸收了西方友善思想中具有积极影响的部分。西方友善思想中包含的公平、正义等核心价值词汇构成了大学生友善人际交往的价值准则。从西方伦理思想的历史发展进程来看，不管是古希腊时期亚里士多德的"友爱论"，还是中世纪时期人们对上帝的敬仰和崇拜，再到近代契约型的友善交往，都突出了友善人际交往的公共性，确立了人们在友善交往过程中的公共秩序准则。

大学生友善价值观作为一种鲜活的思想体系，相较于传统友善观而言，存在着"创造性转化"和"创新性发展"，是一种与时代发展同频共振的价值理念。大学生友善价值观是限定在大学生这个特殊群体之中的，关注大学生群体是研究大学生友善价值观的逻辑起点，也是对时代发展的精准把握。首先，大学生友善价值观将行为主体转化聚焦在青年大学生身上，使其主体范围更为精准化。作为新时代的新青年，大学生的思想观念和行为方式都具有鲜明的时代特性。大学是一个把来自五湖四海的大学生们聚集在一起的集合体，在这一集合体中，每一位大学生的家庭背景、成长环境、处事原则、认知方式等都各不相同，其固有的友善价值观在对待某些具体问题的看法和解决办法上也就不尽相同。"00后"大学生作为现如今大学生群体的主力军，是极具个性的一代。他们的思想观念具有向己性，即倾向于从自身角度出发判定外界事物，具有强烈的自我意识。"00后"大学生的思想观念相较于"70后""80后"来说更为超前开放，对一些新鲜事物展现出很强的包容性，抱着一颗友善之心接受时下流行的事物和各类话题观点。然而以大学生参与和认同"丧文化"、佛系文化等典型亚文化现象为例，大学生的认知选择和行为方式颠覆了主流价值观预设的蓬勃向上的形象，在践行友善行为的方式选择上存在着一定的特殊性。其次，大学生友善价值观从优秀的传统友善观中寻求文化生长点，创新性地发展了友善价值观的践行理念，更反映了大学生群体对社会公平正义的追求和关注，强调在社会公平正义的基础上来践行宽容、礼让、关爱和互助的友善行为。马克思主义认为："随着每一次社会秩序的巨大历史变革，人们的观点和观念也会发生变革。"① 随着新时期的社会变化发展，大学生友善价值观的对象范围由熟人社会扩展到了陌生人社会，其范围不再局限于传统的宗族关系，而是突破了传统友善观的血缘亲情界限，倡导人与社会、人与自然生态和谐共生的友善关系。此外，互联网的崛起和壮大更是时代发展不容忽视的对象，大学生友善价值观的传播和践行在网络环境下表现得更为复杂和广泛。

二、复杂性和层次性的统一

"友善是人性共有的心理需求，是人性发展完善的标志。"② 友善体现了大学生内心最本真的情感需要和心理需求，在大学生这一群体的价值追求之中具有广泛的认同度和持久的生命力。然而大学生友善价值观的形成和发展是一项复杂的系统工程，其复杂性不仅体现在其受多重外界环境的影响，还体现在由友善认知外化为友善行为的过程之中，更体现在友善行为层次的界定上。其一，影响大学生友善价值观的外界环境十分复杂，有来自家庭、学校、社会和网络环境等多方面的影响。家庭作为大学生成长的第一课堂，是大学生友善价值观形成和建立的基石；学校作为大学生生活成长的主阵地，是大学生友善价值观发展的重要实践场所，价值观念与校园文化有着融通之处；社会发展日新月异，精致的利己主义、泛娱乐化、流量当道等多元社会思潮的冲击，导致大学生的友善价值观呈现多元发展，功利性的社会环境也容易让大学生践行友善价值观披上功利的外衣；浮躁的网络环境则会干扰大学生作出理性友善的价值判断，不良网络风气正在不断侵蚀着涉世未深的大学生群体。其二，大学生由友善认知转化为友善行为的这一过程具有复杂性。大学生友善价值观是一个知行统一的概念，既从精神层面左右大学生的认知，又从现实层面影响大学生的行为。就大学生的主要生活和学习环境而言，大学生友善价值观体现在大学生学习和生活的方方面面，大学生在日常的各种课程中，在与身边同学、老师、

---

① 中共中央马克思恩格斯列宁斯大林著作编译局. 马克思恩格斯全集：第十卷 [M].
2 版. 北京：人民出版社，1998：253.

② 黄明理. 社会主义核心价值观研究丛书：友善篇 [M]. 南京：江苏人民出版社，
2015：229.

学校里各类职工的交流交往中，在参与学校组织的各类活动中，都可以感知到友善价值观对自己的影响。列宁说："工人本来也不可能有社会民主主义的意识。这种意识只能从外面灌输进去。"[1] 首先，在校大学生需要接受外界关于友善价值观的输入，既从书本上获取理论知识，又在学校老师的教导下受到启迪。其次，大学生在多种形式的校园活动和人际交往中都输出了友善观念，通过将理论知识落实到自己的日常生活中，达到友善价值观的知行统一。大学生在理论与现实交织的矛盾中不断提出新问题，找到解决问题的办法，对自己的友善价值观体系进行补充和完善，最终形成一种终身受益的道德行为习惯。其三，大学生友善价值观在对大学生友善行为的层次界定上具有复杂性。从关爱自己身心健康的与己为善，到人际交往过程中所表现出来的尊重友爱、谦和礼让的与他人为善，再升华为社会发展贡献力量的与社会为善，再扩展到人与自然和谐共生的与自然为善，其逻辑结构是层层深入递进的关系。大学生友善价值观也因大学生个体的差异性有不同层次的划分。部分友善道德意识薄弱的大学生往往停留在尊重关爱他人的礼貌性友善层面，而友善道德意识强的大学生则会外化为行为自觉，主动向有困难、需要帮助的人伸出援助之手，施展善意。大学生友善价值观可随着大学生的自身发展实现层级的跨越，但由于其具备复杂性的特征，需要对大学生这一群体加以培育和引导。

三、理论性和现实性的统一

理论形态即事物的本质属性的表达方式。作为社会主义核心价值观中的友善，它是国家对公民个人提出的道德要求，是个人层面的价值准则。一种理论体系，因其特定的理论根基而构成特别的阐释图式，成为这种学说区别于其他理论的关键点[2]。大学生友善价值观融合多种理论体系，下文以马克思恩格斯的理论体系和马斯洛的层次需求理论举例说明。首先，从马克思恩格斯的理论体系出发来分析大学生友善价值观的理论性特征。马克思恩格斯通过有力地批判

---

[1] 中共中央马克思恩格斯列宁斯大林著作编译局. 列宁选集：第一卷 [M].2 版. 北京：人民出版社，2013：317.

[2] 高国希. 关于社会主义核心价值观逻辑结构的思考 [J]. 复旦学报（社会科学版），2021，63（6）：1-9.

资产阶级虚伪的博爱价值观，进一步阐述了人与人之间、人与自然之间的友善关系，而每个人全面而自由的发展是友善价值观想要达到的理想形态。其次，从马斯洛的需求层次理论出发来分析大学生友善价值观的理论性特征。入学初始，部分大学生远离家乡、远离父母、远离朋友，来到陌生的城市上学，面对陌生的人际关系，自身会感到缺乏安全感。友善可以作为大学生开展一段新的人际交往关系的钥匙，满足自己在陌生环境下的安全需求。在一段段仁爱友好、互帮互助的和谐人际关系中得到归属感，满足自己的社交需求。步入大学后，大学生或多或少都会面临学业、情感等各种问题，面对各类挫折和困难，友善价值观的构建就是解决这些问题的途径与方法。友善价值观引导大学生善待自己、自尊自爱，满足自己的自尊需求。最根本的是，友善可以从层次需求理论的最高需求出发，引导大学生满足自我实现的需求。友善价值观从思想层面引领、规范和激励大学生实现人生价值，使大学生在一次次友善行为的践行中获得成就感、满足感和幸福感，满足自己不同层次的需求。

大学生友善价值观不仅是一种理论性的战略定力，更是大学生实际生活中的现实召唤。现代社会的发展转型所导致的人性冷漠、道德失范、人际疏离等不友善现象，为大学生群体在现实生活中践行友善观带来了迷茫和困惑。部分大学生自私自利，对他人、社会和自然不友善的现象时有发生，这也在为大学生敲响警钟，他们急需友善价值观的引领和规范，来减少道德失范现象的发生。在人际交往方面，大学生需要友善价值观的指引来甄别真善和伪善，渴望获得人格上的平等和友爱。在学业方面，部分大学生存在违反课堂纪律、考试作弊、学术不端等对自己不负责、不友善的不良行为。近年来，大学生网络道德失范现象也屡见不鲜，大学生利用网络虚拟身份进行诈骗、参与网络暴力、网络用语粗俗等现象层出不穷。以上种种道德缺失甚至违法犯罪行为都表明，当代大学生在现实生活中仍需要友善价值观来进行教化和约束。

四、善待自己和善待他人的统一

大学的友善价值观是善待自己与善待他人的统一，是一种由爱己推进到爱人的价值观念。大学生善待自己是指一种与自我友善相处的理想积极状态，在与自我友善相处的过程中不断认同自我和发展自我。升入大学阶段，大学生善待自己的表现可分为大学生能够正确地约束自己的行为、关注自己的心理健康、珍视自己的生命。大学生善待自己可分为重视自己的学业、拥有良好的心理状态和保障自己的身体健康。其一，在重视自己的学业上爱己。大学生重视自己的学业是在大学阶段善待自己的首要表现，大学生在友善价值观的作用下走出以绩点为王的学业困境，做到与己为善，端正自己的学习动机，正确认识到大学是增强自己专业见识和提升专业技能的主要阶段。在大学期间能够做到按时上课，上课认真听讲记笔记，下课认真完成作业，不逃课不早退，以积极的学业情绪收获相应的学习成就。其二，在关注自己的心理健康上爱己。大学生大多面临学业和就业的双重压力，大学生应以接纳自己的情绪为前提构建一套能够调解自己心理情绪的友善体系，在压力之下学会自我调节，解决自己内心的矛盾和冲突，塑造良好的心理状态。其三，在珍视自己的生命上爱己。学会尊重并珍惜爱护自己的生命是自我友善的重要课题，也是大学生进行社会交往活动的基本前提。大学的生活习惯相比于初高中阶段有所不同，自我支配的时间变多，善待自己的大学生会合理规划时间，保证科学规范的生活作息，对生命抱有敬畏之心。反之，那些对自己不友善的大学生不爱惜自己的身体，身体逐渐被不合理的生活作息击垮，随意透支自己的身体健康。

友善价值观中心思想表达的是和善友爱的理念，是全体社会成员包括大学生群体在内都需要普遍遵守的价值准则，是被来自不同的成长环境的大学生们所共同接受、认可和赞同的价值观。大学生在处理自己不同的人际关系时，善待他人主要表现为敞开善心，将友善和关爱投射到身边人身上，摒弃看客心态，与他人建立和谐友好的人际关系。大学阶段是大学生身份转变的过渡时期，是大学生走进职场的预备时期。在校园内，善待他人表现为大学生与自己朝夕相处的同学、教职工维持互帮互助、友爱和谐的友善人际关系；在校园外，善待他人表现为大学生在家庭范围内与亲友相处时做到理解尊重、宽容相待；在社会上，善待他人表现为对同自己打交道的人，甚至是对需要帮助的陌生人都投以尊重关爱的目光，怀着友善之心与他人相处，以友善润滑彼此间的交流合作，减少误会和隔阂。

第三节 大学生友善价值观的重要作用

小到个人价值追求，大到社会与自然的和谐发展，大学生友善价值观在大学生自身、家庭、校园、社会和自然五个方面都凸显了它的重要性。培育和践行大学生友善价值观是实现大学生自身发展、促进其自我实现的需要；是造就友好和睦的家庭成长环境的需要；是培育理性平和的校园文化环境的需要；是构建崇德向善的社会交往环境的需要；是尊崇自然环境，促进人与自然的和谐友善的需要。

一、实现大学生的自身发展，促进其自我实现

其一，友善帮助大学生形成良好的人际关系，良好的人际关系是大学生实现人生追求和全面发展的必要条件。大学生人际交往意愿迫切，友善价值观可以帮助大学生在良好的人际关系中找到心灵慰藉和心理满足。良好的人际交往过程有利于大学生形成良好的道德品质和精神面貌。拥有积极向上风貌的人才能更好地追求自己的理想目标，实现自我价值。其二，友善是个人道德修养的必备品质，而良好的道德修养则是提升个人素质的根本，是不断实现人生追求和全面发展的价值保证。培育大学生友善价值观具体来讲就是要增强大学生的友善认知，激发友善情感，砥砺友善意志，外化友善行为，实现友善价值观知、情、意、行不断发展的过程。大学生德智体美劳全面发展，德在首位。在大学生三观形成发展的重要节点，大学生友善价值观可以充分发挥其思想引领作用，引领大学生不断修身立德，增强自己的友善认知和友善认同，打牢道德根基；充分发挥其良好的规范作用，规范和约束大学生的思想和行为，严守道德准则，减少道德失范，杜绝道德冷漠；充分发挥其激励作用，激励广大青年学生将思想自觉外化为行动自觉，在社会实践活动中奋发向上，争当道德模范。例如，由共青团中央举办的"全国向上向善好青年"推选活动，其评选领域就涵盖了青年学生群体，新时代的青年大学生以榜样的力量集中展示了崇德向善的精神品格和价值追求。思想决定行动，是行动的先导力和推动力，大学生友善价值观从思想的高度催生出一批又一

批"最美基层高校毕业生"，他们将友善作为价值选择的标准，使其道德修养走在青年群体的前列，是大学生学习的道德模范。"最美基层高校毕业生"的先进事迹同样砥砺和鼓舞着青年大学生们以顽强的友善意志奔赴一线基层和偏远地区建功立业，实现自己的人生价值，谱写了"强国圆梦，青春有我"的青春佳话，达到了友善的最高境界。

大学生友善价值观发挥其引领、规范和激励的作用，有利于大学生身心协同健康发展，以良好的身心状态实现自身发展。大学生正处于价值观养成的重要时期，习近平总书记曾将在这一时期培育价值观的重要性生动地比喻为穿衣服扣扣子，如果第一粒扣子扣错了，剩余的扣子都会扣错，就会导致连锁的不良影响。身处复杂多变的社会环境，大学生的生存竞争日益激烈，所需承受的心理压力也越来越大，心理失衡、焦虑、不满更是常态。在大学阶段，大学生往往会面临学业问题、人际交往问题、就业问题等一系列会对自己造成不良影响的问题。如果大学生在面对各式困难和挑战时，能够以友善的价值观念和心态化解难题，抓住出彩的机会，就能适应快节奏的社会发展；反之，不能善待自己和他人的大学生，就很难成就自己的天地，获得自由而全面的发展。

二、造就和睦友好的家庭成长环境

家庭是孩子成长的第一课堂，父母自然就是子女教育的第一任老师。家庭构成单位中最为主要的角色——父母与子女，其家庭关系的教育理应是双向进行的。家庭教育是父母与孩子之间相互沟通、相互影响的一种教育过程。家庭友好向善的成长环境对大学生友善价值观的形成起着基础性作用，大学生在积极向善的家庭氛围中成长成才，在家庭日常生活的点点滴滴中强化自己的友善意识，践行自己的友善行为。大学生在家庭教育过程中逐步形成了对友善价值观最为基础的看法，他们能够友好地与父母长辈相处从而巩固友好和睦的家庭氛围。从父母对孩子的影响方面而言，家庭培养是大学生成长成才的重要基石，父母在培养孩子的过程中应承担相应的教育责任。父母通过在日常生活中热心参与公益活动，给自己树立社会公德的标尺，在家庭的日常生活中尤其是在与孩子的沟通相处过程中做到言行一致、言传身教，让自己良好的语言习惯、道德修为潜移默化地影响孩子，以这种教育方式有意识地培育、引导孩子形成良好的道德品行，为孩子提供积极健康的成长环境。在和睦友好的家风家教中，不断弘扬传承中国优秀的友善传统文化，为孩子友善价值观的形成打下坚实的基础，激发孩子内心深处向善思想的萌芽。从孩子对于父母的影响这一方面而言，作为接受良好教育的大学生群体来说，认同和践行友善价值观会影响其赡养行为。俗话说："百善孝为先。"孩子从父母的一言一行中感知友善，感恩父母对自己的付出也是表达友善观念、践行友善的一种表现。父母良好的道德品行映射到孩子身上，孩子就会在从小效仿父母言行的过程中，学习父母言行中尽善尽美的一面，至此也就有意无意地逐渐形成了自己的友善价值观。

孩子在充满爱与善的家庭氛围里成长，关心自己的父母家人，将友善之情进一步传播到社会上，对他人也表达善心、践行善举。孩子在家庭成长生活中形成和发展了友善价值观，在大学这种人生观、价值观和世界观形成发展的重要时期，则不易与自己的父母长辈发生冲突，在友善价值观的引领下，他们更懂得感恩与沟通，家庭氛围自然也就会愈发和睦安定。

三、培育理性平和的校园文化环境

大学生友善价值观是培育理性平和的校园文化环境的价值追求。校园文化是指学校发挥学生主体力量，坚持以育人为主的目标导向，在长期教育教学实践过程中形成积淀的，一种被全体师生所共同认可和遵循的群体文化。校园文化环境的培育作为一项系统工程，是需要整合校园物质文化、精神文化和行为文化三种不同维度的文化环境体系。一是大学生友善价值观发挥在校园物质文化环境建设方面的文化渗透功能，构建"立体绝非平面"的互动格局。大学生友善价值观发挥其渗透功能，不再停留于师生的思维表象。友善价值观有利于围绕大学生的学习生活环境建设兼具理论高度和现实意蕴的校园物质文化景观，体现大学生友善价值观理论性和现实性相统一的鲜明特征，对接理论与现实。友善价值观通过外在的物质环境直接向全校师生传递友爱善良、互帮互助的价值信号，展示大学生友善价值观所赋予的物质文化精神内涵。二是大学生友善价值观发挥在校园精神文化环境建设方面的文化涵养功能，充分展现大学生友善价值观所具备的人文关怀。大学生友善价值观的精神价值可以成为全校师生共同成长进步的原动力，提升他们主体素质的同时激发他们的善良动机，为培育理性平和的校园文化氛围提供精神动力。三是大学生友善价值观发挥在校园行为文化环境建设方面的文化引导功能。大学生认同和践行友善价值观，在友善价值观的引导和熏陶下将价值观念外化为实践行动。注重校园行为文化环境建设要"更加注重以文化人以文育人，广泛开展文明校园创建，开展形式多样、健康向上、格调高雅的校园文化活动，广泛开展各类社会实践"[①]。将友善价值观和丰富多彩的校园文化活动相结合，树立具有友善形象的榜样人物，营造大学生友善价值观引导的校园行为文化良好氛围。

"才者，德之资也；德者，才之帅也。"友善是人才必备的德性，高校作为立德树人的主阵地，彰显了大学生认同和践行友善价值观与高校立德树人的根本任务相一致的目标导向。大学生友善价值观要在校园范围内积极发挥其渗透、涵养和引导的功能，充分利用和发挥大学生友善价值观培育人、塑造人的鲜明特征和作用，让大学生友善价值观渗透到校园文化建设的各项环节中，找到友善价值观与校园文化环境建设的融通之处，协同推进友善价值观引导和校园文化建设助力相融合的整体育人氛围，使崇德向善、礼让宽容的道德风尚成为全校共识，培育友善健康、理性平和的校园文化环境。

四、构建崇德向善的社会交往环境

友善是社会稳定与和谐的润滑剂，同时也是推动社会发展的重要精神力量。马克思的唯物史观认为，社会意识与社会存在相互作用。首先，消解不良社会风气急需友善价值观。我国在经济社会转型的过程中，功利主义等一些思潮的盛行导致人们友善价值观念的弱化，人们在作出行为选择时产生一种以自我为中心的利己倾向，将个人利益置于集体利益之上。加之后疫情时代人们生存压力变大，一些不友善的过激行为对社会造成负面影响，与构建崇德向善的和谐社会格格不入。其次，当今网络时代的崛起为大学生友善价值观带来的挑战同样不容忽视。在开放多元的网络环境中，大学生的友善价值观容易受到各种不健康文化的影响。多种文化形态冲击着大学生友善价值观的价值取向，泛娱乐主义、圈层化趋势、去中心形态等文化表现导致大学生友善价值观的价值

[①] 习近平. 在全国高校思想政治工作会议上的讲话 [N]. 人民日报，2016-12-09（01）.

判断异化。网络环境中的不健康文化不仅弱化了大学生的深入思考能力，更是使大学生沉浸在虚拟的网络交往环境中以逃避现实压力，从而弱化大学生的现实交往能力。最后，大学生友善价值观不是凭空而来的，它是根植于现实社会需要的，友善价值观作为社会意识的具体表现反过来也影响着今天的社会生活。国家统计局的统计数据表明，2021年普通本专科在校学生人数高达3400多万。由此可见，大学生作为社会公民中的一大群体，培养其积极向上的友善价值观是提高社会整体道德发展水平至关重要的助推力，培育大学生的友善价值观对社会道德秩序的整体运行发展具有极大的影响力。"只有在共同体中个人才能获得全面发展其才能的手段，也就是说，只有在共同体中才可能有个人自由。"① 人是具有社会属性的人，生活在社会共同体中的人需要进行现实的人际沟通与交流，以此来满足自己的社会需求。人类和谐社会的构建，离不开友善价值观的推动。在社会生活中，人人都秉持着真诚友善的原则，形成人与人之间的良性互动交往，为自己也为他人着想，减少彼此之间的冲突和摩擦，社会交往环境才会变得更加和谐健康。反之，人人都拒绝友善交往，便会激增社会戾气和社会矛盾。

马克思曾经说过："理论一经群众掌握，也会变成物质力量。"② 大学生在校处理好师生关系和同学关系，走向社会时处理更为复杂的人际关系才会变得游刃有余。大学生作为社会主义现代化事业的建设者和接班人，作为党和人民事业的生力军，自觉认同和践行友善价值观决定着中国社会的未来发展趋向。广大青年学生唯有崇德向善，由爱己、爱家人、爱同学、爱老师递进到爱社会、爱国家，社会环境才会风清气正，社会风尚才会积极向上，社会面貌才会朝气蓬勃。

五、尊崇自然环境，促进人与自然的和谐友善

大学生友善价值观的内涵意蕴不仅体现在与他人、与社会的交往中，更是

---

① 中共中央马克思恩格斯列宁斯大林著作编译局. 马克思恩格斯文集：第一卷 [M]. 北京：人民出版社，2009：571.

② 中共中央马克思恩格斯列宁斯大林著作编译局. 马克思恩格斯选集：第一卷 [M]. 2版. 北京：人民出版社，1995：9.

延伸上升到了与自然友善相处的层面。实现人与自然和谐共处是人们善待自然的基本遵循。回溯中国传统友善思想，其中就涉及了人与自然关系的内容和万物一体、天人合一的观念。但随着经济社会的发展，人与自然关系越发紧张，环境污染问题和自然资源紧缺问题日益凸显，人们逐渐意识到人与自然和谐共处的重要性。"在现代社会中，人与自然的关系往往都是以工具的形式出现的，自然是人的欲望对象。"① 所以在这种价值关系中，对自然的索取征服就成了人们在社会交往中炫耀的资本，自然生态环境因此遭到践踏。聚焦大学生群体，他们在处理人与自然的关系时，存在着破坏草木、虐杀小动物、浪费自然资源等不友善行为，此时就需要用友善价值观对大学生的不道德行为进行纠正、规范和约束。大学生友善价值观将友善的对象从人类本身延伸至自然，对自然环境的尊崇既是对自然环境本身的爱护，也是对他人甚至子孙后代生存发展权利的维护。党的二十大报告提出了"必须牢固树立和践行绿水青山就是金山银山的理念，站在人与自然和谐共生的高度谋划发展"，侧面强调了善待自然的重要意义。在生态文明的建设中，友善的价值理念主要表现在发现自然之美、尊重自然规律和保护自然环境三个方面。首先，随着中国经济社会的转型发展，绿水青山就是金山银山的观念深入人心，这就要求作为社会主义现代化事业建设者的大学生们要拥有一双发现美的眼睛。大学生在友善价值观的指引下发现自然之美，则要学会认真观察身边的自然环境，感悟自然环境之美，珍惜自然资源之珍贵。其次，马克思主义的唯物论认为，规律具有客观性，不以人的意志为转移。尊重自然规律，对自然伸出友善之手，也是坚持马克思主义在意识形态领域指导地位的表现。最后，保护自然则是大学生在友善价值观的指引下，激发爱护大自然的情感意志，将内心情感外化为自觉行为，在实际生活中践行自己的友善行为，自觉加入保护大自然的行列中去。

生态兴则文明兴，生态衰则文明衰。生态文明的建设是人类生存发展的长远大计，人类生产生活的一系列活动都必须尊重自然、顺应自然、保护自然。正所谓"人不负青山，青山定不负人"，大学生自觉践行友善价值观，做到知行统一，自觉加入建设美丽中国的队伍当中，积极做自然之美的发现者、自然

---

① 黄明理 . 社会主义核心价值观研究丛书：友善篇 [M]. 南京：江苏人民出版社，2015：84.

环境的守护者和自然环境友善行为的践行者，中华大地才能呈现天蓝地绿水清的亮丽景象。大学生坚持与生态为友、与自然为善的价值理念，生动展现人与自然的和谐之美，才能为构建人与自然命运共同体注入新的生机与活力。

第四节 大学生友善价值观培育的干扰因素

在大学生友善价值观的培育过程中，或多或少地存在一些干扰因素，导致友善观不能完全扎根在大学生的头脑中，或是形成了不科学的友善观。这些因素存在于社会、家庭、学校或是大学生自身中，我们必须要找到这些干扰因素并克服它们，帮助大学生形成科学、正确的友善价值观。

一、外部环境的负面影响

（一）市场经济下西方思潮的冲击

改革开放以来，我国开始有计划地发展商品经济，提出发展社会主义市场经济体制的目标后，我国的物质生产力极大发展，人们的物质生活水平也极大提高。但是，随之而来的西方个人主义、拜金主义以及享乐主义的思潮也冲击了国人的价值观，人们逐利的欲望越来越强烈，导致人们失去了友善之心，不以宽厚仁爱之心对待他人，取而代之的是冷漠的态度、卑劣的手段，哪怕只是为了实现自己的蝇头小利。

这些思想观念同样也渗透到了大学生身上，影响了他们价值观的形成。个人主义让他们在学校生活中越来越自我，不注重他人的感受，不团结集体，从而产生了越来越多的矛盾；拜金主义让大学生产生攀比心理，喜好争名夺利，从而做出一些违背公德的事情，甚至对校规校纪和法律视若无睹；享乐主义让大学生逐渐失去对学习的兴趣，沉浸在娱乐世界里，从而放弃对人生价值的向往和追求。"在市场经济不断发展的大环境下，追逐物质利益的本质也会在大学生身上体现得越来越明显，例如社团聚餐酒桌风气的蔓延、为了评奖评优贿赂老师和同学、考试考核作弊、为了满足自己的虚荣心买奢侈品等。"[1] 市场经

---

[1] 林丽群. 当代大学生友善价值观培育探究 [J]. 广西教育学院学报，2017（1）：97-102.

济下的西方思潮潜移默化地影响着大学生的言行，在高校里形成了一股不良风气，这会让大学生形成冷漠自私、以追逐个人利益为中心的秉性，严重干扰了大学生友善价值观的形成。

（二）社会不良现象的影响

近年来，时而有以友善为主题的社会事件发生，有的人会从中反思，获得积极正面的思考，予以自己警醒，从而学会友善待人；然而还有一些人却消极对待，认为人与人之间的友善不可能存在，甚至可以为了维护自己的利益去伤害他人。对于接收和判断能力不成熟的大学生来说，更容易受到这些现象或是无数人站在非法律角度评判的影响。他们可能会效仿社会上不友善的行为，也可能会听信传言，对友善失去信任。以大学校园屡屡发生的盗窃案件来说，大学生这样的高素质人群，这是与他们极其不相符的行为，但这在大学里已经屡见不鲜。这种现象给同学们增加了不信任感，从而降低了他们对于友善价值观的认同度。偷盗是社会上不法分子的丑恶行为，我们不得不怀疑，在排除先天的自身因素之外，这是大学生沾染上的社会恶习。除此之外，关于社会不良现象引起的伦理道德的讨论也处处影响大学生友善价值观的形成。比如关于"扶不扶"的讨论。毋庸置疑，扶起摔倒的老人是应该的，但是产生的不利于自身的后果又由谁来承担呢？判断能力不强的大学生很容易受到不良言论的影响，从而产生畸形的非友善价值观。一旦负能量的信息被大学生们频繁地接收并消化，就会让他们陷入一种"人不为己，天诛地灭"的"圈套"，导致大学生对友善产生更多的不认同。

社会不良现象给友善价值观披上了一层外衣，让大学生看不到友善的本质。事实上，我们仔细回想一下，如果老人不去为了利益讹诈，那么施善就不会成为一个当今大众还要考虑再三的选择。这种社会现象警醒我们，人人都要懂得友善，知善行善，这样才能避免我们不愿看到的悲剧再次发生。

（三）复杂的网络环境扭曲了友善观的形成

随着网络的使用频率越来越高、范围越来越广，人们对它的依赖程度也越来越高。大学生群体对网络的运用比较熟练，也更愿意接触网络上的新鲜事物。但是，对大学生来说，网络是把双刃剑，它让大学生享受到了学习和生活上的便捷和欢愉，同时又给他们营造出不同于现实社会的虚拟假象，让他们沉溺其中，无法自拔。

网络群体的复杂性决定了网络环境的复杂性。由于匿名的功能给了大学生畅所欲言的机会，所以使得他们在网络上的表现欲望大过于现实，不仅对现实里的关系越来越冷漠，也对人与人、人与物之间的友善越来越淡化。在网络上，大学生痴迷于虚拟的朋友、恋人，他们认为这些所谓的网友对他们的理解和关心胜过了现实里的亲人朋友，这就造成了他们对现实里亲密关系的疏远，而对于陌生人来说，他们更加不会轻易去关心和帮助。同时，大学生长期在网络上接受各种负面新闻，再加上网友的评论和媒体的渲染与烘托，难免会受其影响，使得很多本有善心的大学生因不可预知的后果而不敢表达善意。

网络环境中存在许多难以预测的因素会影响大学生的友善观，扼杀大学生心中关于友善的种子，甚至还会用捏造的"事实"和洗脑式的话语扭曲大学生即将成形的友善价值观，在不知不觉中，大学生就形成了"事不关己，高高挂起"的待人处事态度。

二、友善教育的缺失

友善作为社会主义核心价值观之一，虽然应该是公民的自觉行动，但是也不能忽视教育在其中所起到的推动作用。实际上，无论是在家庭里父母教育我们要尊老爱幼、宽容大度，还是在学校从义务教育阶段到高等教育阶段学习的思想政治教育课程，我们始终都在接受关于友善的教育。但是，它们并不是时刻都发挥着作用，有时它们也会面临着不到位甚至是缺位的现象。

（一）家庭教育中友善教育的缺位

"家庭是人生的始发站"[①]，父母是孩子的第一任老师，父母乃至家庭里的任何人都扮演着教育者的角色，他们的行为会时时刻刻影响着孩子的价值观和待人处事的方法与原则。当代大学生基本上都接受了素质教育，家长除了关心孩子的学习成绩外，也要时刻关注着他们的思想品德等其他素质。但不是所有家庭都关注且进行着友善教育，也可能在不经意间就给孩子传达了不友善的思想观念。例如，有些家长时常会在孩子面前抽烟、酗酒、吵架、语言粗鄙，

---

① 林丽群. 当代大学生友善价值观培育探究 [J]. 广西教育学院学报，2017（1）：97-102.

甚至还存在暴力行为，做违背道德之事，这无形之中给孩子种下了"恶"果。"近朱者赤，近墨者黑。"对于从幼时起就有模仿能力的孩童来说，父母的一言一行、一举一动都是孩子的学习课。而在幼年时期形成的不好的道德行为习惯，如果不及时调整，后期将很难矫正。尤其是他们在大学时期要和来自全国各地，有着不同的性格特征、兴趣爱好的人们接触交往，一旦不好的道德习惯引来他人的反感，导致发生摩擦，其又不能友善地处理，那么等待他们的就是冲突的爆发。

除此之外，一些父母虽然品德良好，也没有不良嗜好，但他们缺乏友善教育的意识。对大多数家长来说，孩子的成绩更为重要，而道德是无关紧要的，不需要浪费精力进行专门的教育。他们在日常生活中过于强调孩子的成绩，或只注重物质方面的供给，缺失了与孩子精神情感方面的交流与沟通。所以，我们在平时会看到很多成绩优异的孩子，要么存在情感障碍，要么品德不佳，他们都身处多数人梦寐以求的学习天堂，却一瞬间从天堂坠入地狱深渊。

还有一些家长虽然重视友善教育，但是方式不恰当。例如，通过言语或行为上的惩罚去教育孩子，以达到恐吓的效果，从而让他们不敢不友善。这种方式不会让孩子从内心上真正认同友善，一旦脱离了家长的束缚，他们甚至会更加叛逆，做一些违法犯罪的事情。还有一些家长对孩子过于溺爱，在这样的教育方式下长大的孩子往往都不懂得谦让，以自我为中心。由此可见，家庭教育对于大学生友善观的培育发挥着不可替代的作用，缺乏或实施了不科学的友善教育，都不能让他们养成良好的道德行为习惯，更不能让大学生学会严于律己、宽以待人。

（二）学校教育中友善教育的不到位

除了家庭教育外，学校教育尤其是学校德育教育对大学生友善观的培育也发挥着重要作用。"学校是促进学生健全人格、培育学生德智体美全面发展的主阵地"[①]，如果学校没有做好德育工作，那么必然会对大学生的友善观产生一定影响。

当前，高校大学生德育教育工作方面主要存在以下几个方面问题。首先，

---

① 赵亚萍，杨建云，张力. 大学生友善价值观培育困境及发展对策浅析 [J]. 教育现代化，2019，6（1）：136-139.

培育目标模糊不清。大部分高校忽略了制定明确的教学目标来规定德育工作到底要培养出什么样的大学生，并没有对此提出较高的要求，所以友善观教育也只是存在于高校思政课的课本上，一些教师可能只是一带而过，不会对学生们开展有广度和深度的友善观教育，学生们也只会把它当成课本上一个无足轻重的知识点，而将大部分时间用来学习专业课。培育目标不明确导致了教师和学生对友善观的不重视，友善观教育只能逐渐流于形式。其次，培育内容缺乏实效性。目前，我国高校在课程的内容安排上严重失衡，安排的专业课程的数量远远超过了思想政治教育、道德修养课等。道德教育课程本就占比不多，高校对于学生道德培养的教育内容更是基本停留在了《思想道德与法治》一书中，只是对其理论知识泛泛而谈，起不到实质性的教育作用。最后，单一的培育内容决定了单一的培育方式。一方面，友善观教育存在于课堂教学中，基本上采用单一的讲授形式，并不能让学生很好地吸收和理解友善观。另一方面，友善观教育还可能存在于学校的实践教学中，但是这样的机会少之又少，导致缺乏具体的实践机会不能让学生真正懂得友善存在的意义以及该如何友善，同时也会让学生感到厌倦，产生逆反心理。

三、人际关系不和谐

研究表明，人际关系的好坏对人是否会产生抑郁情绪、乐观倾向、愤怒倾向、幸福感、利他行为、学业成绩、社会责任感等方方面面都有影响。其中，一个人的人际关系是否健康直接关系着他的心理健康状况。目前来看，良好的人际关系有助于大学生形成健康积极的心态，从而以正面的情绪待人待物。那么，一旦人际关系出现问题，尤其是像男女朋友、舍友、挚友这样的亲密关系出现问题，就会给大学生的生活带来严重的干扰。短期处于这样的情绪中，难免会出现一些戾气，从而不能友善待人；如果长期处于一种不健康的人际关系中，就会陷入一种怀疑自我甚至怀疑世界的状态，严重的话还可能出现自残的行为。这样长期处于负面状态的大学生，对己对人都难以友善，即使是他们心中还保留着友善的念头，但对于他们来说也只可能是有心无力。

另外，在当代社会，一些青年人尤其是大学生不愿意在现实生活中与人交往，反而沉迷于网络世界，用网聊、网络游戏、短视频、电影、电视剧等消遣时光。长期处于这样过度依赖网络的"封闭环境"中，再加上网络环境中存在各种类似欺骗、犯罪、暴力血腥等危害大学生心理健康的要素，一方面越来越增加了大学生的戾气，另一方面也影响了大学生现实中的人际关系。"一部分大学生花费了大量时间在网络社交平台上，从而忽略了对亲人、朋友的关心，同时也弱化了大学生人际交往的能力，互联网营造出来的社交平台让交往双方实现自由随意地交谈，但也使得他们脱离了现实人际交往所具备的一些能力"[①]。长期处于一种脱离现实的人际关系中，会使大学生以一种冷漠的态度对待现实关系，进而不能友善待人，甚至影响对其友善观的培育。

所以说，一个健康的人际关系更能催生友善的生长，相反，消极的人际关系不仅会让人精神涣散，还磨灭了人心中友善的痕迹，让人失去友善的心力和能力。

在培育友善观的过程中，诸多外部因素对大学生友善观的生成过程造成了干扰，在这些外部因素的作用下，加之大学生本身的性格、气质以及知识水平等条件，大学生本人对友善观的重视程度也会受到影响，这也在一定程度上影响了他们对友善价值观的认知，而认知水平又决定着大学生能否在真正意义上接受并认同友善观从而达到践行的最终目的。

---

① 谈钟明.网络社交平台对大学生人际关系的影响 [J].中国成人教育，2015（1）：82-83.

中编／▲大学生友善观培育实证研究

第一章　大学生友善价值观内涵与特征的实证研究

本研究包括两个子研究，研究一旨在探索大学生心目中友善的典型事件特点，包括自己对他人友善、他人对自己友善的典型事件；研究二旨在厘清大学生对友善价值观内涵和外延的界定。

一、研究对象

本研究从××大学抽取18名大学生作为访谈对象，其中对12人进行一对一访谈，剩余6人分为两组进行焦点小组访谈。18名受访者男生8人、女生10人，年龄18～21岁。研究对象具体情况如表1-1所示。

表1-1　访谈被试情况

代码	性别	访谈时间	备注
FT01	男	18分钟	耳机丢失找回、脚肿他人照顾、分享特产、宿舍和谐、给他人带饭
FT02	女	19分钟	开学受学姐帮助、周围同学帮忙解决洗头和考试问题、坐校车时他人提供口罩、宿舍和谐、帮助同学解决心理问题
FT03	男	19分钟	修建行人避雨场所、帮人带饭、宿舍较和谐但也有过矛盾
FT04	男	18分钟	班主任帮助学生受到感动、宿舍关系和谐、脚崴受人帮助、小组作业产生矛盾
FT05	男	18分钟	受到科协部长的照顾、路人摔倒主动帮助、宿舍有些矛盾
FT06	男	21分钟	邻居送母亲就医、冬天替陌生同学撑帘子、宿舍关系和谐、接近帮助"独行有个性"的同学、捡到校园卡归还
FT07	男	18分钟	幼时向邻居借钱交学费后归还并感谢、高中失眠舍友理解、帮助他人做图纸、宿舍关系较和谐但也有过小矛盾、捐款、被人误会仍愿意提供帮助
FT08	女	18分钟	同学给自己制造生日惊喜、帮助他人编辫子和借礼服、宿舍关系和谐、愿意无条件帮助他人
FT09	女	23分钟	摔倒被搀扶、受轻伤被邻居送医院、宿舍有较多矛盾
FT10	男	25分钟	宿舍轮流打水、帮助他人完成任务、宿舍抽烟问题和卫生问题严重

代码	性别	访谈时间	备注
FT11	女	18分钟	背残疾同学上课、愿意把钱给乞讨人、帮助他人解决心理问题
FT12	女	21分钟	校园里帮助女生、出钱出力帮助朋友后没有得到回报、宿舍较为和谐但也有摩擦
FT13	3女	45分钟	焦点小组访谈
FT14	2女1男	45分钟	焦点小组访谈

二、访谈程序

研究采用关键事件访谈法，对12名大学生进行一对一的半结构式访谈，对其余6名大学生分为两组进行焦点小组访谈，尽量以开放式语句了解受访者的主观感受。研究者在访谈前告知受访者本研究仅用于学术研究，对其信息作保密处理，访谈过程录音，以便进行编码分析。

访谈提纲的设计包括受访者回忆他人对自己友善的事件、自己对他人友善的事件，友善行为后有没有后悔的场景，舍友、情侣间的友善行为判定，以及友善的内涵定义。具体访谈提纲如下。

（一）一对一访谈提纲

1. 关键事件一

（1）请回忆一次你印象深刻的别人帮助你的事件。/帮助你的人？（见闻也可）

（2）这个人和你是什么关系？（陌生人、半熟人、陌生人）

（3）为什么这个事件令你印象最深刻？

（4）帮助你的事情对你意义重大吗？

（5）你有提出过帮助你的请求吗？

（6）他帮助你的成本是什么？

（7）你有表达过感谢吗？

（8）别人知道这个事情吗？

2. 关键事件二（如果事件一说的是熟人）

（1）你遇到过陌生人帮助你的事情吗？

（2）什么事情？感受如何？

3. 关键事件三

（1）在你印象中有没有记忆深刻的帮助别人的事？

（2）什么事情？

（3）他提出需要你帮助的请求了吗？

（4）你帮助他付出了什么？

（5）对方有表示过感谢吗？

（6）别人知道这个事情吗？怎么评价？

（7）如果再遇到这种情况，你还会选择帮助他吗？

4. 关键事件四

有没有你帮助了别人，后来后悔的事情？

5. 友善内涵外延的提问

（1）你觉得除了帮助别人之外，原谅别人的过错算不算友善？

（2）你觉得什么样的宿舍关系算友善？

（3）男女朋友相处、家人之间相处需要友善吗？

（4）请用你自己的话给友善下个定义。

（二）焦点小组访谈提纲

（1）回忆一下印象深刻的别人帮助你的事情/某个人。

（2）陌生人帮助你的事情。

（3）你帮助别人的事情。

（4）有没有你帮助了别人，后来后悔的事？听说的也可以。

（5）你们觉得别人做错事情，原谅算不算友善？

（6）什么样的舍友关系你认为是友善的？

（7）男女朋友相处需要友善吗？还是友善不适用于男女朋友之间？家人呢？

（8）请用你自己的话给友善下个定义。

三、研究分析

（一）分析方法

本研究对质性材料进行分析，采用扎根理论取向。扎根理论是一种建构理论的方法，是格拉泽和斯特劳斯在 1967 年提出的，这是一种自下而上建立理论的方法，即在系统收集资料的基础上，寻找反映社会现象的核心概念，然后通过在这些概念之间建立起联系而形成理论[①]。

扎根理论的主要操作程序包括以下五步：（1）对资料进行逐级登录，从资

[①] 陈向明.质的研究方法与社会科学研究 [M].北京：教育科学出版社，2014：327.

料中产生概念；（2）不断地对资料和概念进行比较，系统地询问与概念有关的生成性理论问题；（3）发展理论性概念，建立概念与概念之间的联系；（4）理论性抽样，系统地对资料进行编码；（5）建构理论，力求获得理论概念的密度、变异度和高度的整合性[①]。扎根理论对资料进行逐级编码主要包括三个级别：一级编码——开放式登录；二级编码——关联式登录；三级编码——核心式登录[②]。

（二）信度分析

质性研究一个不可避免的缺点是编码者的主观性，由于研究者长期研究友善观问题，查阅大量文献资料，并对访谈对象、资料整理有比较全面、深入的理解，所以本研究的编码工作由研究者一人完成。这样做可以有效避免冗余信息和理解偏差，但是编码者的主观性易受到质疑。为了检验编码的信度，进行内部一致性检验。随机抽取 5 份访谈稿，两周后重新编码。按照信度公式［信度 = 相互一致的数量 ÷（相互一致的数量 + 相互不一致的数量）］计算内部一致性，结果如表 1-2 所示。

表 1-2　编码一致性信度检验

代号	第一次编码数	第二次编码数	一致性信度
FT01	25	23	0.92
FT06	19	21	0.90
FT07	22	25	0.88
FT09	21	24	0.87
FT13	41	44	0.93

从表中数据可以看出，内部一致性系数为 0.87 ～ 0.93，因此该编码的信度可以接受，编码一致性可以信赖[③]。

五、质性分析结果

（一）逐级编码结果呈现

通过对 18 位大学生被试的半结构式关键事件的访谈，发现他人对自己友善的典型事件、自己对他人友善的典型事件有一定的共性特征，但也存在一些

① 陈向明.质的研究方法与社会科学研究 [M]. 北京：教育科学出版社，2014：332.
② 陈向明.质的研究方法与社会科学研究 [M]. 北京：教育科学出版社，2014：332.
③ 迈尔斯，休伯曼.质性资料的分析：方法与实践 [M].张芬芬，译.重庆：重庆大学出版社，2006：83-92.

差异，逐级编码结果如表 1-3、表 1-4 所示。大学生被试对友善概念内涵与外延的认知逐级编码如表 1-5 所示。

表 1-3　他人对自己友善的典型事件逐级编码

核心登录	关联式登录	开放式登录	
大学生回忆他人对自己友善的典型事件，从友善对象上划分多数为熟人和陌生人，少数为认识但不够了解的人。友善的具体内容主要为具体事件上的帮助，或者善意与关心，部分涉及财物上的帮助。在友善的回馈上，与社会上的陌生人之间主要采用口头感谢的方式，与熟人、半熟人或者校园里的陌生人主要采用送吃的、请吃饭的方式。在看待不同人际关系中的友善问题中，多数学生表示陌生人给予的友善更令人感动，一方面陌生人没有义务，纯粹是出于善意，另一方面这种友善是非功利性的	友善对象	熟人	•小班（小班就是大三的学生，没选班干部之前暂时代理班长的学长） •辅导员 •班主任 •老邻居 •同伴 •班级同学
		认识但不够了解的人	•别的宿舍的女同学 •科协部长 •校青协组织
		陌生人	•一个女生 •指路的几个哥哥姐姐 •一个学姐 •陌生叔叔和男生 •老奶奶 •不认识的同学 •老大爷
	友善内容	涉及财物	•问了我耳机的特征，就把耳机还给我了 •上公交车没戴口罩，老奶奶给了我一个 •学校交学费，父母不在家，邻居借钱给我
		具体事件实质性帮助	•开学第一天，我来得特别晚，一个学姐帮我抬行李，还骑电动车带我去超市，帮我弄被子，还带我去吃饭 •帮忙搬家 •在我小时候，我妈生妹妹的时候，邻居就帮忙将其送到医院 •部长有考试，耽误了两节课 •下雪天骑车滑倒，路过的老大爷来帮忙 •替同学跑步 •同学身体有残疾，同班同学轮流帮他推轮椅（看到的新闻） •骑车摔倒了，陌生人送我去医院 •高中时我突发心脏病昏迷的时候，我们班同学把我抬出教室，送我去医院 •有女生被车撞倒，躺在地上，作为旁观者的我骑到最近的医院，跑进去叫来了一辆救护车
		善意与关心	•刚来的时候水土不服，脚特别肿，穿不进去鞋，小班基本每天都来看我，还有导员 •指路 •考试前想洗头发没有水，同学帮忙打水，安慰 •小旅馆修个棚子让人避雨 •帮助发小，让他发生了改变 •食堂出来撩门帘 •快递多，同学帮忙拖一下 •过生日送蛋糕 •奶奶来看望，有同学扶奶奶上楼

（续表）

核心登录	关联式登录		开放式登录
	友善回馈		•捡到我的蓝牙耳机并归还的女生，我请她吃饭了 •中秋节的时候我妈给我寄了吃的，我给小班和辅导员送去了一些 •有表达感谢 •给她们买吃的
	对不同人际关系间友善的看法	陌生人更感动	•我跟他没有任何关系，但是他十分愿意帮我，我就感觉对他更加感激 •分了我一个橘子吃诸如此类的，我都会觉得这人挺好的，但是如果是亲近的人的话，他给你就觉得也没有什么，相互之间都会这样做
		陌生人与熟人的差别	•对于陌生人的友善，我觉得是那种比较倾向于感性方面的 •血缘亲情之类的这种友善反倒倾向于一种义务，这种义务性质的，可能也会把它视作一种理所当然的事情，这带有一种清醒的互惠互利的性质

表 1-4　自己对他人友善的典型事件逐级编码

核心登录	关联式登录	开放式登录	
在回忆自己对他人友善的典型事件中，很多学生都表示没有或者想不起来，但是在后续聊其他事情时会回忆出具体事件，不少同学表示别人对自己的友善要记住，自己对他人的友善就不用放在心上了。在友善对象方面，主要包括陌生人和熟人，友善内容主要包括涉及财物的，如帮助贫困儿童，具体事件实质性的，如帮助和善意的关心。在友善回馈方面，少部分同学通过口头感谢和请吃饭的方式，大部分熟人之间，受访者认为无须表示感谢，表达感谢反倒显得生疏	对他人友善事件的看法	别人对自己好要记得，自己对他人的友善不用记住	•都是别人帮助你的，记得住啊，你帮助别人的就记不太清了
		没有（但后面谈具体事情时可以回忆出）	•我属于那种比较懒的，我几乎天天除了上课上自习，其余时间都在宿舍，没机会帮助别人 •没有，我想不起来了 •对这种事确实是不怎么留心，就是有时候帮助了别人也都想不起来了（细问，我经常帮舍友带饭） •那就太多了，当然也不一定是大事
	友善对象	熟人	•舍友 •学姐 •同班好朋友
		陌生人	•贫困儿童 •一对外国夫妇 •不认识的同学 •陌生男孩

（续表）

核心登录	关联式登录	开放式登录	
在回忆自己对他人友善的典型事件中，很多学生都表示没有或者想不起来，但是在后续聊其他事情时会回忆出具体事件，不少同学表示别人对自己的友善要记住，自己对他人的友善就不用放在心上了。在友善对象方面，主要包括陌生人和熟人，友善内容主要包括涉及财物的，如帮助贫困儿童，具体事件实质性的，如帮助和善意的关心。在友善回馈方面，少部分同学通过口头感谢和请吃饭的方式，大部分熟人之间，受访者认为无须表示感谢，表达感谢反倒显得生疏	友善内容	涉及财物	•我们社团自己组织，固定时间收水瓶，然后卖钱资助贫困的儿童 •捡了一张 ID 卡，在群里询问，找到失主，给送过去了 •买吃的 •微信植树 •流浪基地捐款
		具体事件实质性帮助	•我通宵帮他做一张图纸 •舍友要去主持，借给她裙子，给她梳辫子
		善意与关心	•我经常帮舍友带饭 •看他们好像是倒在路边，问是否需要帮助 •我们宿舍人都轮流给他带饭，我们宿舍另一个人有电动车，借给他让他上课的时候骑 •好友晕倒了，我将他送去医务室 •心理委员看谁情绪不好会主动聊天或者一起吃饭
	友善回馈	有	•有请我吃饭
		无	•没有，他也属于那种没关系的，我认为和我关系特别好的人，我从来不让他和我说谢谢，他一和我说谢谢我就跟他急，就觉得这样关系远了，没必要

表 1-5　对友善概念内涵与外延的认知逐级编码

核心登录	关联式登录	开放式登录	
	友善的内涵	关系融洽	•和别人关系融洽也是一种友善 •社会上的人相对融洽 •在人际关系里面做一个输出善意的人
		没有敌意	•只要他没有敌意都可以叫友善 •见面的时候寒暄一下
		帮助别人，充满善意	•我想友善肯定是帮助别人，对别人充满善意 •乐于助人 •友爱、善良，不管是陌生人还是熟人都可以往好的方向发展 •互相帮助，然后本来不应该是你做的事情，但做了之后对别人有帮助，让人很舒服 •对别人充满善意 •爱的外化

（续表）

核心登录	关联式登录		开放式登录
友善的内涵包括人际关系融洽、没有敌意，帮助别人，充满善意，不求回报。在友善外延方面，受访者均表示陌生人、半熟人之间适用友善，在熟人交往中是否适用友善存在一定的分歧；在舍友关系中，绝大多数受访者认为适用友善；在亲属家人关系中，多半受访者认为不适用友善，会显得生疏；在情侣关系中，半数受访者认为这种关系类似于家人关系，不适用友善，半数受访者认为适用。此外，有受访者提到平等、尊重是友善的重要组成部分，也有受访者提到友善的对象不仅包括人，还应包括动物等	友善的内涵	不求回报	·出自自己的善心，不求回报，做点善心善事 ·发自善心的帮助 ·对这一个人好，就是不要求回报的，我觉得就是友善
	友善的外延	原谅别人算不算友善	·原谅别人也算是友善，因为可以体现出一个人的心境 ·算是友善 ·这个应该算 ·特别容易原谅别人，或者心胸比较宽广，这种也算是友善
		舍友关系是否适用友善	·我觉得和关系特别好的人，就不需要刻意注意，自然而然地就会关心他，要是陌生人，就需要提醒自己，然后就有点客气意味在里面了。和陌生人之间需要友善，还有那种不熟的，或者是同班同学基本上不说话的，都需要友善，我觉得关系再好点就不需要了 ·算是友善啊，只要是帮助别人就算友善 ·当然可以
		情侣关系是否适用友善	·比较理想的男女关系的状态应该是那种（友善） ·这种不算 ·我没谈过恋爱，不好说 ·我也不知道这叫不叫友善 ·这个应该需要 ·不用友善，女朋友也算家人吧，所以也不能算友善 ·也算是亲人，不需要 ·男女朋友友善放在这儿不太合适 ·应该友善相处
		舍友间是否要表示感谢	·他说一句谢谢，我感觉这是对我的肯定 ·我觉得挺好的呀 ·感觉不用客气了就不用说，但他说了也不会伤害我 ·我感觉当面说谢谢我还不难受，但是如果在手机上面发消息，我就会觉得我们很疏远 ·关系越来越近了，说谢谢感觉太陌生了 ·觉得说谢谢就是一种礼貌 ·一般的朋友我们说谢谢，但是如果是特别好的话，说不说都没事，我感觉无所谓 ·有一些朋友就是他用说谢谢，有一些朋友就不用说 ·如果地位平等，可以

（续表）

核心登录	关联式登录	开放式登录
友善的外延	家人关系是否适用友善	•家人，最起码要做到尊重，我觉得尊重和友善不在一个层面。我也很疑惑，我觉得友善这个词它有点书面和官方。如果说你和你家人，和你爸爸妈妈友善，我感觉怪怪的 •家长和孩子比较平等民主的那种，就是友善、和气，就是指家长和孩子之间相处得好 •亲情之间，不算 •家人之间相处如果用友善，感觉有点疏远了 •不能用在家人之间，但是在外国人眼里就可以用在家人身上 •友善这个词是除了家人之外的人可以用 •除了亲人 •与父母相处需要友善，与兄弟姐妹相处也需要友善 •可以，因为我父母对我不友善，我得对他们友善 •不合适，因为家人地位不平等
	友善内涵中的其他要素	•尊重也算 •友善要地位平等 •己所不欲，勿施于人（包容）

（二）大学生眼中典型友善事件的特点

1. 友善的内容以具体事件的实质性帮助和善意的关心为主

大学生眼中典型友善事件的内容包括具体事件的实质性帮助、善意的关心和涉及财务三种类型，其中以具体事件的实质性帮助和善意的关心为主。

具体事件实质性帮助类型的友善，如受访者描述：

高中我突发心脏病昏迷的时候，我们班同学把我抬出教室，送我去医院。全班男生都去了。【FT14】

善意关心类型的友善，如受访者描述：

上了大学之后，我是我们班的心理委员。大学同学之间，其实很少会主动地聊感情，谁不开心了其实很少会跟别人说。有的时候，老师也会交代我们心理委员，要时刻关注班上同学们的心理状况，所以平常我也会注意大家的小情绪。比如，看他心情不好了，我就会叫他一起去吃个饭。在吃饭的时候，一边吃饭一边聊天，可能他自己也没有说他到底发生了什么事，但其实在聊天的过程中也可以看出来他的情绪已经转变了。【FT11】

涉及财务类型的友善，如受访者描述：

刚开学不久，我的蓝牙耳机丢了，刚开始都不准备要了。后来有一天，有一个女生给我打电话，开始我有点纳闷，还问我叫什么名字（因为我把丢的Airpods耳机挂在表白墙上了，这个耳机挺贵的），然后还问了我耳机的特征。我说外面是一个红色的奥迪的壳儿，又说了一些别的信息，她就把耳机还给我了。我觉得挺好的，要是一般人捡到的话，也不一定会还给我。【FT01】

2.友善的对象以陌生人和熟人为主

大学生眼中典型的友善事件对象可以分为熟人、认识但不熟悉的人（半熟人）、陌生人，其中以陌生人和熟人间的友善为主。访谈中提及的熟人包括班主任、辅导员、小班（大三的学生，没选班干部之前暂时代理班长的学长）、同班同学、同班好友、舍友、学姐、老邻居等，半熟人包括别的宿舍的女生、科协部长、校青协组织，陌生人包括（校园里的）同学、工作人员，（校外）公交车上的老奶奶，马路上的行人等。从中能够感受到大学生提及的典型友善事件与校园生活有高度的相关性。

3.别人对自己的友善事件印象深刻，自己对别人的友善事件回忆度不高

在访谈过程中，几乎所有受访者都很快地回忆出别人对自己的友善事件，但在回忆自己对别人的友善事件时，超过半数的受访者都表示不记得了，但是后续在访谈中提及具体事件，几乎所有的被访者都可以回忆出诸如帮助同学带饭、拿快递等友善事件。

4.陌生人带来的友善印象更深，更容易感动

在谈到不同人际关系的人带来的友善时，多数受访者都表示，陌生人带来的友善更加令人感动、更加印象深刻。

（三）大学生对友善概念核心内涵和外延的认知

1.友善的核心概念包括人际关系融洽、没有敌意、善意帮助、不求回报

大学生对友善概念内涵的认知主要包括人际关系融洽、没有敌意、善意帮助、不求回报四个方面，认为"在人际关系中输出善意""没有敌意""与别人相处融洽""不求回报""发自善心地帮助别人"就是友善，友善是一种"爱的外化"。

2.友善概念在不同人际关系中的适用存在争议

大学生对友善概念在不同人际关系中的适用存在一定争议，在陌生人语境、半熟人语境和没有血缘关系的熟人语境中，受访者几乎都认同友善具有普遍适用性，是一种调整并构建和谐人际关系的重要价值观；在有血缘关系的家人中，多数受访者都表示友善不适用，"觉得别扭""显得生疏"，也有个别受访者表示"可以适用，是比较理想的状态"；在没有血缘关系但极其亲密的恋人关系中，超过半数的受访者表示友善不适用，因为情侣关系类似"家人"，有少部分受访者表示友善适用。

3.原谅别人也属于友善

几乎所有的受访者都表示原谅别人的过错、宽容大度也属于友善，"因为可以体现出一个人的心境"。在大学生受访者给友善概念下定义的核心内涵上，原谅别人的过错，也属于"没有敌意""充满善意"和有利于"人际关系的融洽"。

4.友善概念存在的前提

大学生在对友善概念的解析上提出了一些自己的见解，如友善的前提是尊重、平等、包容（"己所不欲，勿施于人"），有受访者表示家人之间之所以不能使用友善，源自地位的不平等："我妈对我不友善，我对我妈倒是挺友善的。"

六、研究讨论

（一）他人对自己友善与自己对他人友善事件的差异

受访者在回忆他人对自己的友善事件与自己对他人的友善事件时，差异主要体现为友善对象以及回忆度。在友善对象上，前者包括熟人、半熟人和陌生人，后者只包括熟人和陌生人。出现差异的原因，一方面，受文化的影响，我们从小被教育"滴水之恩当涌泉相报"，别人对我们的恩情和友善需要牢记并报答。在访谈中我们也看到，超过半数的受访者表示别人对自己友善，回馈多以请吃饭、送吃的和表达感谢为主，这也是中国文化的体现；与此同时，我们又被教育"施恩莫望报"，当我们帮助别人、对别人表达善意时，不要期许回报。另一方面，也正如受访者所言，生活环境较为纯净，接触人员较为简单，日常生活中帮舍友带饭、帮陌生人撩门帘这种"小事"较为常见，而具体事件上的实质性帮助，要么是偶发事件，如交通意外，作为旁观者施与帮助时，对象几乎都为陌生人，要么是具体能够帮助到对方的事件，一般也只会发生在熟人之间，所以自己对他人友善的事件友善对象和回忆度相较别人对自己友善的事件有一定差异。

（二）友善的适用范围

受访者在友善适用范围上存在一定争议，主要集中于家人、情侣间是否适用友善。造成这种现象的原因：一方面，"友善"这个词是一种相对书面的表达，在日常口语中使用不是特别多；另一方面，很多受访者认为友善包含"尊重""礼仪"，而特别亲密甚至私密的关系中，"尊重""礼仪"有"生疏"之感，所以觉得友善在这类关系中并不适用。除此之外，受访者在友善的适用范围上，均将其限定为人际关系，没有谈及"人"之外的"物"，比如与动物之间的友善、与环境之间的友善等。

七、研究结论

大学生对于友善事件的熟悉程度较高，能够较快回忆起与自己相关的友善事件，这些典型的友善事件从友善对象上可以划分为熟人、半熟人和陌生人，其中以熟人和陌生人为主；从友善事件类型上可以划分为具体事件实质性帮助类型的友善、善意关心类型的友善、涉及财务类型的友善，其中以前两者为主。大学生对于他人对自己友善事件的回忆显著高于自己对他人友善事件的回忆，可能与受中国传统文化"滴水之恩涌泉相报"和"施恩莫望报"的影响有关。

大学生对于友善概念的认知上，认为友善的核心应包括对人充满善意、不求回报地帮助别人，以及人际关系相处融洽；在友善的外延上，认为原谅别人的过错也是一种友善；在友善的适用范围上，认为在陌生人、半熟人以及没有血缘关系的熟人间适用友善，而在有血缘关系的家人和恋人关系中，超过半数的受访者认为不太适用。有受访者表示友善概念应该天然地涵盖尊重、人际平等、包容等前提。

第二章　大学生友善价值观水平的实证研究

通过前文对大学生友善价值观内涵与特征的实证研究，我们对大学生眼中的友善观典型事件特征和友善概念认知有了较为全面的了解，而且大学生群体对于友善价值观的理解多受他们最熟悉的生活学习环境影响：现实环境为校园环境，尤其是以班级为单位的生活学习环境；虚拟环境则为网络环境，尤其体现在渗透于大学生生活方方面面的以自媒体为主要传播手段的网络环境。所以在本章中，在第一章的研究基础上，以问卷的方式大规模调查当前大学生对于友善价值观的认同现状如何，班级建设环境下大学生友善价值观状况如何，以及自媒体网络环境下大学生友善价值观状况如何。

第一节　大学生友善价值观认同现状调查 ①

对当代大学生友善价值观认同现状的调查，采用问卷调查的实证研究方法。问卷共 34 道题，包括认知认同、情感认同、行为认同和意志认同 4 个观测点。其中，7 个题目采用 NPS 计分。问卷采用不记名方式进行采集。

一、研究对象

本研究向河北省 ×× 大学、河北 ×× 大学、×× 医科大学、×× 师范学院、×× 职业技术学院、×× 医学院等 6 所大中专院校共 800 名在读大学生发放了调查问卷。被调查学生所学专业涉及文科类、理工类、经管类、师范类以及医学类等，其性别、专业所占比重均衡，以确保调查数据的全面性与

---

① 周志芳. 新时代大学生友善价值观认同研究 [D]. 秦皇岛：燕山大学，2023.

准确性。样本信息如表 2-1 所示。共发放不记名调查问卷 800 份，回收有效问卷 765 份，问卷回收率为 95.62%。经过筛选，最终有效问卷 726 份，有效率 90.75%。

表 2-1　研究被试基本情况

类别	样本基本属性	人数
性别	男	390
	女	336
是否为独生子女	是	214
	否	512
学历层次	专科	204
	本科	522
专业	理工农医类	188
	法政文史类	175
	艺术体育类	146
	财经管理类	139
	其他	78
政治面貌	中共党员（包括预备党员）	122
	共青团员	523
	群众	81
	民主党派	0
家乡所在地区	东部	362
	中部	238
	西部	126
生源地	农村	483
	城镇	243

二、研究结果

（一）大学生对友善价值观基本认知状况总体向好

"认知认同"，是个体对一定价值观在认知和理解的基础上形成的感性认同和理性认同的统一形式。大学生对友善价值观认知程度是评价大学生友善价值观认同效果的重要基础。调查结果显示，大学生对友善价值观认知基本较好。

在问题"您对社会主义核心价值观中的'友善'了解吗？"的问题中，选择"非常了解"的有 291 人，占比 40.08%；选择"比较了解"的有 331 人，占比 45.59%；选择"说不清"的有 92 人，占比 12.67%；选择"不了解"的有 12 人，占比 1.66%，如图 2-1 所示。回答"非常了解"和"比较了解"的总占比达到八成以上，说明大学生对社会主义核心价值观中的"友善"总体认知状况较好，这也反映出友善价值观被确定为社会主义核心价值观后的宣传教育工作做得较好。

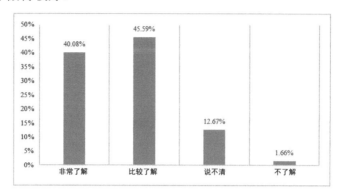

图 2-1　大学生对社会主义核心价值观中"友善"了解情况分布图

在问题"在您心中，您认为的友善是什么呢？"中，选择"与人为善、心怀善意、尊重他人、待人诚恳、孝敬父母、关心朋友、助人为乐、见义勇为、生态友善、关爱社会"等的词较为集中，占比都在 70% 以上，如图 2-2 所示。能够反映出新时代大学生对于友善价值观的含义理解较为丰富。

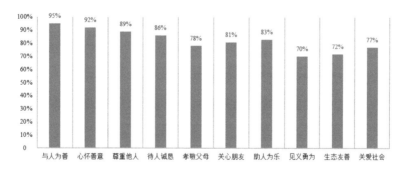

图 2-2　关于友善内容的选项分布图

（二）大学生对友善价值观的认同度较高

在全社会崇德向善、见贤思齐、德行天下的良好风尚的引领下，大学生群体普遍对友善价值观具有较高的认同度。

在题目"您是否认同友善是处理人际关系的基本准则，是公民的基本道德规范"中，大学生对友善价值观认同状况的主观评分均值是 8.74 分（NPS 记分，记分范围为 0～10 分，0 分为非常不认同，10 分为非常认同），中位数是 10 分，四分之一位数是 8 分，四分之三位数是 10 分，平均分为 8.74 分。

在题目"您认为大学生树立友善价值观重要吗？"中，大学生对友善价值观认同状况的主观评分均值是 9.34 分（NPS 记分，记分范围 0～10 分，0 分为非常不认同，10 分为非常认同），中位数是 10 分，四分之一位数是 9 分，四分之三位数是 10 分。

（三）大学生参与践行友善价值观的主动性较强

实践是认识的目的和归宿。《新时代公民道德建设实施纲要》中指出："坚持以社会主义核心价值观为引领，将国家、社会、个人层面的价值要求贯穿到道德建设各方面，以主流价值建构道德规范、强化道德认同、指引道德实践，引导人们明大德、守公德、严私德。"因此，大学生只有在日常的学习、生活中主动践行友善价值观才能起到示范引领作用。通过调查了解到大学生参与践行友善价值观的主动性较强。

在"您认为自己友善价值观践行状况如何？"问题中，选择践行状况优秀的有 432 人，占比 59.50%；良好的有 222 人，占比 30.58%；中等的有 64 人；占比 8.82%；合格的有 8 人，占比 1.10%。总的来看，优秀和良好的总占比达到了 90% 以上，可见在全社会大力弘扬宣传社会主义核心价值观的背景下，大学生主动参与践行友善价值观的意识较强。

在"当身边的人遇到困难需要帮助时，您会？"问题中，选择"在自己的能力范围之内，尽可能提供帮助"的有 486 人，占比 66.94%；选择"视情况而定，有选择地提供帮助"的有 228 人，占比 31.41%；选择"碍于情面而关心，但不会付诸行动"的有 12 人，占比 1.65%。总体而言，大学生心怀善意、愿意与人为善，形成良好的人际关系，同时也积极、主动地践行友善价值观。

在"如果您走在路上看到有人晕倒了，旁边有人围观，您会不会去帮忙？"问题中，选择"会，帮忙送医院"的有 598 人，占比 82.37%；选择"不会，随大流也围观"的有 128 人，占比 17.63%。多数大学生对友善是普遍接受并付诸实践的。

综上所述，新时代大学生友善价值观认同状况总体来说成效显著，这也说明在党和国家的高度重视下，通过学校、社会、家庭教育三方的合力，社会主义核心价值观的宣传工作扎实推进，新时代大学生的友善价值观水平明显提升。

（四）大学生友善价值观认同的差异性分析

由于政治面貌、学科专业、生源地域等差异，大学生对友善价值观的认同呈现出差异性、复杂性，表现出分化的特点。

1. 政治面貌差异性分析

（1）认知方面的差异性分析

在对社会主义核心价值观中"友善"的了解状况一题中，针对不同政治面貌人群进行分类分析。如图 2-3 所示，图中纵坐标为该政治面貌人员在当前选项中的占比。中共党员对社会主义核心价值观中的"友善"非常了解的占比将近 70%；共青团员中 45% 左右的人员对社会主义核心价值观中的"友善"非常了解；群众中 20% 左右的人员对社会主义核心价值观中的"友善"非常了解。可见，政治面貌的差异使得受访者在友善价值观在了解程度上存在差异。

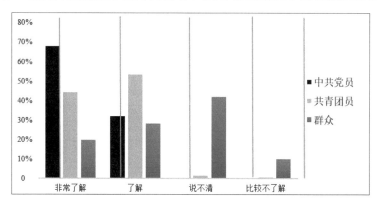

图 2-3　大学生对"友善"的认知在政治面貌变量上的差异

（2）行为认同方面的差异性分析

对"您是否认同自己是个乐于践行友善的人？"问题进行差异性分析。如图 2-4 所示，图中纵坐标为该政治面貌人员在当前选项中的占比。不同政治面貌人员选择不同选项的分布情况基本上一致，但完全认同和比较认同占比较大。

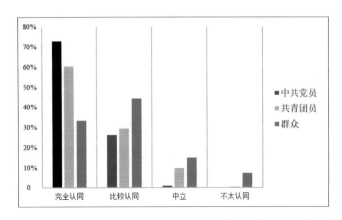

图 2-4　大学生对"友善"行为的认同在政治面貌变量上的差异

2. 学科专业差异性分析

（1）认知方面的差异性分析

在社会主义核心价值观中"友善"的了解状况一题中，针对不同学科人群进行分类分析。如图 2-5 所示，图中纵坐标为该学科人员在当前选项中的占比。法政文史类人员对社会主义核心价值观中的"友善"非常了解和了解的占比为 90% 以上；理工农医类和财经管理类人员相较于法政文史类人员在对"友善"的理解程度稍有差距；艺术体育类和其他类型人员相对于其他学科人员对于"友善"的了解相对较差。

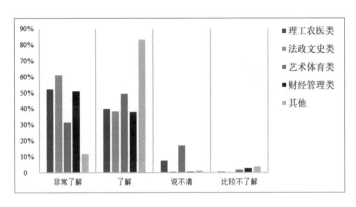

图 2-5　大学生对"友善"的认知在学科专业变量上的差异

（2）行为认同方面的差异性分析

对"您是否认同自己是个乐于践行友善的人？"问题进行差异性分析。如

图 2-6 所示，图中纵坐标为该学科人员在当前选项中的占比。不同学科人群选择不同选项的分布情况基本上一致，但完全认同和比较认同占比较大，差异性不显著。

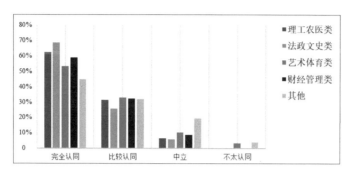

图 2-6　大学生对"友善"行为的认同在学科专业变量上的差异

3. 生源地域差异性分析

（1）认知方面的差异性分析

在对社会主义核心价值观中"友善"的了解状况一题中，针对不同生源地域人员进行分类分析。如图 2-7 所示，图中纵坐标为该生源地域人员在当前选项中的占比。生源地域为城市的人员对"友善"非常了解的比例高于生源地域为农村的人员。

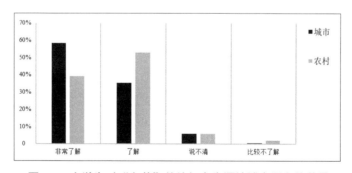

图 2-7　大学生对"友善"的认知在生源地域变量上的差异

（2）行为认同方面的差异性分析

对"您是否认同自己是个乐于践行友善的人？"问题进行差异性分析。如图 2-8 所示，图中纵坐标为该生源地域人员在当前选项中的占比。不同生源地域人员选择不同选项的分布情况基本上一致，但完全认同和比较认同占比较大，差异不显著。

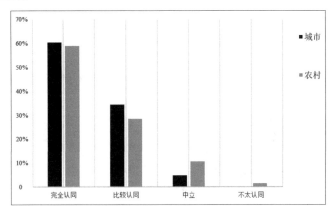

图2-8　大学生对"友善"行为的认同在生源地域变量上的差异

（五）大学生友善价值观在认知、情感、意志、行为的表现

1.认知认同较为浅表化

认同是一种情感趋向和价值趋同，是一种在充分认知基础上的价值选择。调查显示，新时代大学生对友善价值观的认知认同存在一定的问题，知道友善这个词，但是对于友善价值观的理论渊源不甚了解，属于"知其然，但不知其所以然"。如图2-9所示，约有一半的大学生是不清楚友善价值观的理论渊源的。

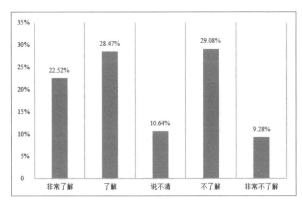

图2-9　大学生对友善价值观的理论渊源了解情况分布图

2.情感认同、意志认同较高

在"您觉得友善价值观对您个人生活有多大帮助"一题中，友善价值观情感认同状况主观评分均值是8.7分（NPS记分，记分范围0～10分，0分为非

常不认同，10 分为非常认同），中位数是 9 分，四分之一位数是 7 分，四分之三位数是 9 分。由此可见，大部分大学生认为了解和掌握友善价值观对自己的学习和生活具有指导作用，但仍有一部分大学生认为友善价值观对个人生活没有多大的帮助。

在"您是否认同我们应该友善地对待曾经犯过错的人"一题中，友善价值观情感认同状况主观评分均值是 7.64 分（NPS 记分，记分范围 0 为～10 分，0 分为非常不认同，10 分为非常认同），中位数是 8 分，四分之一位数是 6 分，四分之三位数是 9 分。大学生整体对此观点认同度较高。

在"朋友圈里出现的招募献爱心的信息，如'轻松筹'等，你是否会帮助与病魔抗争的陌生人？"一题中，选择"主动捐钱"的有 176 人，占比为 24.24%；选择"看情况选择捐不捐"的有 415 人，占比为 57.16%；选择"不去看"的有 122 人，占比 16.81%；选择"一律不捐"的有 13 人，占比 1.79%。总体而言，超过 80% 的大学生有捐款的意愿。

在"网络时代，人人都有麦克风，那您觉得友善在网络世界重要吗？"一题中，友善价值观意志认同状况主观评分均值是 9.41 分（NPS 记分，记分范围为 0～10 分，0 分为非常不认同，10 分为非常认同），中位数是 10 分，四分之一位数是 9 分，四分之三位数是 10 分。说明大学生整体对于此观点认同度很高。

3. 行为认同存在偏向化倾向

在"您的室友遇到困难了，您怎么办？"一题中，选择"毫不犹豫立刻帮忙"的有 389 人，占比 53.58%；选择"看交往程度，关系好帮忙，关系不好不帮忙"和"视情况而定，自己的利益不受影响会帮，自己的利益受损不帮"的分别有 186 人和 151 人，分别占比 25.62% 和 20.80%。虽然大学生对友善价值观有很高的认同度，但是部分大学生以关系亲疏、功利性作为是否帮助他人的判断依据，行为认同存在一定偏向化倾向。

在"您参加志愿服务的主要目的是什么？"一题中，选择"锻炼提高自己"的有 547 人，选择"让自己有更多的社会实践经历"的有 474 人，选择"以此为平台广交朋友"的有 365 人，选择"奉献爱心，共享快乐与幸福"的有 312 人，选择"综测加分"的有 280 人，选择"大学生应尽的社会责任"的有 225 人。如图 2-10 所示，可以看出绝大多数大学生参加志愿服务有奉献社会、帮助他人的主观意愿，但其中也不乏一些大学生带有功利性的目的。

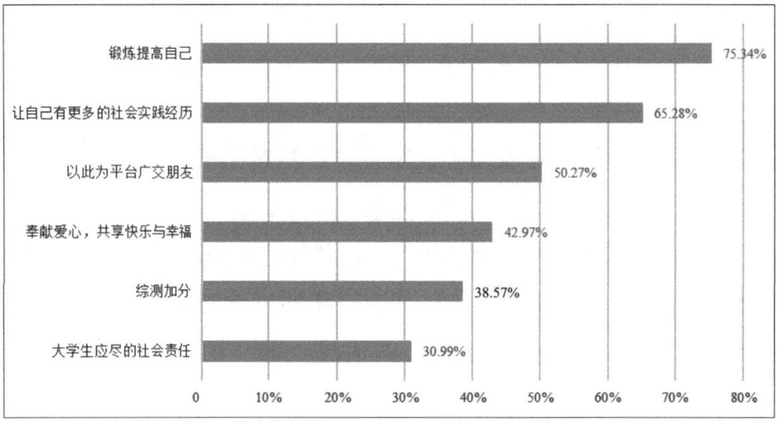

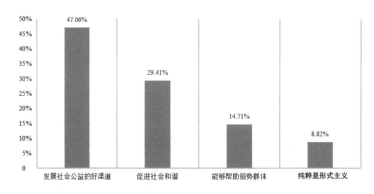

图 2-10　大学生"参加志愿服务的主要目的"的选择分布图

在"如何看待大学生志愿服务"一题中，如图 2-11 所示，超过 90% 的大学生认为大学生志愿服务是发展社会公益的好渠道，有利于促进社会和谐，能够帮助弱势群体，然而也有 8.82% 的大学生认为纯粹是形式主义，没有意义。

图 2-11　"如何看待大学生志愿服务"情况分布图

三、讨论

（一）大学生对于友善价值观的理解程度

大部分大学生对于友善价值观的内容都表示有较深刻的认知和理解，但在友善价值观理论来源方面，超过半数的大学生不知其理论渊源，处在"知其然，而不知其所以然"的状态。这种状态主要是由于社会主义核心价值观的宣传深入人心，大学生对于其认知普遍比较深刻，但这种宣传性的接触，使多数大学生只停留在感性层面上，对于其背后的理论渊源、学理逻辑并没有进行深入的思考和系统的学习。

（二）大学生在友善价值观践行上的特点

大学生在友善价值观的践行上总体表现较好，但也存在行为偏向化倾向和功利性色彩。造成这种现象的原因：一方面，这是人之常情，我们对跟我们关系密切的人伸出援助之手的可能性更大，帮助的程度也更深，而对于陌生人来说，虽然也会出于善意伸出友善之手，但是程度会低于熟人。另一方面，"诈捐""诈骗"等新闻报道常出现在各类媒体中，势必会对大学生向陌生人表达善意造成冲击，大学生不可避免地会考虑"会不会受骗"等。除此之外，从自己的角度出发，更多地考虑自己的利益，甚至在做公益事件时也多有功利性的考虑，也是少数大学生的生活学习现状。

四、研究结论

对近 800 名大学生的友善价值观认同水平的实证调查结果显示，总体而言大学生对友善价值观的基本认知情况较好，认同程度较高，参与践行友善观的主动性较强。政治面貌、学科专业、生源地域的差异，使得大学生对友善价值观的认知认同存在一定差异，但在行为认同上没有显著差别。大学生友善价值观在认知认同、情感认同、意志认同和行为认同上的具体表现为：认知认同虽高但较为浅表化，情感、意志认同较高，行为认同存在偏向化倾向，部分学生带有一定功利性目的。

第二节　班级语境下大学生友善价值观现状调查 [①]

大学生生活和学习的环境相对简单，在现实生活中对其影响最大的为校园环境，尤其是以班级为单位的校园环境。所以，在本节中主要考察班级语境下大学生友善价值观培育的现状。研究采用问卷调查方法，本问卷的观测点主要

---

① 赵爽.班级建设视域下大学生友善价值观培育研究 [D].秦皇岛：燕山大学，2020.

分为班级语境下大学生友善价值观现状和培育现状两个方面。其中，现状调查又分为意识与行为两个维度，培育现状调查从辅导员、班干部、班级制度、班级文化对大学生友善价值观培育产生的影响这四个角度分别展开。该问卷涉及了单选题、多选题和简答题三种题型，简答题为非必答题，其他两种题型则为必答题。为降低被测者的防备心理与敏感性、维护被测者的隐私，本问卷均采用不记名方式展开调查，且将个人基本信息调查置于问卷的最后一个部分，从而尽可能保证问卷的真实性和客观性。研究共发放问卷 750 份，其中线上 600 份，线下 150 份，回收后，剔除未作答、部分作答和规律作答的问卷后，有效问卷共计 714 份，有效回收率达到 95.20%。

一、调查对象选择

由于班级建设在全日制本科大学生中的作用最为显著，因此本书主要将在读的全日制本科大学生作为研究对象，不包括硕士生和博士生。为使调查数据更具有代表性和时效性，特此选择了 6 所不同类型的高校展开调查，这6 所高校涵盖师范类院校、综合类院校、理工类院校、一本高校、二本高校和专科院校。如表 2-2 所示，在有效问卷中，专科大学生占比 22.69%，本科大学生占比 77.31%。大一到大四的人数分布为 28.43%、19.05%、26.33%、26.19%。专业分为理工农医类、法政文史类、艺术体育类、财经管理类和其他，占比分别为 22.69%、23.95%、20.03%、22.13% 和 11.20%。其中男生占46.36%，女生占 53.64%。生源地域类别方面，城市生源占 38.38%，农村生源占 61.62%。独生子女方面，有 36.41% 的同学为独生子女，其他为非独生子女。除此之外，该问卷还进一步调查了样本所在班级的情况。首先，在被测对象中，有 26.89% 的大学生在班级中担任班干部。其次，班级人数多半为 30 人以下，有部分为 30～50 人之间，50 人以上的班级为极少数。最后，班级男女比例方面，选择"男生较多"的占 12.32%，选择"女生较多"的占38.94%，选择"一样多"的占 48.74%。对调查对象基本信息进行分析可以发现，年级、专业、性别这三项调查数据分布相对均衡，因此本次调查结果具备一定的客观性与有效性。

表 2-2　调查对象基本情况分析

类别	变量	人数	百分比
学历层次	专科	162	22.69%
	本科	552	77.31%
年级	大一	203	28.43%
	大二	136	19.05%
	大三	188	26.33%
	大四	187	26.19%
专业	理工农医类	162	22.69%
	法政文史类	171	23.95%
	艺术体育类	143	20.03%
	财经管理类	158	22.13%
	其他	80	11.20%
性别	男	331	46.36%
	女	383	53.64%
生源地域	城市	274	38.38%
	农村	440	61.62%
是否为独生子	是	260	36.41%
	否	454	63.59%
是否为班干部	是	192	26.89%
	否	522	73.11%
所在班级人数	30 人以下	400	56.02%
	30～50 人之间	289	40.48%
	50 人以上	25	3.50%
所在班级的男女比例	男生较多	348	48.74%
	女生较多	278	38.94%
	一样多	88	12.32%

二、研究结果

（一）大学生友善价值观的主流表现

通过问卷调查的统计与分析可以发现，大学生友善价值观的现状在很大程度上是积极乐观的，主要表现在以下几个方面。

1. 大学生能够正确认知友善

大学生友善价值观的主流表现之一是在班级建设的过程中，大学生能够正确认识、理解友善。如图 2-12 所示，当被问到"您认为以下哪些属于友善行为？"时，89.22% 的大学生选择了"主动为学习成绩差的同学辅导功课"，92.86% 的大学生选择了"主动调解缓和同学间的矛盾"，78.85% 的大学生选择了"当发现同学有缺点时，能主动提出并给予建议"。由此可见，针对友善价值观的理论体系和科学内涵，多数大学生可能不能够准确掌握，但若将大学生友善价值观泛化为班级建设过程中的具体做法时，绝大多数同学还是能够作出正确选择的，这就表明在大方向上，大学生能够做到对友善的正确认知，友善的认知现状还是比较令人欣慰的。

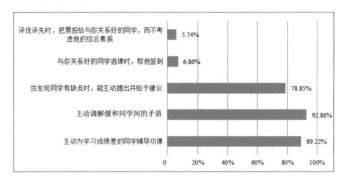

图 2-12　对友善行为的认知情况分布图

2. 大学生有践行友善的强烈意愿

大学生友善价值观的主流表现之二是大学生有践行友善的意愿。如图 2-13 所示，当被问到"当看到同学或舍友争吵，你的做法"时，85.43% 的同学选择了"予以劝解"，这就说明大多数同学看到班级内部的不友善现象时，能够主动进行干预，有通过自己的努力改善班级不友善氛围的意愿，这一题目的作答情况也说明当前大学生友善价值观的培育现状是比较可观的。

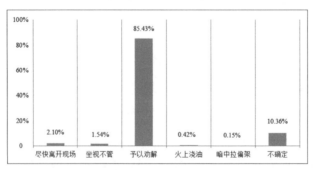

图 2-13　看到同学间争吵时行为选择分布图

（二）大学生总体友善氛围良好

大学生友善价值观的主流表现之三就是大学生的总体友善氛围是良好的。如图 2-14 所示，当被问到"您所在的班级中，师生之间是否能够互相尊重、见面问好"时，选择"几乎都能"和"大部分能"的大学生占到了 86.78%，而只有 2.94% 的大学生选择了"少数能"，1.2% 的大学生选择了"几乎都不能"。如图 2-15 所示，当被问到"您所在的班级中，同学之间是否能够和睦相处"时，47.06% 的大学生选择了"比较能"，37.25% 的大学生选择了"非常能"，作肯定回答的大学生也同样占据了一多半。由此可见，尽管高校班级内部不可避免地存在着小部分不友善的师生、生生关系，但总体上来说，班级的友善氛围是良好的，多数大学生都能够做到尊敬老师、与同学友善相处，这一现状也表明当前大学生友善价值观的培育已经取得了一定成效。

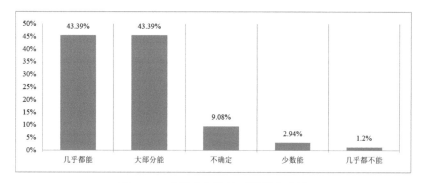

图 2-14　班级中师生关系情况分布图

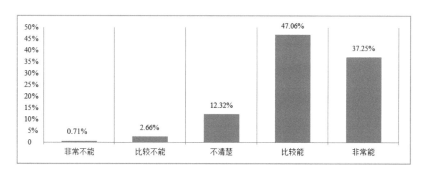

图 2-15　班级中生生关系情况分布图

（三）班级语境下大学生友善价值观及其培育存在的问题

通过上述分析可以发现，大学生友善价值观总体上呈现出良好向上的态势，这说明其培育已经产生了一定的效果，为大学生的成长进步带来了一定程度的积极影响。但是，在看到良好态势的同时也必须承认仍然存在一些亟待解决的问题。通过对问卷的统计分析发现，在班级建设的过程中，大学生友善价值观培育仍然有很多方面有待增强，其具体表现如下。

1. 对于友善的内涵认识不足

自党的十八大提出社会主义核心价值观以来，习近平总书记多次对此作出重要论述、提出明确要求，但是据调查显示，若将友善价值观泛化为班级建设过程中的具体做法，多数大学生能够作出正确选择，但对于友善价值观的科学内涵和具体内容，很多大学生表示并不十分了解。

如图 2-16 所示，当被问到"您对社会主义核心价值观中的'友善'的了解程度"时，只有 10.03% 的大学生选择了"非常了解"，27.74% 的大学生选择了"比较了解"，剩下 62.23% 的大学生则选择了"不好说""比较不了解"和"非常不了解"。这一题可以在很大程度上体现出对于友善价值观的科学内涵，很多大学生都只是一知半解甚至完全不了解，能做到非常了解的只占很小一部分。理论是实践的指南，大学生对友善价值观的理论体系了解不足、学习不到位，将会直接影响他们践行友善的热情和信念。由此可见，进一步加强大学生友善价值观的理论学习，组织引导大学生系统掌握友善价值观的知识体系，是十分有必要的。

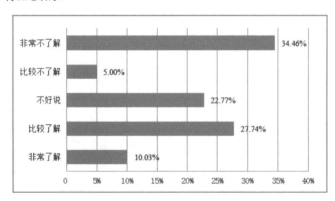

图 2-16 对于友善内涵的了解情况分布图

2. 践行友善的信念不够坚定

信念指引着行动的方向，信念提供着前行的动力。大学生只有树立崇高坚定的践行友善的信念，才能以顽强的毅力和不懈的努力去实现它。但是据问卷结果显示，班级建设过程中大学生践行友善的信念有时不够坚定，从而导致班级内部的不友善问题不能及时得到解决，甚至会使问题严重化。

如图 2-17 所示，当被问到"当您与同学发生矛盾时，您的处理方式是"时，只有 37.82% 的大学生选择了"自己主动寻求和解"，4.06% 的大学生选择了"寻求第三者帮助"这样折中的方式，2.1% 的大学生选择"等待对方来主动和解"这样比较被动的方式，53.22% 的大学生都选择了"视情况而定"，甚至还有 2.8% 的大学生选择"冷战""报复"等不友善的方式来解决。由此可以看出，当自己与其他同学之间产生矛盾冲突时，有一多半大学生都处于摇摆不定的状态，他们无法确定自己是否能够主动化矛盾为友善，甚至有个别大学生运用更加不友善的方式来对待此问题，这就反映出班级建设过程中，很多大学生对于自己践行"友善"的信心不足，信念不够坚定，意识有待增强。

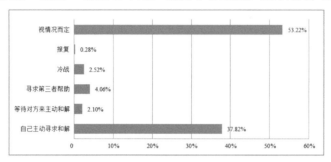

图 2-17　与同学产生矛盾时的处理方式分布图

3. 辅导员的友善培育工作有待加强

辅导员是班级建设的领导者和带头人，辅导员对大学生的友善培育工作开展得是否到位、重视程度如何，将会直接影响大学生的友善水平以及班级整体的友善氛围。但是据调查结果显示，很多辅导员对大学生友善价值观培育这项工作的指导尚显不足。

如图 2-18 所示，当被问到"您所在的班级中，辅导员是否会经常称赞乐于助人的同学"时，只有 55.33% 的大学生选择了"是"，11.76% 的大学生选择了"否"，剩下 32.91% 的大学生则选择了"不清楚"。由此可知，在班级建设的过程中，部分辅导员没有有意识地去表扬乐善好施的大学生，还有些辅导员工作做得不够明显，导致很多大学生并不清楚辅导员是否做过此项工作，也无法通过这种方式感受友善榜样的力量。辅导员对大学生的友善培育工作仍然有待加强。

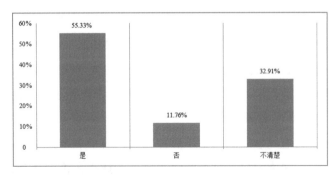

图 2-18　辅导员友善培育工作开展情况分布图

4. 班干部的友善水平有待提高

班干部是班集体的核心和骨干，由于高校班级建设更加强调自觉自主，班干部的引领作用就显得尤为重要。班干部的友善水平往往影响着整个班级的和谐程度与友善氛围，但是据调查显示，班干部整体的友善水平有待提高，在友善价值观方面的示范作用有待加强。

如图 2-19 所示，当被问到"您所在的班级中，班干部是否能够做到主动帮助同学"时，回答"全都能"的大学生只占到了 32.77%，48.46% 的大学生选择了"部分能"，5.04% 的大学生选择了"少数能"，甚至还有 1.41% 的大学生选择了"全都不能"，有 12.32% 的大学生选择了"不确定"。由此可见，当前班干部的友善水平并不是很理想，很多班干部主动践行友善的效果不佳，没有起到示范带头作用。

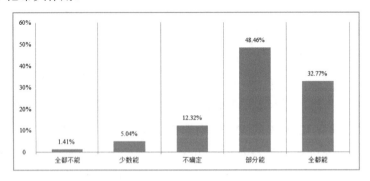

图 2-19　班干部友善行为情况分布图

5. 班级的友善制度有待完善

班级建设视域下大学生友善价值观培育不仅需要班级文化的熏陶，还需要制度的约束，只有刚柔并济，才能保证大学生友善价值观培育这项工作能够持续开展，取得成效。但是根据调查结果得知，班级建设视域下大学生友善价值观的培育缺少明确的制度保障，多数班级还未将友善价值观纳入班级制度体系当中。

如图 2-20 所示，当被问到"在班级内部进行思想品德互评的过程中，大家是否能够将个人的友善言行纳入评价标准"时，只有 25.63% 的大学生选择了"全都能"，44.26% 的大学生选择了"部分能"，3.92% 的大学生选择了"少数能"，甚至还有 1.4% 的大学生选择了"全都不能"，剩下则有 24.79% 的大学生选择了"不确定"。基于此项调查不难发现，部分班级没有形成完备的友善价值观制度体系，有些大学生在遵守制度、运用制度进行班级建设时也没有将友善价值观作为重要的考虑因素，从而影响了班级整体的友善价值观培育效果。

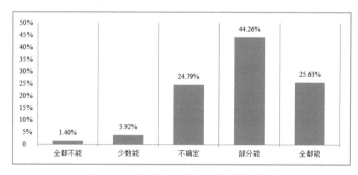

图 2-20　班级内友善制度情况分布图

6. 班级友善活动的开展数量有待增加

班级友善活动可以充分调动起班级整体的友善氛围，增进班级成员彼此间的感情。它能够让大学生在实践中加深对友善价值观的认同，提高大学生的友善水平和践行友善的能力。但是通过调查发现，多数班级尚未意识到开展友善活动的重要性，一学期内友善活动开展的次数有待增加，整体上来说，不能够满足大学生友善价值观的培育需求。

如图 2-21 所示，当被问到"您所在班级一学期内公益活动（如义卖、义工、义讲、捐款捐物等）的开展次数"时，58.57% 的大学生都选择了"0 次"，22.86% 的大学生选择了"1 次"，10% 的大学生选择了"2 次"，只有 8.57% 的大学生选择了"3 次及以上"。该题的回答情况可以充分表明班级内友善活动的开展是十分少的，超过半数的班级甚至一学期都没有开展过公益活动，这就使得班级内友善氛围不能被充分地调动起来，大学生们头脑中的友善理论无法在实践中得到验证，其践行友善的能力也无法得到锻炼和提升。

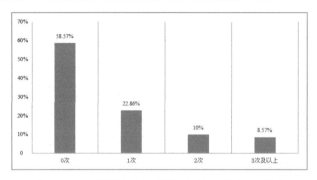

图 2-21   一学期内班级公益活动开展次数分布图

三、讨论

通过上述对问卷的分析不难发现，班级语境下大学生友善价值观培育现状的主流趋势是令人欣慰的，多数大学生能够正确分辨友善与否，并具有强烈的践行友善的意愿，高校整体友善氛围也保持良好。但是，我们在看到良好态势的同时也不能忽视存在的问题，问卷结果也同样反映出该项工作有很多有待提高和完善的方面，原因如下。

（一）辅导员对友善培育工作的重视不足

辅导员是高校班级建设的组织者和引导者，辅导员只有充分认识到自己在大学生友善价值观培育工作中所处的关键位置，主动承担起大学生友善价值观培育的责任，才能推动大学生友善价值观培育的良性发展。但是，当前很多辅导员对于此项工作并没有引起足够的重视。首先，部分辅导员自身的友善修养有待提升，有些辅导员一味地追求职级晋升，只注重做表面工作，却没有脚踏实地地提升自身的思想觉悟和友善价值观理论水平，在日常生活中，辅导员本身都没有积极践行友善，在学生心中没有树立起一个良好的友善榜样，这是造成大学生对友善价值观内涵不解、曲解的重要原因。其次，辅导员没有重视大学生友善价值观的培育。目前很多辅导员还片面地将大学生的学业成绩作为主要的评价标准，走进了重理论知识教育轻品格培养的误区。在这样的错误导向下，大学生将大部分时间精力放在了学术科研上，忽视了友善价值观的培养和锻炼，对友善品质也展现出不以为然的态度，从而导致了一些大学生片面、畸形发展。最后，辅导员缺少与大学生的接触和互动。大学开放、自由的培育方式决定了大学生有更多的时间可以自由支配，不受监督。但是有些辅导员甚至对于自己的学生完全不闻不问，任由其发展。由于缺少与学生的交流，不能及时了解他们的成长状况，使得学生的友善行为得不到辅导员的及时关注和肯定，长此以往，学生就会丧失信心，降低对友善价值观的肯定程度；学生的不友善行为也得不到辅导员的及时干预和纠正，时间久了就会脱离正常的发展轨道，待发现之时已经酿成大错，难以弥补。这样的错误工作方式导致很多大学生友善水平低下，遇到人际纠纷时斤斤计较、锱铢必较，甚至走上违法犯罪的道路。

（二）班级内不同学生特点造成的多重影响

大学生个性显著，爱好广泛，思维活跃，独一无二的学生个体往往造成了班级内大学生友善水平参差不齐。从角色定位来说，班级内部每一个同学都承担着不同的任务，班干部作为整个班级的核心力量，在友善价值观践行方面本应该成为其他同学的标榜，这样才能带动起全班的友善氛围。但是有些班干部自身的友善水平较低，甚至为了一己之私利用职务之便不惜损害他人之利，为整个班级带来了极大的负面影响。普通学生个体是班级建设的主体，也是大学生友善价值观培育的主体，处在同一个集体当中，他们相互间形成了长期影响。由于个别大学生的不友善思想与行为，造成了周围一些意志薄弱的大学生效仿，而这种消极的模仿无疑成了大学生友善价值观培育的阻碍。从群体特点方面来说，新时代大学生中的独生子女数量不容小觑，问卷调查显示，在被调查的714名对象中，独生子女比例占到了36.41%。独生子女往往容易形成自我意识强、依赖性强等个性特点，受其影响，在践行友善方面，有些独生子女会逐渐暴露出集体荣誉感淡薄、缺乏换位思考意识等问题，这也成为班级建设视域下大学生友善价值观问题产生的原因之一。从成长背景来说，一个班级的学生往往来自五湖四海，同学间不可避免地存在一定的经济差异和文化差异，这一现实状况也极大地影响着大学生友善价值观的培育和形成。例如，一些来自困难家庭的大学生，受家庭成长环境的影响往往自卑、孤僻，这无疑会成为大学生友善价值观培育的极大不稳定因素；还有一些少数民族的大学生，由于风俗文化、宗教信仰的不同，与汉族大学生在生活习惯、思想观念等方面均存在差异，日常摩擦积累起来不免造成矛盾，从而加剧了不友善现象的出现。

（三）不合理的班级制度形成的阻碍

制度是规范个体行为的标准，制度具有强制性，科学的制度体系能够有效地促进个体优秀品质的形成。但是当前很多高校班级还未将友善价值观纳入班级制度体系，导致大学生友善价值观培育无法正规化、标准化发展。首先，很多班级没有制定相应的友善价值观培育制度。根据调查结果显示，很多高校班级友善主题班会和友善主题活动在一学期内的开展记录为 0，其原因就在于在制定班规、策划活动时根本没有将友善价值观纳入考虑范畴。由于没有制度的保障，加上学生的自觉性、积极性不高，在班级建设的过程中大学生的友善价值观难以得到锻炼，所学的友善价值观理论也就无法与实际相结合，造成了友善价值观培育得不到切实有效的发展。其次，班级内部的友善奖惩制度也有待完善，合理的奖惩制度往往能够强化个体的正向行为。假若大学生的善义举得不到任何肯定、鼓励和嘉奖，长此以往，他们难免会热情减退、丧失信心，对友善价值观的肯定程度也会大打折扣。反之，如果大学生不善失德的行为没有得到及时的惩罚和纠正，也会逐渐产生侥幸心理，久而久之就会形成袖手旁观、损人利己等不良的行为。这一点也是造成当前大学生友善价值观缺失的关键因素。最后，班级内现行的友善价值观培育制度实效性不强。如图 2-22 所示，当被问到"您对所在班级开展的友善宣传活动的看法"时，14.57% 的大学生选择了"形式古板，有一定教育意义"，11.20% 的大学生选择了"流于形式，无实际意义"，由此可见，尽管制定了友善价值观培育制度、策划了相关活动，其合理性、实效性却仍有待加强。一些友善相关制度仍然受传统思想的束缚，造成友善相关活动在模式上一成不变，在内容上古板乏味，无法满足大学生的实际需求，而只是为了完成学校制定的任务，甚至不能保证相关政策的有效落实，这样的制度必然无法产生理想的效果，无法为大学生友善价值观的培育

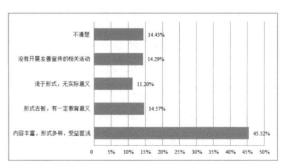

图 2-22　对班级友善宣传活动的看法分布图

带来积极的影响。

（四）班级内功利主义倾向的负面影响

功利主义源自不成熟的市场经济和公共领域的大环境。班级处在社会这一大环境中，具有鲜明的社会属性，高校班级内部存在的各类评比选拔机制，同样易引发大学生的功利心理，阻碍了大学生友善价值观的培育与发展。一方面，大学生的功利主义倾向会引发班级内部的恶意竞争。在个人利益的驱使下，有些大学生一味追求荣誉名次，采用不正当手段进行恶意竞争，为了一己之私，他们甚至不惜损害他人的利益，长此以往，这些大学生忽视了诚信、平等、善良等做人的基本准则，思想行为都带有强烈的目的性和功利性。大学生间的钩心斗角、恶意竞争使得他们丧失了最初的情怀和信仰，最初追求善良的本心逐渐被利益所蒙蔽，友善意识日渐弱化。另一方面，功利主义倾向也会产生偏激、畸形的班级氛围。班集体本该是大学生互帮互助、互相学习的主阵地，但是在功利主义的误导下，同班同学之间开始斤斤计较、虚情假意，为了实现利益最大化、扩大自己的影响范围，个别大学生甚至拉帮结派，对老师阿谀奉承。班级内部广泛充斥着虚假、刻薄的言论，生生关系日渐淡漠，有些秉持公正、善良的同学甚至成了班级内被孤立的对象。由于班级氛围对人的作用具有渗透性和隐蔽性，在急功近利的风气熏陶下，每一位处在该环境中的大学生都会受到不同程度的影响，友善价值观日益淡化，功利主义逐渐上升为班级内部的主流意识，友善和谐的班级氛围就越来越难以形成。

四、研究结论

在班级建设语境下，大学生能够较好地认知友善价值观，具有较强的践行友善价值观的意愿，班级总体友善氛围良好，但也存在友善内涵认识不全面、践行友善价值观信念不够坚定、辅导员的友善培育工作有待加强、班干部的友善水平有待提高、班级的友善制度有待完善、班级友善活动的开展数量有待增加等问题。

第三节　自媒体环境下大学生友善价值观现状调查 [①]

对于当代大学生而言，其思想除了受每天学习生活的校园环境影响外，也深受网络环境尤其是自媒体的影响。在本节中主要考察自媒体环境下大学生友善价值观培育的现状。研究采用问卷调查方法，观测点主要为大学生自媒体的使用现状和自媒体环境下大学生友善观认知与践行两个方面（问卷见附录3）。

一、研究对象

本次问卷调查采用线上和线下两种方式，调查对象主要为大学生。为使数据更具科学性和代表性，本次研究的调查范围兼具文科类院校、理工类院校、综合类院校，共收集493份有效数据，其中：男生249人，女生244人；高职样本数量为141人，本科221人，研究生131人；中共党员122人，共青团员322人，群众49人。

二、研究结果

（一）自媒体使用情况

自媒体在大学生群体中的使用情况集中体现出自媒体对于大学生的影响程度。因此问卷中设置了相关问题，以期能够全面直观地分析自媒体在大学生群体中的普及度、使用目的、使用时长和较为流行的 App 类型。

在问及"您是否有自己的自媒体账号"时，如图 2-23 所示，82.76% 的大学生选择"有"，17.24% 的大学生选择了"没有"。由此我们可以看出，自媒体在大学生群体中的普及率很高，有超过八成的大学生创设了自我表达与自我展示的自媒体窗口。

选项	小计	比例
有	408	82.76%
没有	85	17.24%
本题有效填写人次	493	

图 2-23　大学生自媒体账户创设情况

[①] 冷雅琳. 自媒体环境下大学生友善观的培育研究 [D]. 秦皇岛：燕山大学，2021.

在"在自媒体平台中花费的时间"一题中，如图 2-24 所示，有 170 人选择"小于 2 小时"，241 人选择了"2～4 小时"，60 人选择"4～6 小时"，22 人选择"6 小时以上"。由此可以看出，大学生在自媒体环境中花费的时间较长，结合上一题的高度普及率，可以认为在此基础上展开对自媒体环境下大学生友善观的知行状况调查具有重要的意义。

选项	小计	比例
小于 2 小时	170	34.48%
2~4 小时	241	48.89%
4~6 小时	60	12.17%
6 小时以上	22	4.46%
本题有效填写人次	493	

图 2-24　大学生自媒体使用时长情况

在"关于自媒体的作用"一题中，如图 2-25 所示，位列前三的选项为"娱乐打发时间""社交需要""了解社会热点"，占比分别为 67.75%、54.16% 和 51.52%。另外，"工作需要"和"交友聊天"的占比较少，分别为 36.11% 和 35.09%。

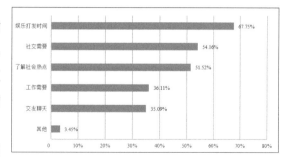

图 2-25　大学生自媒体使用目的情况

在自媒体平台中关注的内容方面，如图 2-26 所示，位列前两位的选项分别为"时政热点"和"娱乐八卦"，选择的人数分别为 326 和 300，占比为 66.10% 和 60.85%。由此可知，虽然当下自媒体在大学生群体中影响广泛，但相对于知识技能和文化素质水平的提升，大学生的关注点更多地集中在闲暇时间的娱乐和社会热点的被动传播上。

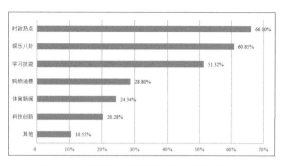

图 2-26　大学生自媒体平台中关注的内容

（二）自媒体平台的影响力状况

1. 大学生对本校开通自媒体账号的满意度

在大学生对高校所开通的自媒体账号满意程度问题中，如图 2-27 所示，答案具有较大差异：有 85 人选择"非常满意"，占比 17.24%；有 195 人选择"比较满意"，占比 39.55%；182 人选择"一般"，占比 36.92%。

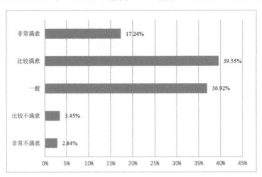

图 2-27　大学生对所在高校开通的自媒体账号满意程度

2. 大学生对权威自媒体账号的关注度与满意度

在对于权威自媒体账号的关注度方面，如图 2-28 所示，有约 3/4 的人选择了"非常关注"和"比较关注"，另外有不到 1/4 的人选择"无所谓""比较不关注"或"非常不关注"。在大学生关注的主流自媒体账号中，如图 2-29 所示，排名前三位的分别是"人民网""新华网""学习强国"，占比分别为 66.53%、50.17%、49.70%。

在对主流媒体所传播信息的认同度上，如图 2-30 所示：73 位大学生选择了"完全认同"，占比

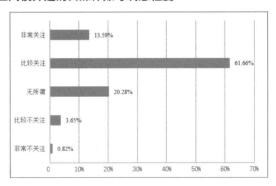

图 2-28　大学生对于权威自媒体账号的关注度

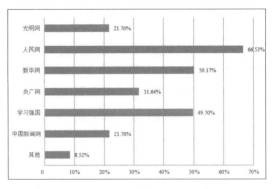

图 2-29　大学生关注的权威自媒体账号分布

为 14.81% ; 321 位学生选择了"比较认同",占比为 65.11% ; 82 位大学生选择了"无所谓",占比为 16.63%。数据显示,八成的大学生"完全认同"或"比较认同"主流媒体所传递的价值观。

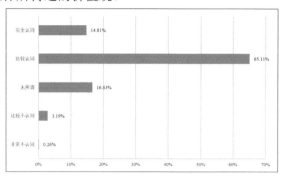

图 2-30　大学生对主流媒体所传播信息的认同度

(三) 自媒体环境下大学生的友善价值观认知状况

在被问及"您如何理解友善"时,如图 2-31 所示,338 人选择了"与人为善",312 人选择"心怀善意",347 人选择了"尊重他人",占比均在六成以上。有 141 人选择了"关爱社会",有 96 人选择了"尊重生态",有 94 人选择了"谦虚礼貌",而选择"无私奉献"的人最少,只有 12 人。

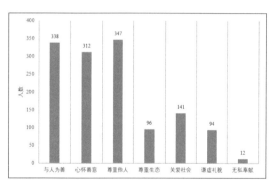

图 2-31　大学生对于友善的认知状况情况

在被问到"您平时在哪些渠道了解到友善典型人物或事例"时,如图 2-32所示,有 403 人选择"自媒体平台",299 人选择"电视",157 人选择"课堂",191 人选择"书籍",124 人选择"报刊",119 人选择"听人讲述",另外还有75 人选择"广播",49 人选择"社区宣传栏"。由此可以看出,在大学生社会主义核心价值观培育渠道中,社区宣传栏、广播在大学生群体中的影响力相对较弱;而电视或自媒体平台相较于课堂、书籍和报刊等传统渠道来说,发挥着主要作用,尤其是自媒体平台,在大学生接触友善典型和榜样人物的渠道中占八成以上。

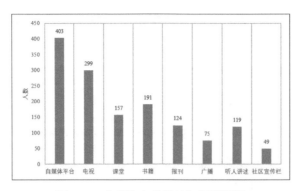

图 2-32 大学生友善的认知渠道情况

（四）自媒体环境对大学生友善价值观塑造的影响

在已回收的 493 份有效问卷中，如图 2-33 所示，有四成人认为自媒体让大学生"变得更加亲和善良"，有两成人认为自媒体让当代大学生"变得自私封闭冷漠"，还有四成左右的人认为自媒体对大学生"没什么影响"。

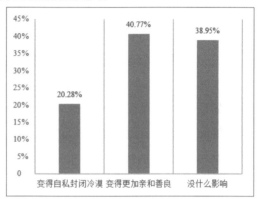

图 2-33 自媒体对大学生的影响情况

在问题"您认为自媒体对您友善价值观塑造的影响程度"时，如图 2-34 所示，9.13% 的大学生认为影响很深，48.48% 的大学生认为"比较有影响"，34.08% 的大学生认为"有一点儿影响"，8.31% 的大学生认为"没有影响"。可见，绝大多数大学生认为，自媒体在对大学生友善价值观的塑造方面具有较大的影响。

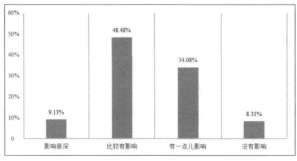

图 2-34 自媒体对大学生的影响情况

被问及"当您在自媒体环境中遇到友善的行为您会怎样做"时，如图 2-35 所示，有396 人选择了"点赞"，有 179人选择了"转发"，有 188 人选择了"评论"，另外有 78 人选择了在"私人社交软件发表看法"，有 41 人选择了"什么也不做"。

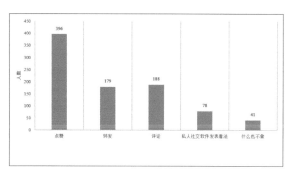

图 2-35　大学生遇到友善现象时的反应情况

在被问及"您在自媒体平台中参与过哪些体现友善的行为和事件"时，如图 2-36 所示，有 344 人表示参与过网络众筹，有 358 人参与过"支付宝植树"活动，有 283 人参与

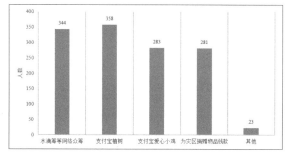

图 2-36　自媒体环境下大学生友善践行情况

过"支付宝的爱心小鸡"活动，有 281 人参与过"为灾区捐赠物品钱款"。

在调查中，大学生在自媒体环境下遇到的不友善现象，如图 2-37 所示，排名前三位的主要是虚假谣言（377）、网络掐架（314）、人肉搜索（294）。

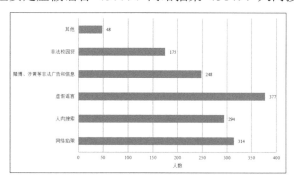

图 2-37　自媒体环境下大学生遇到过的不友善现象

在自媒体环境中如果遇到不友善的现象，大学生的做法如图 2-38 所示，253 人选择了"举报"，221 人选择了"投诉"，199 人选择了"客观评价理性谴责"，151 人选择了"生气但不发表评价"，而选择"置之不理"在网上"叫

骂""在网上晒对方信息"和"其他"等选项的大学生相对较少。

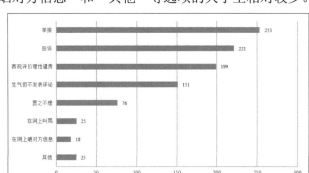

图2-38 自媒体环境下大学生对不友善现象的反应

三、讨论

（一）大学生使用自媒体所关注的内容

大学生在使用自媒体时有着明确的目标导向，除了"娱乐打发时间"和"社交需要"外，能够更好地利用其满足"了解社会热点"的需求。而在自媒体对大学生友善价值观的影响上，四成大学生认为有正向影响，而两成大学生认为有负向影响。实际上，自媒体已经成为大学生日常生活中的一部分，正在发挥着双刃剑的作用，如何提高自媒体对于大学生的正向影响，削弱负向影响，除了在"时政"传统的主流板块继续发力外，还应该加强对大学生非常感兴趣的"娱乐"板块的关注，让其发挥弘扬社会主义核心价值观的重要作用，而不是成为传播低俗、错误价值观的"温床"。

（二）自媒体所带来的挑战

一方面，从调查数据中可以看到，自媒体对于友善价值观的培育带来了方式多样化、时间自由化的可能性，其已经对大部分大学生产生了一定的积极作用，但另一方面，自媒体的迅速发展也对友善价值观的培育带来了巨大的挑战。

1. 冲击思想政治理论课教师权威

自媒体冲击思想政治理论课教师权威，在某种程度上削弱了教育者的话语权。在传统教学环境下，大学生是被动受教育者，思想政治理论课教师以其深厚的专业素养和教育经验在以单向授课为主的教育教学过程中占据着主导地位。教师的专业权威使得其对于教育内容可以按照一定的准则和个人理解进行合理的筛选和优化，保证友善观的教育内容传递正确的价值观，符合正确的政治方向。同时，大学生接受友善教育时的障碍较少，对思想政治理论课教师的认同度较高。然而在自媒体环境下，"人人都是信息中心"的状况畅通了友善观念表达的渠道，但发声主体复杂多元，繁杂的网络信息弱化了友善观的教育成果。

另外，自媒体强化了大学生的主体意识，淡化了传统"意见领袖"的影响力。在自媒体环境下，大学生获得信息的渠道变得多元。信息传播的主体与客体相互作用，个体从以自我为中心的状态中解脱出来。大学生脱离现实境遇中地位、身份、学识等因素的限制，便捷的操作方式与海量的碎片化信息解放了大学生群体活跃的表达欲望，主动性和积极性被极大程度地调动了起来，大学生主体意识明显增强。在自媒体环境下主客体的交互过程中，大学生群体也拥有了成为信息传播的主导方的机会和权利。在这种情况下，自媒体广泛应用的新模式使得大学生群体自我意识、权利观念不断更新，传统友善观教育所展现出的不对称性逐渐被淡化。

2. 自媒体淡化友善观的价值导向

自媒体的广阔平台为平凡世界中的每个普通人都提供了发声与展示的舞台，然而也正是由于自媒体平台中各类信息的快捷性和易得性，在一定程度上弱化了友善价值观的价值导向。金钱崇拜、功利主义等负面效应随着市场经济的发展、科学及技术的进步转嫁到自媒体环境当中。种种社会乱象由经济领域渗透到道德领域，在一定程度上背离了马克思主义关于人自由而全面的发展思想，使部分大学生狭隘地将金钱、地位和物质作为衡量人生价值的重要标准，逐渐放弃对于精神世界的富足和友善价值观的追求。同时，大学生心智发展尚不成熟，缺乏一定的判断力，处于人生中最为活跃阶段的他们更加容易受到西方资本主义价值观的影响。境内外某些不法分子，利用自媒体的监管漏洞，随意发布不和谐言论，恶意拼接、剪贴不实信息，大学生遇到此类信息时难以分辨和判断，给友善观的教育和宣传带来了一定的风险。

加之，泛娱乐化、消费主义至上等文化倾向使得大学生在自媒体环境下更容易被时尚、游戏、明星等碎片化、具有及时愉悦感的事物所吸引。例如，"抖音"App在大学生中普及率极高，但传播内容却参差不齐，部分内容空洞、毫无意义，以戏谑搞怪甚至粗鄙的方式抓人眼球，吸引流量。在这种环境下，微博、微信公众号、头条等成为各路明星、网红牟取私利、炒作私生活的集散地，泛娱乐化词条频上热搜，热度居高不下却毫无营养。相比之下，友善价值观在信息井喷式爆炸的自媒体环境下"流量"式微。

3. 自媒体挑战大学生友善认知

自媒体的诞生使得信息的攫取、获得与传播不再局限于传统报刊、新闻、杂志，而是为每个独一无二的个体都提供了多样的展示平台。自媒体在一定程度上可以被看作互联网和传统媒体结合的一种升级和延伸。在自媒体环境下，信息的传播不再是单向地由权威方到被接收方，而是在网状的、非线性的互动中实现沟通和发展。自媒体环境下的每个个体，都有权利在法律法规的规范下自由创作文本、音频、视频；都有权利借助自媒体高频率、快速度的互动方式进行全方位的交流，例如，在抖音中可以双击屏幕秒赞，在微博中点击对话框即可向陌生人甚至明星、政府窗口发送私信，公众号文章一键转发……信息传播方式的改变在一定程度影响着人们思维结构的变化，当然也不可避免地影响了友善在大学生价值观中的认同度。五花八门的信息在自媒体环境传播的过程中，经过发布者、评论者、跟风者和运营者的造势和营销，极易干扰到大学生对于友善的价值认知。在自媒体环境下，点赞、转发和发表评论易如反掌，一部分大学生在粉丝经济和娱乐主义盛行的自媒体环境中迷失，极易出现极端言论和偏激心理，甚至为"人肉搜索""隔空骂架""造谣诽谤"等网络暴力行为推波助澜。

4. 自媒体环境的监管力度薄弱

自媒体是一种新兴产物，我国对于自媒体环境的监管还相对薄弱，尚存在不完善的地方。法律对于自媒体环境的规制还存在一定的空白和漏洞，监管范围小、力度弱，难以对违法行为进行追责和及时惩戒，如在自媒体中涉及的一些造谣案件，存在难以取证、造谣成本与惩罚力度不匹配等问题。更关键的是，自媒体拥有人人都能自由创作、发布的特性，不少博主为博眼球，通过各种擦边行为吸引流量，即使平台审核让其下架和封号，但这种后发的追溯性惩戒也无法消除其所造成的不良影响。

四、研究结论

在自媒体环境下，绝大多数大学生有自己的自媒体账号，六成大学生每天花在自媒体上的时间超过 2 小时，他们使用自媒体的目的明确，主要是娱乐需要、社交需要以及了解社交热点。绝大多数大学生较为关注权威自媒体窗口，对其较为认同。大学生对于友善价值观的含义认知较准确，但外延思考不够，在了解友善价值观的人物和事件渠道上，自媒体成为超过课堂位居第一位的渠道，四成大学生认为自媒体给友善价值观的培育带来正面影响，两成大学生认为其影响主要是负面的，其他同学认为影响不显著。大学生在自媒体环境下遇到的不友善现象主要为虚假谣言、网络掐架和人肉搜索，应对方式以举报和投诉为主。可以感受到自媒体已成为影响大学生价值观的重要外部因素，如何对其进行监管、如何对大学生进行引导，成为目前大学生友善价值观培育的重要挑战。

第四节　综合讨论

一、研究结果比较

前文三个采用问卷调查方式对大学生友善价值观认同度和水平进行调研的研究，其结果具有较高程度的一致性。研究均发现当代大学生对友善价值观的基本认知情况较好，认同程度较高，践行意愿较为强烈。在友善认知方面，三个实证研究均体现出大学生对于友善价值观的认知存在一定的"知其然而不知其所以然"的情况，对友善价值观背后的理论渊源、概念外延等认知不清，一定程度上会阻碍更高阶的认同与实践。在友善的实践方面，三个实证研究均从不同侧面揭示了受功利主义思想影响，部分大学生践行友善价值观过程中存在意志不坚定、目的不纯粹等问题。而研究二从班级语境下详细调研影响友善价值观水平的具体因素，研究三聚焦自媒体对于大学生友善价值观的影响。总结三个实证研究可知，当代大学生在友善价值观的培育上总体表现较好，但依然存在不容忽视的主体和环境问题，从不同侧面寻找提高友善观水平的方法，研究具有时效性和必要性。

二、大学生友善价值观认同现状的成因分析

现阶段大学生友善价值观认知状况、认同度以及践行意愿均呈现出较好的态势，大学生价值观取向整体呈健康、向上态势，但大学生友善价值观认同仍存在认知认同虽高但较为浅表化，情感、意志认同较高但行为认同存在偏向化倾向，部分学生带有一定功利性目的等问题。下文将从友善价值观认同的主体、认同的客体、认同的介体、认同的环体四个方面分析其原因。

（一）影响认同度的主体原因

1. 教师因素

从哲学角度来讲，主体是指对客体具有认识和实践能力的人，友善价值观的主体指教师和大学生。认同友善价值观实质上就是由知转化为行，由行转化为知的循环过程。绝大多数大学生对友善价值观是了解的，理性认知较强。但是当问到友善的理论渊源时，半数大学生不甚了解，呈现"知其然而不知其所以然"的状态。这种浅表性的认知从教师的角度来说，可能是由于其对友善价值观的认同重视程度不足，宣讲时间和程度也不足。

2. 大学生自身因素

认同是践行友善的前提。当前部分大学生对友善重视程度不够。部分同学认为友善价值观对个人生活没有太大的帮助。可见，大学生没有认识到友善的重要性，没有认识到友善对人的全面发展具有重要意义。究其原因，当代大学生大部分都是"95后""00后"，是独生子女，他们生活在物质财富丰富的年代，面对各种各样的诱惑腐蚀其思想和心灵，他们不免会出现急于求成、心浮气躁的心态。而近几年受到新冠疫情的影响，整体就业形势不容乐观，大学生面临前所未有的就业压力，心理空虚，前途渺茫。如此看来，毕业后找到一份满意的工作是绝大多数大学生的最大期望，在严峻的择业压力下，无论是学习、担任学生干部、推优入党还是参加社会实践活动或是参加校园文化活动，都以提高就业竞争力和自我发展主体为标准，更多地从自身利益角度来考虑问题，导致部分大学生急功近利、行为失范。部分大学生对友善价值观的认同只是停留在认知认同层面，还没有上升到情感认同层面。

（二）影响认同度的客体原因

客体是相对于主体而存在的，与主体是不可分割的两个要素。研究大学生友

善价值观的认同，必须回答"认同什么"的问题，这就是认同客体的问题。中国特色社会主义进入新时代，要求我们的工作要站在新的历史方位上，那么友善价值观的内容也应该呈现出新的特点、新的变化，与时代的发展进步相契合，因此建立先进的友善价值观内容体系显得尤为重要。友善既要继承中华优秀传统文化中的友善精华，也要借鉴西方文明中的友善成分，把友善内容体系建设好，才能让大学生认同友善价值观。而当前大学生对友善价值观的认知认同存在浅表化的情况，这也表明在现实社会中，大学生对友善渊源的理解表现出一定的滞后性。因此，对于友善内容的理解缺乏深入性，使得友善认同工作浅层次、低标准、偏基础，不符合新时代大学生的基本定位，更不符合时代化的要求。友善只有内化才能发挥作用，而内化的前提就是对其进行深入的了解和认识。然而在现实中，友善偏重说教，大学生并没有很好地吸取我国传统优秀道德文化和西方优秀文化的养分，没有用好这些资源以促进自身道德素养的发展。

（三）影响认同度的介体原因

介体是主体与客体相互联系、相互作用的中介因素。采用某种方法，按照某些路径，通过某些渠道，借助某些载体进行，这些方法、路径、渠道或载体就是研究介体的内容。在所调查的问题"您是通过哪些途径了解友善价值观的？"，选择"思想政治理论课"的有640人，其次是"自媒体""主流媒体"。由此可见，思想政治理论课确实是进行大学生友善价值观认同教育的主渠道、主阵地。而在现实生活中，学生难以融入课堂，思想政治理论课的亲和力、吸引力、引领性和针对性还有待加强。除了部分教师教育方法存在滞后性外，在某些思想政治理论教学中，过于强调友善价值观的"知识化"的外在倾向，削弱了友善价值观道德语言的说服力，也导致友善价值观的理论教育缺乏良好的道德修养和精神涵养，偏离了人的全面发展的指向。除此以外，理想化的教育目标脱离了现实生活的根基，特别是在互联网时代，大学生的生活理念和求知方式发生了根本性的转变，传统价值观引导的模式与学生对价值观的认知需求形成了鲜明的现实反差，使得友善价值观的理论教育缺乏说服力，不利于价值观教育时效性的提升。加之思想政治理论课的课程设置目标重在强调统一性和规范性，课堂教学中知识传授、资源整合和价值引领之间欠缺有效的衔接，对于不同价值文化之间的交流与争锋缺乏主体性和批判性，教学内容设计过于单

一、感染力不强，这种忽略教育对象层次性和差异性的现象，偏离了友善价值观理论"接地气""聚人气"和"筑底气"的教学目标，削弱了课堂教学的实际效果，从而影响了大学生对友善价值观的认同。

（四）影响认同度的环体原因

环体即是环境。大学生进行友善价值观认同，必须基于一定的环境，研究从社会环境、学校环境、文化氛围、家庭环境四个方面探寻原因。

1. 社会环境的影响

进入新时代，社会更加多元化、开放化。我国经济迅速发展，社会整体教育水平不断提高，精神文明建设也取得一定的成就，人们的道德修养不断提高，与人为善、助人为乐、爱护公物、保护环境蔚然成风。但是在市场经济的影响下，精致的利己主义、拜金主义的思想仍然冲击着社会大环境。价值观念是社会实践的产物，市场经济中利益最大化的原则，容易使大学生形成"一切向钱看"的错误观念。这使得大学生在大学校园里为追逐自身利益而急功近利，甚至不择手段。同时，少部分人试探法律的"灰色地带"，打"擦边球"以实现自身经济利益的最大化，在一定程度上损害了社会的公平、正义，不利于新时代大学生对友善情感的认同。因此，大学生在践行友善价值观时产生的困惑、迷茫、模糊，在一定程度上削弱了大学生友善价值观践行的效率①。同时，基于网络的匿名性、隐私性、即时性的特点，存在部分内容和信息未经审核或者未经证实即发布的情况。而大学生又是"网络的原住民"，不良网络信息内容进入大学生的视野，加剧了大学生价值选择时的迷茫或困惑，一定程度上表现为从众的不友善意识和行为，为其认同带来危机。

2. 学校环境的影响

理论教学与实践课程存在分配不合理现象。价值观教育的目标并不仅仅是让学生了解、熟记主要内容，而是需要他们能够真正理解和认同。友善价值观是中国特色社会主义不断发展过程中逐渐形成的成果，其所倡导的价值目标、价值取向、价值准则，只有根植于学生心中，与学生共同成长，才会为学生所接受；只有深刻领会认同，形成价值观念，并把价值导向转化为自觉行动，

---

① 刘艳萍 . 影响大学生核心价值观培育的社会环境因素论析 [J]. 毛泽东思想研究，2016（1）：149-152.

才能形成真正崇德向善的价值风尚。在此背景下，实践课程对于学校的友善价值观教育来说就显得尤为重要。但实践课程课时不够、设置不完善、考核不到位，甚至流于形式，缺乏内容的针对性和理论的深入性，这使得认同效果大打折扣。大学生在参与过程中对友善价值观的认知不仅没有增强，反而可能会对形式化的组织怨声载道，从源头上弱化新时代大学生友善价值观认同的实效性。

3. 文化氛围

校园里影响人的因素是多种多样的。既有正面的，也有负面的；既有来自现实的直接经验，也有来自书本的间接经验；既有来自传统课堂的，也有来自互联网、自媒体的。积极、健康、乐观、向上的精神风貌，有利于大学生健全人格，形成科学的人生观、价值观。高尚的校园文化，有利于培养大学生爱党、爱国、爱校、爱家的品格和友善意识。丰富的校园文化是高校大学生认同与践行的重要载体，对大学生的价值取向具有潜移默化的影响。在校园内，各种学生活动、社团节目和志愿者活动等丰富多彩的校园文化活动，使学生逐渐形成了科学正确的价值观念，对友善价值观的认同有着非常重要的引导作用。同时，在学校的很多场所，通过文字、漫画、海报等形式宣传友善价值观，也可以让广大师生耳濡目染，逐渐产生对友善价值观的认同与践行。但是，就校园文化现状来看，大学生通过校园文化来提高对友善价值观的认知机会较少，专门举办与友善相关的活动、比赛、主题讲座等也并不多见，这反映出友善价值观在高校校园文化建设中比较欠缺，尤其是在营造良好的校园文化氛围方面有待加强。

4. 家庭环境的影响

大学生虽然大部分时间在校园内，但是价值观和行为仍受原生家庭的影响较大，家庭的氛围、文化，尤其是家风以及父母处理事情的方式等都对大学生产生重要的影响。目前，不少家庭教育将个人成就、竞争意识、自我意识甚至排他意识放在首位，容易忽视了爱国主义情怀教育、集体主义教育、和谐友爱教育，易于导致部分大学生只追求一己成功，形成自我为中心和功利主义色彩浓厚的处事方式。这种人际和谐、友善方面的家庭教育缺失容易导致大学生在践行友善观的过程中缺乏原生动力，产生自觉践行不足等问题。

三、自媒体环境为大学生友善价值观培育带来新的可能性

（一）善于利用自媒体丰富大学生友善观培育资源

随着社会经济的发展和国家综合实力的不断提高，我国大学生群体的文化精神追求也不断发展。以往同质化的教育成果，与当前多元文化迸发的社会环境已经难以高度契合。自媒体的普及，给大学生友善观的培育带来了新的机遇，丰富和发展了大学生友善观培育的教育资源。从思想政治理论课课本的角度来说，课本多为专业领域内资深的教授、专家集体进行编撰，并通过多次严格的审核和删改校正才得以出版利用的。严格的流程保证了大学思想政治理论课教材的严谨性和科学性，但同时也在友善观培育案例和时政内容的选取上缺少了一定的时效性。而自媒体环境中具有海量的即时性资源，大学生可以通过主动查询或被动推送的方式随时随地了解到当下的社会热点，学习到最新的友善理念与典型的人物事迹，更加深入地学习到友善观的核心要义。

从报刊、电视广播等角度来看，传统媒体的传播效果也有所局限。如《光明日报》等权威性报纸的受众单一，受版面限制其能够刊登的信息容量固定，且文风严谨、理论高深，对于普通大学生来说缺乏趣味性和吸引力。电视广播等播出时段固定，而大学生的课程安排根据年级、学期、班级的不同有所区别，因此难以养成主动学习的习惯。从教师的角度来说，对于大学生的友善观教育仅限于课堂上 45 分钟的理论单向传输，虽然一些教师理论水平高超、教学能力一流，也难以满足全部大学生对友善观的培育需求。相比较之下，涵盖丰富内容的自媒体数据库，对大学生友善观培育来说具有特殊优势。在自媒体平台中，信息的发布不再局限于"权威"，因此每个人都有发声的权利和自由。在自媒体环境中，汇聚了成千上万人对于友善观的认知和评价，表达渠道的畅通使得友善的层次更加丰富、理念更加包容、影响更加广泛，对于友善观教育知识进行了结合实际的延伸和拓展。自媒体平台中强大的大数据库搜索引擎，为大学生查询、浏览和保存友善观的相应视频文字信息提供了便利。自媒体的即时性和便捷性也使得社会中的友善现象得到更为普及的传播和宣传，相较于传统课程中的理论灌输，社会上发生的鲜活事例更为生动、形象、具体，自媒体中便捷的转发、点赞和评价功能能够引发大学生去关注社会热点问题，在激发其内心友善力量的同时也能够使教育者及时地了解到大学生群体的思想观点

和心理现状，从而弥补课堂缺失，更好地制定教育政策和进行教学设计。

（二）尝试利用自媒体创新大学生友善观培育模式

随着互联网技术的不断发展，智能手机、平板电脑等便携式智能设备在大学生群体中普及和应用，自媒体在大学生成长过程中越发成为不可或缺的信息获取手段。作为一种教育载体，自媒体也越来越在大学生友善观培育的过程中扮演重要的角色。在传统的教学模式中，教师利用课本设计课程，再通过归纳整理传授给学生。教师和课本是大学生掌握专业知识、培育道德品行的主要渠道，而自媒体为传统大学生友善观培育模式的创新提供了新的思路和窗口。

首先，自媒体环境下的友善观教育模式提升了大学生的主体性。区别于传统友善观的单一性，自媒体的教育模式给予了大学生在海量的信息中进行自主选择的权利和自由。因此，自媒体中的信息对于大学生来说，不再是灌输式的填鸭和学业任务上的压力。教育和自媒体的有机结合，能够激发大学生自主学习的兴趣，促使大学生自我思考，增强大学生的主动意识，在潜移默化中使其将友善思想根植于心，并在实际生活中自然而然地行善积德，以礼待人，将友善精神内化于心、外化于行。

其次，自媒体环境下对大学生的教育提升了友善观教育的个性化。传统教育模式下，学生数量多，课程时间短，教育手段单一。不同于以掌握实操技巧和积累知识为主要目标的其他学科课程，高校的思想政治理论课还有品德教育和文化素质提升的要求，加之高校思想政治理论课多为200人以上的大课堂，因此，在有限的条件下，思政教师难以针对每一位学生的特点有的放矢、因材施教。而自媒体的多元性在一定程度上为我们解决了这个问题。以使用率较高的教育App学习通为例，教师可以在软件后台关注每个学生的积分情况。期末积分由每一堂课的出勤情况、随堂问答、课后测验和期末测验的成绩组成，并按照教师设置的比例最终核定。关于学生对于课堂问题的思考和评价，教师可以随时在手机上调取，省略了收发作业的流程。在提高教学效率、减轻工作量的同时，能够更加及时地掌握学生的思想动态和认知困境，提高教育的针对性，可以将更多的精力和时间分配到学生的情感关怀和品格培养上来。

最后，自媒体提高了大学生友善观教育的时效性。自媒体的即时性使得自媒体环境下的友善观培育与现实连接紧密，大量新鲜的时政热点问题与生活化案例解决了传统教材中"老调常谈"的问题，极大地丰富了友善观的教育内容，适应时代发展，进一步提升了友善观教育的吸引力和感染力。

（三）积极使用自媒体扩展大学生友善观培育场域

首先，自媒体拓宽了大学生友善观教育的时间限制范围。通常来说，大学生友善观培育以思想政治理论课课程为主要渠道。高校中常规的思想政治理论课程局限在 90 分钟的课堂上，以教师的讲解和分享为主要形式。然而自媒体为大学生友善观的教育打破了时间限制，使友善培育可以随时随地开展。如上海复旦大学陈果老师的"幸福哲学课"，陈果老师以其知性优雅的魅力、出口成章的文采、发人深省的思维方式在抖音爆红，收获了大批青年"粉丝"。在自媒体平台中，友善的传递不再是课堂中单向的输入和输出，不再是枯燥被动的说教，而是大学生在课余放松的闲暇，不经意间浏览到的高质量推送，浏览量和此类视频的讨论热度也是以兴趣和爱好为支撑的自我选择和自我教育。

其次，自媒体扩展了大学生友善观培育的场域。以往的思想政治教育多以校园文化专栏、宣传海报和主题讲座为主，而自媒体拓展了思想政治教育的阵地，拓展了友善观培育的场域。以共青团中央推出的"青年大学习"为例，截至 2020 年 6 月，共有超过 3.12 亿人次完成了在线学习。网上团课拥有简短的形式、精练的语言、轻松诙谐的风格，加之各级团组织的共同努力，使"青年大学习"迅速成为思想政治教育中最具覆盖面和影响力的学习形式。"纪念抗美援朝出国作战 70 周年""绿水青山就是金山银山"等主题，深度贴合了大学生友善观培育中承担社会责任、促进生态友善的理论核心，案例鲜活，数据准确，态度鲜明，并且邀请全国范围内的专家进行讲解，鼓励大学生积极参与，增强了友善观的感染力和说服力，推动大学生去了解社会、认识国情，崇德向善，发挥个人价值，为社会作贡献。再如支付宝的公益平台、蚂蚁森林等板块，以"喂小鸡""收能量"的趣味性形式，开展帮助沙漠地区种植绿化、为山区小朋友建图书室、为贫困地区捐赠免费午餐等活动，为大学生的友善理念践行提供了网络上的通道。自媒体的普及使得大学生友善观培育的载体遍布于流行的社交软件、短视频 App、互联网论坛中，有利于充分挖掘友善观的教育资源，全方位传递友善观念，从而掌握教育主导权，倡导友善品德。

第三章　安全意识与大学生友善行为的实验研究

在前两章友善内涵和友善水平的实证研究中，我们研究得出大学生眼中的友善典型行为按照对象可以划分为熟人、认识但不了解的人（半熟人）和陌生人，其中以熟人和陌生人为主。而在影响大学生友善行为的环境因素中，不少大学生提到现实或网络中的诈骗、虚假信息等会对友善价值观的认知、情感、意志产生或多或少的影响。诚然，现实社会中充斥着不少欺诈甚至犯罪现象，要想提高大学生的身心、财产安全，有必要进行专门的安全意识教育，但安全意识教育会不会让大学生"过度"保护自己，削弱友善行为水平？本章探讨安全意识教育是否会对大学生安全意识和大学生友善行为产生影响，大学生安全意识与友善价值观之间是不是此消彼长的关系。

一、研究假设

（1）安全意识教育可以有效增强大学生的安全意识。
（2）安全意识教育不会影响大学生的友善行为水平。

二、研究方法

（一）研究被试

采用整体抽样的方法，在××大学整班抽取选修课（法律心理学方面选修课）学生65人。其中，男生44人，女生21人。

（二）实验设计

实验采用前测、后测设计，自变量为安全意识教育（教育前、教育后），应变量为安全意识水平和友善行为水平。

（三）实验过程

在开课前对该班级全部学生进行安全意识水平和友善水平的前测，然后进行为期9周、每周一次的课程，在每周课程中均讲授一起与大学生密切相关的案件（施暴人是大学生，或者受害人是大学生，或者案件发生在大学校园中），然后以案例分析、启发式提问的方式引导学生思考在现实生活如何提高安全性。在课程结束时，再对学生的安全意识水平和友善水平进行后测。

安全意识水平测试题目根据真实发生的三个被害案件设计，具体如下：

（1）路边一个穿中学校服的女孩，手里抱着一个大纸箱，正吃力地往前走，看到你后，请求你帮她一起把东西搬到不远处的小汽车里。你同意的可能性从很有可能到很不可能（5个选项）。

（2）你在找实习兼职的过程中，在网上看到一条某微信公众平台的招聘信息，上面显示工资待遇优厚，无须坐班，只需要在宿舍完成任务即可，但需要面试。你打完电话后，对方告诉你面试地址，约好下午四点半面试。你查了地址，倒了两次公交车，来到郊区较偏僻的某个小区。你按照约定继续去面试的可能性从很有可能到很不可能（5个选项）。

（3）你用某打车软件打上车，上车后司机看起来秀气、老实，他提出："你先取消订单，再按照软件中的价格支付车费，这样软件平台的抽成就省去了，我可以多赚几块钱，生活不容易，麻烦你帮帮忙。"你同意这样做的可能性从很有可能到很不可能（5个选项）。

友善水平测试题目分为熟人之间和陌生人之间，如下：

（1）期末考试前一天，你在自习室做最后的冲刺，中途口渴回寝室拿水杯，看到你的室友躺在床上，脸色不好，他（她）说身体不舒服，能不能陪他（她）去趟医院。你同意的可能性从很有可能到很不可能（5个选项）。

（2）你走在路上，看到一个小学生受伤倒在路边，看起来好像被机动车撞伤了，但没见到肇事者。你见到此情景，拨打110、120的可能性从很有可能到很不可能（5个选项）。

（3）你走在路上，看到一个小学生受伤在路边，看起来好像被机动车撞伤了，但没见到肇事者。你见到此情景，走上前去询问他（她）、搀扶他（她）的可能性从很有可能到很不可能（5个选项）。

（四）数据统计与分析

研究数据采用 SPSS 19.0 软件进行配对样本 t 检验。

三、研究结果

（一）安全意识教育对大学生安全意识提高的影响

1. 安全意识教育对大学生帮助陌生人时的安全意识的影响

设计问题为：路边一个穿中学校服的女孩，手里抱着一个大纸箱，正吃力地往前走，看到你后，请求你帮她一起把东西搬到不远处的小汽车里。你同意的可能性从很有可能到很不可能 1～5 分进行打分。

安全意识教育对大学生帮助陌生人时的安全意识影响显著，t=-3.092，df=64，p=0.003<0.05。结果如表 3-1 所示。

表 3-1 安全意识教育对大学生帮助陌生人时的安全意识的影响

	平均数	个数	标准差	标准误
前测	1.74	65	0.87	0.11
后测	2.28	65	1.24	0.15

2. 安全意识教育对大学生兼职时的安全意识的影响

设计问题为：你在找实习兼职的过程中，在网上看到一条某微信公众平台的招聘信息，上面显示工资待遇优厚，无须坐班，只需要在宿舍完成任务即可，但需要面试。你打完电话后，对方告诉你面试地址，约好下午四点半面试。你查了地址，倒了两次公交车，来到郊区较偏僻的某个小区。你按照约定继续去面试的可能性从很有可能到很不可能 1～5 分进行打分。

安全意识教育对大学生兼职时的安全意识影响显著，t=-4.48，df=64，p=0.000<0.05。结果如表 3-2 所示。

表 3-2 安全意识教育对大学生兼职时的安全意识的影响

	平均数	个数	标准差	标准误
前测	3.68	65	1.02	0.13
后测	4.48	65	0.92	0.11

3. 安全意识教育对大学生打车时的安全意识的影响

设计问题为：你用某打车软件打上车，上车后司机看起来秀气、老实，他提出："你先取消订单，再按照软件中的价格支付车费，这样软件平台的抽成就省去了，我可以多赚几块钱，生活不容易，麻烦你帮帮忙。"你同意这样做的可能性从很有可能到很不可能 1～5 分进行打分。

安全意识教育对大学生兼职时的安全意识影响显著，$t=-6.204$，$df=64$，$p=0.000<0.05$。结果如表 3-3 所示。

表 3-3　安全意识教育对大学生打车时的安全意识的影响

	平均数	个数	标准差	标准误
前测	2.29	65	1.21	0.15
后测	3.74	65	1.37	0.17

（二）安全意识教育对大学生友善水平的影响

1. 安全意识教育对大学生与熟人之间友善水平的影响

设计问题为：期末考试前一天，你在自习室做最后的冲刺，中途口渴回寝室拿水杯，看到你的室友躺在床上，脸色不好，他（她）说身体不舒服，能不能陪他（她）去趟医院。你同意的可能性从很有可能到很不可能 1～5 分进行打分。

安全意识教育对大学生与熟人之间的友善水平影响不显著，$t=-0.456$，$df=64$，$p=0.65>0.05$。结果如表 3-4 所示。

表 3-4　安全意识教育对大学生与熟人之间友善水平的影响

	平均数	个数	标准差	标准误
前测	1.35	65	0.69	0.09
后测	1.42	65	0.70	0.09

2. 安全意识教育对大学生与陌生人之间友善水平的影响

设计问题为：你走在路上，看到一个小学生受伤倒在路边，看起来好像被机动车撞伤了，但没见到肇事者。你见到此情景，拨打 110、120 的可能性从很有可能到很不可能 1～5 分进行打分。

安全意识教育对大学生与陌生人之间的友善水平影响不显著，$t=0.604$，$df=64$，$p=0.548>0.05$。结果如表 3-5 所示。

表 3-5　安全意识教育对大学生与陌生人之间友善水平的影响

	平均数	个数	标准差	标准误
前测	1.97	65	0.93	0.11
后测	1.86	65	1.10	0.14

设计问题为：你走在路上，看到一个小学生受伤倒在路边，看起来好像被机动车撞伤了，但没见到肇事者。你见到此情景，走上前去询问他（她）、搀扶他（她）的可能性从很有可能到很不可能 1～5 分进行打分。

安全意识教育对大学生与陌生人之间的友善水平影响不显著，$t=-1.384$，$df=64$，$p=0.171>0.05$。结果如表 3-6 所示。

表 3-6　安全意识教育对大学生与陌生人之间友善水平的影响

	平均数	个数	标准差	标准误
前测	2.45	65	0.95	0.12
后测	2.71	65	1.14	0.14

四、讨论

（一）安全意识教育对大学生安全意识的提高有显著影响

本实验为期 9 周，每周一个 20 分钟的典型案例，让大学生有意识地进行情境带入和思考总结，结果发现其显著地提高了大学生的安全意识水平。产生良好效果的原因，一方面，在于大学生社会经历少，思想相对单纯，防范意识相对薄弱，行之有效的教育可以很快提高本身基线水平就不高的大学生安全意识；另一方面，本实验的安全意识教育采用的是贴近大学生生活的案例（施暴人是大学生，或者大学生是大学生，或者案件发生在大学校园中），且采用的是互动、启发式提问的方式，让大学生带入情境去思考如何避免危险，保障自己的安全，比纯粹理论说教或告知如何去做效果更好。这也带给我们一个启示：实际上方法得当的安全教育，投入的时间可能并不长，在本实验中大概仅需要 180 分钟（20×9），却能给大学生的安全意识带来显著的提升，有效保障其人身安全。

（二）安全意识教育对大学生与熟人之间的友善水平影响不显著

安全意识教育并没有降低大学生与熟人之间的友善水平，是否接受安全意识教育，并没有影响当室友不舒服时帮助室友的友善行为。在熟人交往尤其是室友间交往时，绝大多数大学生感受到的是安全、信任与友情，几乎不会考虑到安全问题，即使在安全意识教育案例中列举寝室案件，大学生还是会将其视为极端个案，认为离自己遥远，所以并没有影响友善行为。需要指出的是，虽然大学生生活环境相对简单，主要的熟人为同学和老师，室友是典型的熟人关系，但是熟人关系还可进一步考察邻居、校外朋友等。

（三）安全意识教育对大学生与陌生人之间的友善水平影响不显著

安全意识教育并没有降低大学生与陌生人之间的友善水平。是否接受安全意识教育，并没有影响大学生在遇到交通肇事、帮助受伤的小学生时的友善水平（打电话的间接救助、直接救助）。一方面，安全意识教育注重让学生科学评估危险的可能性。在交通肇事中，是小学生受伤而非经常引起社会焦点讨论的"老人摔倒"，大学生可能觉得存在安全隐患的概率较小。另一方面，大学生群体是人群中最为热心、最具活力的群体之一，见到困难群众伸出援助之手的可能性也较高。

（四）大学生的安全意识与友善水平不是此消彼长的关系

实验结果证实了研究假设：安全意识教育可以有效提高大学生的安全意识，安全意识教育不会影响大学生的友善行为水平。所以，大学生的安全意识与友善水平并不是此消彼长的关系，在高校安全意识教育或友善观教育中，可以对其进行行之有效的教育。但教师在进行安全意识教育时要注意几个原则：一是结合具体案例指出高危的一些要素，比如人烟稀少、环境封闭、对方具有掩饰性，而不能一味强调"处处均有危险"的可能性；二是教会学生评估危险的方法，以及具体问题具体分析；三是跟学生强调，安全意识重在"意识"，要有警惕的红线，而不是时时刻刻绷紧神经，把人和事都做最坏的预期。

五、研究结论

科学、高效的安全意识教育可以有效地提高大学生的安全意识水平，并不会降低大学生的友善水平，安全意识和友善水平并不是此消彼长的关系。所以高校安全教育、友善观教育的方式方法是今后需要关注的研究内容。

下编 ▼ ▲大学生友善观培育实践路径

第一章 大学生友善价值观培育的主体建设

第一节 提高大学生友善价值观培育的主体性

友善既是一种价值观也是一种道德标识，同时也是调整人行为的规范准则。一般来说，我们培育友善价值观，要将培育和发展大学生的主体性作为最高的目标。一个积极、能动的大学生群体必须同时具备主体意识、主体能力和主体人格。

一、尊重大学生的主体地位

雅典德尔菲神庙石碑上的箴言之一是"认识你自己"，康德从人学哲学高度提出了"人为自然立法"的哲学思想，马克思从实践的角度提出了人的实践主体思想①。因此，在以往哲学的基础上研究培育大学生友善价值观要把学生放在主体地位。当代大学生生活环境比较优越，接受着良好的教育，知识文化水平较高，政治素质良好，社会责任感和使命感较强。但大学生年龄、学段的不同，使得他们的身心和认知发展状况存在一定的差异性。我们应该具体把握大学生的主体需求，掌握大学生价值观的情况。

首先，需求决定动机，以大学生的需求为导向。友善价值观的培育如果不能满足大学生的价值观需求，很难诱发大学生主动接受和学习友善的动机。因此，我们应切实掌握学生的需求。对于大学生合理的需求，应尽可能地支持与满足；对于大学生不合理的需求，应及时进行疏导和纠正。在此基础上，运用

---

① 范益民，袁静. 大学生社会主义核心价值观培育反思 [J]. 中学政治教学参考，2021（44）：28-31.

马克思主义友善观和思想道德规范的理论知识武装大学生的头脑，唤醒大学生主动参与的意识，积极参加社会实践，逐步形成大学生群体对友善价值观的认同和需要，使大学生的综合素质得到全面的提高，实现友善态度内化、外化的两次飞跃。同时，我们也应该尊重学生的利益诉求。马克思曾说："思想一旦离开利益，就会让自己出丑。"① 所以我们要主动接触学生，倾听学生的心声，掌握学生的身心发展规律，准确把握学生真实内在的利益诉求，制定科学有效的培育方法。

其次，大学生应走入社会、走近人民群众，了解社会各种友善实施的基本情况，激活大学生对友善价值观的热情、信任等情感因素，拉近友善价值观和大学生之间的距离。大学生愿意通过平等参与、讨论以及社会志愿活动等实践平台培育友善价值观，这也为大学生主体性的生成、发展和检验提供实践途径。

由此可见，在大学生友善价值观的培育上，要把工作的切入点放在大学生本身。2016 年习近平总书记在全国高校思想政治工作会议上也强调："思想政治工作从根本上说是做人的工作，必须紧紧围绕学生、关照学生、服务学生……让学生成为德才兼备、全面发展的人才。"②

二、增强大学生的主体意识

主体意识是主体自觉性、能动性和创造性的反映③，它是大学生应对和处理个人、他人、社会和自然关系应该遵循的规则，也是对其所持态度的主观精神把控。大学生友善主体意识的增强，能够促进大学生友善素养的提高。大学生是社会群体中的一员，又是在新环境下成长起来的一代，他们视野开阔、思想活跃、观念开放，喜欢捕捉新观念、新思想、新潮流，具有较强的自我意识。在日常生活中，他们既受自身主体意识的引导、支配和控制，又受到社会规范

① 中共中央马克思恩格斯列宁斯大林著作编译局.马克思恩格斯全集：第二卷 [M].2 版.北京：人民出版社，2005：103.

② 刘军涛，赵纲.习近平在全国高校思想政治工作会议上强调把思想政治工作贯穿教育教学全过程　开创我国高等教育事业发展新局面 [N].人民日报，2016-12-09（01）.

③ 罗明，张川.培养学生主体意识的历史学科育人探索 [J].历史教学问题，2019（2）：110-113.

的支配和控制。而友善作为一种开放的道德姿态，是一种社会道德规范，它能够引导、支配和控制大学生的言行举止，使大学生变得更加友善。友善从传统文化角度来看，是一种"仁爱"的体现。从现实层面来看，人们为了生存，需要面对一切现实的人和物，这就需要建立各种关系，友善的存在使这种关系变得和谐。因此，友善主体意识是一种潜在的社会规范意识，它能够唤起大学生内心深处的友善，能够使大学生团结互助、宽容友爱。也正因如此，高校首先要承担起培育大学生友善价值观的重任，着力培育大学生正确的价值观。培养大学生与人为善，主动关心、爱护他人；与己为善，珍爱生命；与社会为善，善于帮助他人；与自然为善，尊重自然，保护自然。这能够使大学生崇尚友善，增强友善意识，不断提升友善精神境界。此外，引导大学生正确地认识人与我之间的关系，使其学会善待他人，心存善念，成为明大德、守公德、知荣辱的大学生，进一步强化大学生的主体意识[①]。综合利用教育资源、教育环境，帮助大学生正确确立生活中真、善、美的主体意识，培养他们的自主精神，使其不盲从于社会生活中不友善的行为，激发大学生的主观能动性，逐渐建立与友善价值观相符合的自身价值观，这符合时代发展与自身发展的需求和要求。

三、开发大学生的主体能力

主体能力是人的本质能力[②]，是大学生主体认识世界和改造世界的力量与程度。主体能力的强弱，直接影响大学生友善价值观培育取得的效果。大学生主体能力的培养能够让大学生在面对友善问题时作出正确的价值判断和价值选择。所谓价值判断能力，不仅是指对事物真善美、假恶丑作出判断，而且是在不同的立场、角度下对事物的真善美、假恶丑作出规范的辨别和判断，价值选择是在价值判断基础上进行的。友善价值观的选择既有认识上的选择，也有行为上的选择，价值判断是前提和基础。因此，大学生要不断提升自己的知识水平、能力水平，提高自己正确的价值判断能力，对社会中的是非善

---

① 宋劲松. 社会主义核心价值观：大学生公民意识教育的新指向 [J]. 求索，2017（1）：76-80.

② 彭红艳，万美容. 论大学生道德主体能力的培养 [J]. 教育评论，2017（1）：98-102.

恶作出正确的价值判断，选择正确的价值观。此外，大学生正处于从学校迈入社会的关键时期，由于大学生社会经验不足、思想不成熟、阅历浅，在复杂的现实社会中，受到了多元价值观念的冲击，如拜金主义、享乐主义、个人主义等影响，部分大学生认为金钱可以主宰一切，主张个人利益至上，贪图享受，这导致大学生在价值判断时出现模糊和困惑，作出错误的价值选择。

如何提高大学生的主体能力呢？首先就是引导大学生掌握科学的价值判断标准，把友善融入自我价值追求中，使大学生认同、接纳友善价值观。创新运用多种方法，与现实生活中友善的生活素材相结合，帮助大学生树立科学正确的价值判断标准。马克思主义哲学思想阐述进行价值选择时依据的两个最高标准："一个是必须符合社会和自然发展的规律，另一个是必须符合人类的根本利益。"[①] 可见，对于大学生友善价值观的培育需要系统地阐释友善的内涵和来源，以帮助大学生正确理解友善这一公民层面的价值准则。同时，宣传友善价值观，用科学理论武装学生的头脑，创新运用专题教学、案例讨论、情境教学等方法让大学生置身于情境中认识友善价值观，对友善价值观的认识从感性上升到理性，并被掌握从而转化为巨大的物质力量，作出正确的价值选择。除此之外，网络为我们的生活、学习提供了极大的便利，我们可以建立线上、线下的交流群，就大学生遇到的友善困境问题进行交流。这既有利于教师及时、真实、准确地掌握学生面临的问题，又有利于对学生进行沟通、引导，使得大学生对生活中出现的友善困境问题及时、准确地作出价值判断和价值选择，提高大学生的主体能力。大学生主体能力的开发，主要是帮助大学生在当今复杂的社会生活中进行独立、理性的判断，选择正确的价值目标，树立科学的友善价值观。

四、塑造大学生的主体人格

主体人格是指人作为主体所具备的性格、气质、能力以及道德品质和行为特征的综合体现[②]。大学生友善价值观的主体人格塑造就是让大学生追求向善

---

① 胡冰. 大学生价值判断与价值选择能力的培养探析 [J]. 高教论坛, 2016（4）：11-13.

② 丁利锐，李丽华，朱世英. 人文关怀与大学生主体人格建构 [J]. 中国成人教育, 2012（4）：21-23.

性、自主性、超越性等品质，形成向上向善的主体人格。早在 2000 多年前，先秦儒家在追求理想的主体人格时就提出了"士而怀居，不足以为士矣""君子喻于义，小人喻于利"等，以自身的合理化对士的道德修养提出了道义的要求。士以修身为君子，而君子以维护他人的利益为基本价值准则，这就构成了儒家的主体人格，也是实现人自由而全面的发展的终极目标。

那么，当代大学生怎样进行主体人格的塑造呢？一方面，根据大学生思维方式、生活习惯、人格状态和价值观念的特点，将大学生的个性化和社会化教育相结合，激发大学生的主体意识，发展大学生的主体素质，提高主体能力，塑造完善的主体人格。此外，我们还需注重学校教育，特别是人文素质的教育，通过善的教化、情感的碰撞，使大学生真正成为具有友善人格魅力的主体，实现人的自由而全面的发展。另一方面，人创造文化，文化也会塑造人。人类根据社会实践创造了文化，我们可以从中汲取先进、积极的文化，对大学生进行熏陶，用优秀的文化作品鼓舞大学生。同时，我们也可以把中国传统友善文化、西方友善文化与中国现代友善文化相结合，从善如流，去伪存真，营造一种积极、健康、向上的友善文化氛围，完善大学生主体人格的塑造过程。

第二节　明晰大学生友善价值观培育的主体职责

党的十八大以来，我国的社会文明程度不断提高，人与人之间的关系也在逐渐走向和谐友善。友善作为社会主义核心价值观的重要内容之一，适应了中国特色社会主义进入新时代新的历史方位和新的要求。友善的内容十分丰富，包括与己为善、与他人为善、与社会为善和与自然为善，这也为大学生友善价值观的培育明晰了主体职责。

一、大学生应与己为善

与己为善表现为主体与自我之间的友善关系，它是自我认同、自我相处的一种方式①。与己为善要对自己作出客观的评价，不仅要熟知自己的优点和长

---

① 佘超. 论在弘扬友善品德中培养时代新人的依据、价值与进路 [J]. 道德与文明，2021（5）：153-160.

处，还要接受自己的缺点与不足，并努力改造自己、提高自己，将缺点转化为优点。亚里士多德曾说："善人必须爱己，其所行善事，利己兼能利人。恶人不可爱己，其爱己也，适以害己，且亦损人。"① 善人爱己是一个理性的行为，真正做到了自我为善。恶人爱己是非理性行为，其结果是既损害自己的利益也损害别人的利益。

大学生与己为善，一方面就是善待自己、爱惜自己，对自己负责。上大学前，学生基本处于封闭的状态，社会经验严重不足；上大学后，面对新的环境，既有离开父母自由的快乐又有新的社交难题，同时，大学期间会有各种各样的资格证考试的压力，也会有消费压力、竞争压力、就业压力以及考研压力。而当代的大学生大部分是独生子女，在父母的宠爱下成长，大学生抵抗压力的能力不足，这就需要大学生进行正确的自我认知和选择。一旦大学生的认知出现错误，作出的行为选择与现实的主观需求不符，就无法形成和谐的心态，往往会出现一些消极的心态，如自暴自弃、情感淡漠甚至产生危害自己生命的想法。因此，需要培育大学生与己为善的观念，帮助他们学会善待自己、悦纳自己，养成良好的生活习惯，学会自我调节、自我管理，做一个积极向上的大学生。

另一方面，要正确处理理性自我与欲望自我的关系。理性自我是选择合理的方法，满足自己的需求；欲望自我是人本能地追求自己物质上的私欲。然而，在不良社会风气的作用下，人们受利益的驱使和左右，人的欲望逐渐膨胀，陷入了理性自我与欲望自我的矛盾当中。因此，我们应该以理性控制自己的欲望，产生人自身的善良意志，实现自我关系的和谐，以更加宽容、乐观的心态善待自我。

二、大学生应与他人为善

与他人为善，即大学生与他人交往的过程中，相互理解、相互宽容、相互帮助、相互尊重，构建与他人和谐的人际关系。现代社会中，人们交往活动空间逐渐扩大，之前局限于亲情、友情之间的友善关系扩展到与陌生人之间，与

---

① 严群.亚里士多德之伦理思想 [M].北京：商务印书馆，2003：278.

陌生人进行交流、相处已经成为当今社会的常态，友善自然而然地成了与人相处的关键。马克思曾说："人的本质不是单个人所固有的抽象物，在其现实性上，它是一切社会关系的总和。"①可见，社会属性是人的本质属性，每一位社会成员都处于一定的社会关系中，这包括家庭、地缘、法律、道德等关系。友善作为一种开放的道德姿态，是处理这些复杂关系的钥匙。

一方面，尽管我们处在现代社会中，友善的对象逐渐泛化、大众化，但友善的内容一以贯之，心怀善良之心，把善良情感传递给身边人，潜移默化地唤起他人的善良之心。友善这种高尚的品质能够拉近与他人之间的距离，增加幸福感。在不同的情况下，友善会呈现出不同的境界。在新冠疫情面前，大学生受内在的友善观念驱使，积极化身为志愿者，尽自己所能奔赴抗疫前线团结合作，守望相助。虽然人与人之间的距离因疫情变得有些疏远，但强大的互联网、新媒体平台，通过各种视频、文章的宣传，拉近了人与人之间的心理距离，汇聚了齐心战胜疫情的磅礴力量。不仅如此，"自我"与"他者"的矛盾能够被友善价值观所化解，这是因为友善价值观既是社会主义核心价值观，也是大学生与人交往的道德标尺，是每个大学生必备的道德品质，在人际交往中成为大学生自我道德约束的一种行为规范。如果大学生在自私自利、看客心理、情感冷漠等面前，尤其在疫情的严峻考验下，依然发挥着自己的德性修养，把自己内心的友善外化为真实的善行，进一步化解"自我"与"他者"的矛盾，便能够促使人们内心深处最纯粹、最难得、最宝贵的善被最大限度地拓展，从而构建良好的人际关系，形成文明的社会风尚。

另一方面，当代社会中更加强调人与人之间的公平公正，在公平公正的基础上建立宽容、礼让、互助的友善关系，增加了大学生与友善平等主体间的善意表达，这有利于大学生奋力追逐中国梦，同心协力共建和谐社会。这也为友善价值观注入了新的时代内涵，有利于化解矛盾和冲突，增强社会凝聚力和向心力。

---

① 中共中央马克思恩格斯列宁斯大林著作编译局 . 马克思恩格斯文集：第一卷 [M].
北京：人民出版社，2009：501.

三、大学生应与社会为善

社会友善是人与社会之间的友善关系。社会是人生存其中的社会，这为人创造幸福和价值提供了可能。一个和谐友善的社会不仅关系到每个社会成员应该履行的基本权利和义务，也关系到社会稳定乃至国家繁荣。

与社会友善主要表现在以下三个方面。

一是实现社会理想。正所谓"同志为友""道不同不相为谋"，可见，友善表现在有社会共同理想和目标的人群之间。因此，大学生与社会为善体现在他们有共同认可的社会理想和目标，他们的社会理想就是建设中国特色社会主义国家的共同理想，坚定走中国特色社会主义道路，将个人的理想与社会的共同理想紧密相联，凸显大学生的社会责任感和使命感，实现中华民族伟大复兴的中国梦。

二是改善社会风气。友善既是个人的德，也是社会的德。在现实生活中，培育大学生友善价值观受到市场经济的影响，社会中各种竞争压力不断增强，使得社会矛盾更加凸显。在社会整体思想道德水平向好的同时，受拜金主义、个人主义、享乐主义的影响，人们之间的交往不可避免地被金钱所左右。这就会使人变得浮躁，极易发生极端事件。如自己的利益诉求没有达到就要让其他人付出同样的代价，生活中的琐碎小事引发连环杀人案等，这些事件的发生让我们感受到一种威胁。因此，改善这种不良的社会风气就是让人心中产生友善理念，化解社会戾气。部分大学生助人为乐、参加志愿服务，目的是增加自己的阅历，增加自己的筹码。这是一种功利性、虚假性的友善，为社会熔铸了不良的风气，阻碍了大学生践行友善价值观的步伐。

三是凝聚社会力量。友善具有强大的精神力量，可以将个体潜能发挥出来，实现个人价值与社会价值的统一。中国石油大学（北京）克拉玛依校区2020届118位毕业生奔赴新疆基层工作，担负起西部的建设任务。118名大学生在个人利益与国家利益面前，自觉地将个人的责任与义务和国家前途融合在一起，为国家的发展交出满意的答卷，这生动地诠释了与社会为善的高尚品德，有力地激发了广大青年的爱国情与报国志。广大青年用行动证明新时代的青年是好样的，是永立潮头的一代，是堪当大任的。可以说，友善价值观凝聚了大学生爱国奉献的精神，为我们国家、社会的发展提供了重要的动力。

四、大学生应与自然为善

人类交往的对象不仅仅局限于他人与社会，还包括其身处的自然环境。我们仅仅做到"与己为善""与他人为善""与社会为善"是远远不够的，还应该"与自然为善"。自然界为人类生存提供了环境，恩格斯说："我们连同我们的血、肉和头脑都属于自然界并存在于自然界中。"① 可以说，人对自然具有高度的依赖性，但纵观历史的长河，人类并没有正确利用人与自然之间的正确规律处理人与自然之间的关系，人类总是以自身利益为主，忽视自然规律，忽视生态效益，致高污染、高耗能的企业大量存在。这造成了自然资源严重浪费，生态环境极度恶化，打破了人与自然和谐共处的关系，加剧了人类社会发展与自然环境之间的矛盾，威胁了人们的生命健康安全。

为此，党的十八大将生态文明建设纳入中国特色社会主义事业"五位一体"总体布局。生态文明建设成了中国实现现代化的基本遵循。国家政策是行动的先导，大学生作为生态文明建设的参与者，应积极主动地承担生态责任，与自然为善，对自然进行友善关怀，与自然和谐相处，做到善待生态、呵护生态。

那么我们应该怎样与自然为善呢？一方面，面对自然界的生态危机，应自觉地树立生态危机意识和生态环保意识，增强大学生的生态责任担当。另一方面，走中国特色社会主义生态文明建设道路，在遵循人与自然和谐发展规律的基础上，发挥人的主观能动性，善待自然，与自然为善。具体来看，可从发现自然之美、保护自然环境和尊重自然规律三个方面着手②。发现自然之美是前提和基础。我们应该用智慧和善于发现美的眼睛去挖掘大自然所蕴藏的独特美。大自然的美是一种多元的美，具有神奇的魅力，只有深刻感受、认识到这种自然的美，才能更加爱护自然，与自然为善。保护自然是生态友善的目标追求，

---

① 中共中央马克思恩格斯列宁斯大林著作编译局. 马克思恩格斯文集：第九卷 [M].
　北京：人民出版社，2009：560.

② 孙伟平，尹江燕. 论作为社会主义核心价值观的"友善"[J]. 学习与探索，2017
　（6）：16-21.

我们应坚持新发展理念，践行"两山论"，坚持开发和保护二者统一，"美丽中国"之梦才有可能实现。尊重自然规律是践行生态友善的本质要求。规律是本质的、内在的、固有的，尊重规律是保护生态环境的首要要求，我们应尊重自然界每一个生命体，重视人与自然平等，科学把握生态的整体性。如果违背自然规律，必将受到自然的报复和惩罚。

第三节　激发大学生友善价值观培育的内生动力

友善作为社会主义核心价值观个人层面的准则，为当代大学生的友善行为确立了价值标准。大学生作为友善价值观培育的主体，通过知、情、信、意、行五个方面相互协调发展来激发友善价值观培育的内生动力，使大学生成为友善价值观坚定、忠实的支持者、传播者、践行者。

一、知上着力，深化大学生对友善价值观的内涵认知

认知，是对现实生活中的客观事物及其人的思维活动的主观反映。认知是培育和践行友善价值观的逻辑起点，对友善价值观内涵的理解和把握是大学生正确区别善与恶、美与丑的一种辨识能力。同时，友善内涵的认知是大学生对客观事物所持态度的理论依据，是友善道德规范形成的基础，对大学生的行为具有指导作用。因此在知上着力的结果就是让大学生深刻地理解友善，使友善融化在心里、刻在脑子中，能够让大学生自觉地施以善行、心怀善意、推崇善举。

该如何在知上着力，深化友善内涵认知呢？

首先，从传统文化角度来看，儒家思想中的"仁"与"善"是友善思想的源泉之一。友善的核心即仁爱。"仁"是指人与人之间保持一种亲善友好的关系，做到与他人为善、关爱他人，这也是社会主义友善价值观的应有之义。孟子提出的"人性本善"，是对仁爱思想的进一步阐释，也是对仁爱思想的进一步发展，强调了善心是友善的重点和前提。因此，传统文化为理解友善价值观内涵奠定了基础。由此可见，友善价值观是在继承中华优秀传统文化的基础上

形成的理论成果，具有一定的价值。

其次，发挥高校课程思政的教育作用。"在课程思政的教学中，我们应以价值观为指导，用先进的文化、科学技术以及方法论形成一整套以理服人、以行导人的德育系统工程。"[①]引导大学生深刻理解友善在社会中的重要作用，使得其对友善价值观的内涵理解有深度、有广度。此外，高校可以通过理论宣教法加深大学生对友善价值观内涵的理解。对于大学生来说，应告诉他们哪些是正确的友善价值理念，哪些是错误的友善价值理念。友善价值观不会自动地在大学生头脑中产生，必须通过理论的灌输与宣传，才能被他们所认知和接受，最终成为他们所遵循的基本道德规范。在这个过程中，帮助大学生对友善价值观的内涵进行深刻的理解，并将其转化为友善的行为，强化大脑中对于友善的认知结构是十分重要的。

最后，我们应根据大学生的认知发展规律，注重因材施教，并结合大学生所关注的实时热点话题，发挥大学生自主学习的积极性和能动性，从而加深对友善价值观内涵的理解。同时，大学生要加强自身学习，提升文化素养，陶冶道德情操，开阔视野和心胸，深刻领悟友善的内涵和价值。

二、情上认同，激发大学生对友善价值观的情感共鸣

"情"在这里指情感，是情绪、感受或感情等一类现象的笼统称谓[②]，它是人们在认知的基础上对某事物持有肯定、否定、满意、不满意和喜欢、厌恶的内心活动体验，既能够调节"知"，又能够巩固"知"。同时，友善情感认同会对人们的行为产生强大的激发、推动和控制作用。情感是连接知与行的精神桥梁和纽带，如果对友善的认知不能产生情感认同，那么知行就会脱节。列宁曾说："没有人的感情，就从来不可能有人对于真理的追求。"[③]可见，情感是一种内驱力，积极的情感可以调动大学生对友善价值观的情感追求，对友善形成

---

① 许小军.高校课程思政的内涵与元素探讨[J].江苏高教，2021（3）：101-104.

② 傅小兰.情绪心理学[M].上海：华东师范大学出版社，2016：55.

③ 中共中央马克思恩格斯列宁斯大林著作编译局.列宁全集：第二十五卷[M].2版.北京：人民文学出版社，1988：117.

稳定的情感认同，激发情感共鸣。

培育友善价值观的内生动力，不仅体现在认知上，还需要情感的认同，才能产生意志和行为的动力。大学生应如何加强对友善价值观的情感认同？一方面，借助权威人物和榜样人物的力量，遵循他们的行为并进行模仿，以情感唤醒情感，从而营造良好的社会氛围。一个积极向上的社会氛围可以促进大学生不断进行自我反省、剖析和改变，进而对友善价值观加以掌握、同化，进行创造性转化与创新性发展，矫正不良的认知，化解消极情感的影响，进一步激发友善情感共鸣。因此，在一个良好的社会氛围中，情感的感染往往比诉诸理智更加深刻而生动且更有力量。可见，友善价值观情感认同的培育应着力优化社会整体的氛围，把情感作为驱动力，发挥大学生群体感染的作用，由内而外地推动友善价值观的情感认同，激发友善价值观的情感共鸣。另一方面，大学生要调动自己内心真实的情感，规范自己的言行举止，在情感上对于不友善的行为及时予以否定。此外，我们可以借助自己良好的友善情感体验同化他人，或为他人所同化，使大学生可以超越自身原有情感，与他人在情感、态度等方面相互渗透、相互融合。这有利于大学生友善价值观的培育，并能形成积极向上的友善情感，实现友善情感的认同。

三、信上笃定，锤炼大学生对友善价值观的坚强意志

"信"在这里指信仰，是指对友善价值观的认同与信仰，是一种内心的信奉，它是在明确的认知和强烈的情感基础上形成的友善信念和友善品德，可以增强友善价值观在实践中的稳定性。可见，人们在实施友善行为时，会把期望的效果以信仰的方式置于友善行为的实践中。所以，高校应以理想信念为抓手，培育大学生的友善信仰。但在当前社会中，部分大学生存在道德失范、信仰缺失等现象，阻碍了社会的发展进步。

首先，了解大学生当前的思想困惑，分析问题的症结所在，积极进行友善价值理念宣传，引导大学生关注友善社会热点问题，传播先进的友善文化，展现友善美好品格，讴歌良好的友善行为，弘扬社会正气，在健康向上的社会氛围中树立友善信仰。

其次，通过外在的"硬约束"，运用法律和舆论手段，确立道德奖惩制度，褒奖善行、宣扬义举，使得法治和德治相结合，从而营造出和谐的社会环境。这既利于提升大学生的友善道德品质，也利于大学生将友善信仰作为自己的精神追求。同时，这也向大学生传送了清晰的道德信号，使大学生心中有一座公正合理的友善道德天平，从而树立对友善的信仰。通过培养和巩固大学生对友善价值观的信仰来锤炼大学生友善价值观的意志。意志具有果断性、自制性和坚韧性。意志的果断性指大学生在行为上以友善价值观为准绳，对善恶作出科学准确的判断，按照友善的道德行为规范，严格要求自己的行为；意志的自制性指大学生在多元价值观的影响下，不受负面因素的影响，内心坚定友善意志；意志的坚忍性指大学生以坚韧的决心和毅力，排除生活中遇到的各种困难，始终践行友善行为。因此，大学生个体在树立友善信仰的过程中不断磨炼友善意志，是培育友善价值观的关键所在。

四、行上磨砺，强化大学生对友善价值观的实践行为

"行"在这里指实践，是人们在某种观念的支配下，有意识、有目的地改造主观世界和客观世界的活动。实践是友善价值观形成的基础。我们判断大学生的友善水平时，主要从它的外在行为表现即实践去评价。如果大学生在一定的友善认知和友善情感认同的基础上，形成了对友善的坚定信仰，从而具备了坚定的友善意志，但这种意志并没有转化到行为上，那就不能说他具有了友善的基本道德品质。由此可见，大学生友善行为的养成与发展是大学生友善认知、友善情感、友善信念和意志的综合体现。只有在实践中，友善价值观才得以落细、落实，无论个体的主观意识和情感有多强烈，都必须要经过实践转化为个人内在的友善品德，并在实践中得到检验和巩固。

首先，通过寒暑假组织大学生参与关爱留守儿童、助老助残、济贫扶弱、保护环境等常态化的志愿服务活动，将友善价值观与大学生助人为乐的品质相融合。在现实的生活中将友好、友善等善的品质内化为大学生友善的精神特质，使大学生的友善实现知行合一。

其次，利用学校社团，开展以"友善"为主题的校园文化活动，大学生在

活动中体验友善情感，汲取符合当下生活的友善思想，能进一步提高对友善的认知能力，增强友善价值观实践的动力。同时，定期举办全国"道德模范"人物学习的讲座、分享会，感悟、汲取新时代道德模范的强大精神力量，在榜样文化的熏陶下，浸润大学生的心灵，指引大学生践行善心善行，培育友善情感，提高思想素质，实现大学生人格品质的优化与完善。

最后，借助互联网平台，通过微博、微信、抖音、哔哩哔哩等宣传友善价值观，扩大友善价值观的社会效应，吸引更多的大学生群体参加友善实践活动；增强友善价值观的号召力、感召力，使得大学生能够更好地践行友善，实现友善知行合一的终极目标。

第二章　大学生友善价值观培育的载体建设

大学生友善价值观的培育既是一个亘古不变的主题，也是随时代的变化而不断发展的有机体。由此看来，研究大学生的友善价值观不仅要从理论出发探究其生成逻辑与内在规律，而且要将其融入大学生的实际生活中，借助培育友善价值观的载体，在实践中寻求科学而有效的路径，从而切实加强国家思政教育的实效性，达到大学生友善价值观"知"与"情"、"意"与"行"的统一。在新时代，友善价值观包含的内容越来越复杂，同时对大学生提出的要求也越来越高，因此，培育大学生友善价值观更不可急于求成，而是要在全面掌握新时代"友善"内涵的基础上扎实推进，彰显思想政治教育的引领力与号召力。

第一节　开拓教材载体

在学生接受教育的过程中，教材是学生接触的最直接的文本载体，它是语言的简洁性表达，是思想的客观性描述。自 2005 年开始，中央宣传部与教育部联合成立高校思想政治理论课教材编写小组，集全国力量组织教材的编写并由专人负责相关组织工作，对于高校思想政治理论课教材的排版、内容、篇幅等各个方面都有清晰的规定[①]。开拓教材载体以培育大学生友善价值观，能够使"友善"更加具体、直观，更易于被学生接受和理解，同时能让学生以另一种视角感受到友善价值观所特有的文化魅力与实践乐趣。教材在大学生的教育中占据的地位日益突出，其对友善价值观的传播与培育作用也更加重要。加大对

[①] 教育部办公厅.关于进一步加强高等学校思想政治理论课教材编写管理、规范教材使用的通知 [J]. 中华人民共和国教育部公报，2016（10）：31.

教材的挖掘程度，提高文本解读的科学性与客观性，才能捍卫"友善"作为主流价值观在学生心目中的地位。

一、对己友善：正视生命　严于律己

要谈"友善自我"，"正视生命、珍爱生命"势在必行。有学者研究大学生自杀基于众多原因，比如抑郁症、"空心病"、期待性快感不足等，但无论如何，自杀者没有认真对待自己的生命，不是友善之举。一个人如果连友善自我都做不到，何谈友善他人、友善社会？培养大学生敬畏生命的意识，实现自身的可持续健康发展，一方面体现了马克思曾说的"全部人类历史的第一个前提无疑是有生命的个人的存在"[①]，另一方面符合新时代友善价值观教育的要求。修己以养善意，善意可谓是友善行为的开始。有人会质疑，认为有善意并不意味着行善举，善意是虚无缥缈的，只停留在意识层面，对现实世界毫无用处。这种说法失之偏颇，一个人如果无善心，他会用黑暗的眼光看待世界万物，人的存在皆为错，久而久之会对周围的人施加不良的影响。即使无善心的人行了善举，这也是一时的，并不能长久坚持。由此看来，修己以修善心、养善意，是自我友善、推己及人的基础。严于律己是指大学生能够恰当地协调自身与内心的关系，做到心有戒尺、行己有耻、止于至善，这是一个不断追求更高层次的精神世界、追寻友善强大驱动力的过程。无论身在何处、行将何事，都应不忘规则的约束，摒弃刚愎自用的自私思想[②]。

总之，思想政治理论课教师在进行理论教学时，可以在教学案例中增添与友善自我相关的热点，丰富大学生友善价值观教育的内容，传播友善自我的知识，使得大学生认识到生命的可贵、友善品质的崇高。

二、对群体友善：遵纪守法　乐于奉献

"单位人"向"社会人"的跨越使得人们的生活范围不断扩大，人与人的关系逐渐紧密，人越来越依附于社会而存在。大环境的改变让我们感受到了培

[①] 中共中央马克思恩格斯列宁斯大林著作编译局. 马克思恩格斯选集：第一卷 [M]. 3 版. 北京：人民出版社，2012：146.

[②] 黄津. 善以立世天下同：大学生友善观培育探微 [J]. 辽宁医学院学报（社会科学版），2016，14（2）：122-124.

育友善价值观的重要性，可以说是国家和政府为建设美好社会生活的关键之举。《论语·宪问》中，孔子提到"修己、安人、安百姓"是君子的处世之道。引导大学生要友善他人，即孔子所说的"安人"。所谓"安人"，是指大学生要处理好自身与同学、朋友、教师、家人等之间的关系，营造和谐的氛围。"修己"强调的是大学生要提高自身的良好品质，应先立德，"安人"则更加注重培养大学生"天下为公、人民至上"的社会责任感。

社会道德与法律诞生于群体社会中，是规范人们行为的两大准则，对稳定社会秩序、建设良好社会生活具有非常重要的意义。在法治社会中，法律是维护人们权益的最后一道红线。在公共生活中，自觉维护法律的权威是大学生的基本素质，在学校里，遵守校规校纪、形成良好的校风是大学生的本质要求。大学生只有按照规律做事，一方面，能维护自身的安全；另一方面，能不给他人和社会造成伤害和负担，进而赢得他人的尊重。因此，教师应该引导大学生提高纪律观念，增强法律意识，敢于和不法行为与不友善举动作斗争。《思想道德与法治》教材第六章整体在讲述社会主义法律体系，要求大学生在实际生活中能够遵法、学法、守法、用法，积极培养起善用法律解决问题的思维，遵循法律赋予自己的权利和义务。

人在复杂的社会中生存，并不是孤立存在的，每个人都扮演着不同的角色，处理着不同类型的社交关系。人出生于社会，成长于社会。人的进步不光要依赖于社会的资源，而且要力所能及地回馈社会。教师在开展友善社会的教育过程中，要增强学生对"关系"的认知以及掌握正确处理与他人关系的方法，同时要把全部的教材内容融会贯通，使得教学资源的利用率达到最大化。教师要提高集体主义精神在大学生教育中的比重，通过培育大学生友善价值观来增强爱国主义与社会主义精神。对于这部分的教学，《思想道德与法治》教材有详细的描述，旨在引导学生在勇于自我奉献的人生经历中收获幸福，在人生篇章中涂抹浓墨重彩的一笔。2021版《思想道德与法治》教材第一章讲述大学生在面对纷繁复杂的社会现象时，要正确客观地认识人的本质，在此基础上选择正确的人生观，实现人生价值。在满是荆棘和坎坷的道路上，也会有鲜花相伴。"的确，一个人之所以能变成他想要的样子，并不是由于他人的介入，而是自我心灵净化的过程。"[1] 2021 版教材第四章和第五章全部在讲述社会主义核心价值观与道德在人生中的重要性，其中，着重描述友善作为道德层面的品质，在培养优质大学生方面必不可少。

三、对自然友善：绿色意识　和谐发展

"人文与自然之间，必然是相互影响的，人类在这连续的关系中起到了连接的作用。人类运用自身与生俱来的能力繁衍文明、发展世界，人基于与自然的和谐互动而改善自身生存的环境。"[2] 友善价值观的客体不仅局限于人，还应包含人赖以生存的环境。经济的快速发展、欲望的不断增强使得人们似乎已经忘记了他们物质资料的提供者是大自然，人类毫无节制的索取已经让大自然不堪重负，土地贫瘠、山洪频发、气温回升、资源短缺等环境问题只是大自然对于人类无穷无尽的贪婪给予的小小警告。如今在以习近平同志为核心的党中央的带领下，环境问题已经得到了很大的改善。习近平总书记多次强调保护生态环境的重要性，提倡人们要顺应自然、尊重自然、保护自然。"路漫漫其修远兮"，在修复自然这条道路上仍有很多工作要做。大学生作为保护生态环境的践行者，理应迈开自己的脚步保护大自然。但由于现实世界绚丽多姿，部分大学生的生态意识被掩藏，茶余饭后的谈资皆是明星、穿搭，丝毫不会提及生态，见到对环境不友善的行为举止或者了解到相关的新闻，不过愤慨几句而已。无论在校园里还是在社会上，总会看到一些大学生做出随地乱扔垃圾、破坏公物等不友善自然的行为。由此看来，当代大学生保护生态环境的意识非常薄弱，仅有的环保观念还简单地停留在课本上，没有充分地认识到建设绿色家园的重要性和紧迫性。通过对大学生友善价值观的培育激发学生的环保意识迫在眉睫。

高校任课教师要丰富教学内容，教学内容不仅包括教材的主要内容，还应该涉及教师在开展理论教学的过程中所融合的时政热点等拓展的内容。首先，教师可以利用国家环保局等相关部门发布的权威数据向学生展现以往人们过度

---

[1] 杜维明. 仁与修身：儒家思想论集 [M]. 北京：生活·读书·新知三联书店，2013：132.

[2] 黄俊杰. 传统中华文化与现代价值的激荡 [M]. 北京：社会科学文献出版社，2002：233.

开采而引发的一系列严重后果以及如今我国生态环境改善后经济欣欣向荣的场景。利用反面案例教学，一方面可以提高大学生的环保意识，另一方面可以督促大学生改善自身行为，成为建设美好中国的积极分子。其次，在高校的思政课教材中，关于友善自然的内容相对较少，这就需要思想政治理论课教师能够紧跟时事热点，从课堂内容改革发力，立足于大学生的思想，进一步加强以人及物的友善价值观的针对性与时代性。另外，由于友善价值观理论性比较强，教师如果只从晦涩难懂的教材出发，容易造成大学生消极的学习态度，教师可以用大学生喜闻乐见的语言讲授，采用多种教学方式，例如多媒体教学、小组讨论等，将教材中精深的内涵与抽象的友善知识转化为学生易于接受的知识点。最后，实践性是思想政治教育的重要特征，也是生态友善价值观教育的内在要求。在大学教育中渗透友善自然思想的最终目的是了解友善自然的相关知识并将理论知识应用于实际情境，达到理论与实践的统一。开展体验式友善自然价值观教育，能够增强学生对生态的理解，切实感受自然与友善价值观的紧密联系。

第二节　加强教师队伍载体建设

高校教育是衡量国家教育水平的一个重要标准，是判断国家发展潜力的重要指标。在今天，党、国家以及高校对于高质量教师的需求从未如此迫切。由于正处于人生"拔节孕穗期"的大学生急需文明精神的仔细呵护和精心栽培，而且思想政治理论课又是落实大学生友善价值观培育任务的关键，所以高校任课教师引导大学生树立正确的价值观责无旁贷。有一支"可信、可敬、可靠，乐为、敢为、有为的教师队伍"[①]，才能为大学生友善价值观的培育守正出新打造良好的基础。

一、提升高校思政课教师的友善素养

习近平总书记指出："要坚持教育者先受教育，让教师更好担当起学生健

[①] 习近平.用新时代中国特色社会主义思想铸魂育人 贯彻党的教育方针落实立德树人根本任务 [N]. 人民日报，2019-03-19（01）.

康成长指导者和引路人的责任。"[①] 教师要自觉将育人与自修相结合，做到以善立身、以善育人，真正做到"纪律要严""人格要正""理论要强"。教师应该强化自身的友善本领，用高尚的情操来引领学生，对学生的行为潜移默化地产生影响；始终坚持"以学生为中心"的教学原则，友善对待学生，从而赢得学生的敬仰与尊重。

思想政治理论课教师既是对大学生进行友善价值观教育的主体，也是自身培育友善价值观的客体。"打铁还须自身硬。"友善价值观是与时俱进的理论，教师要先把自己置于友善价值观的理论学习中，强化友善的相关知识，丰富友善的实践活动。一方面，教师要精读、细读友善思想的相关经典著作，对传统友善作进一步的思考，并寻找传统友善与友善价值观的差别与相似点；另一方面，要反复研究友善价值观的相关热点，领会前沿观点，把握最新的学术理论成果。友善价值观的内容复杂，综合性很强，涉及众多领域，这就要求思政课教师的视野要开阔，能够将所有知识融会贯通，才能使大学生对友善价值观产生浓厚的研究兴趣，打开新世界的大门。

除了加强教师的友善理论知识储备之外，还必须改进思政课教师的育人方法。高品质的教科书是充分发挥高校友善价值观引领作用的先决条件，而育人方法即教育方式则是影响教学效果的关键。首先，教师要提前作好充分的教学准备，可细化为了解大学生的身心发展特点、思想水平、兴趣爱好等几个方面，旨在使教师在课堂教学中能与学生产生深度的共鸣，与学生构建起"平等"的关系。其次，要改变传统的纯理论灌输的教学模式，改革教学方法，增强学生的学习积极性。思想政治理论课教师在进行友善价值观教学活动时，可以通过小组讨论的形式激发学生的学习兴趣，促进学生踊跃发言；可以针对友善价值观的某一观点举办辩论赛，"唇枪舌剑"更容易激起思想的火花，加深学生对友善价值观的理解。最后，教师要本着"以人为本"的原则尊重学生、信任学生。尊重学生是指教师在树立自己权威的同时要宽容待人，营造师生之间友善相处的氛围，同时用专业的友善知识引领学生，"以师德育生德"[②]。信任学生是指教师要有一双善于发现学生优点的眼睛，采用激励的手段督促大学

---

① 习近平. 在北京大学师生座谈会上的讲话 [N]. 人民日报，2018-05-03（02）.

② 阮晓莺，迟沅帅. 高校思想政治理论课教师立德树人的实践逻辑 [J]. 思想理论教育导刊，2020（8）：144-148.

生树立友善价值观并积极践行。

二、转变高校思政课教师的教学理念

随着党和国家对高校教育的重视程度不断提高，为了实现友善教育的现代化，高校教师在新的社会背景下不得不选择转型。以往的教学中心始终是在教师身上，教师全权领导，学生机械性地跟随教师的思路，被动地输入教学内容。新时代下的教学理念要求教师要坚持教育教学是面向所有人的，是服务学生的。以学生为中心的教学理念是国家对教育行业的一次重大改革，这就意味着课堂不再是教师一个人的，教师在教学过程中起到组织和引导的作用，把课堂还给学生，维护学生的主体地位，学生、教师共同参与、共同营造"教师主导、学生主体"的学习氛围。同时，教师的角色定位也发生了改变，教师由原本书本知识的搬运工转变为现在的学生的心灵导师，不仅注重学生知识层面觉悟的提高，更关注学生身心方面的发展，承载着立德树人、开发心智、塑造灵魂的重要使命，力图为社会和国家培养全面发展的接班人。

高校思政课教师在传播友善价值观的过程中，应该充分认识学生的心理特点、性格特征等个性因素，根据不同类型的学生采用不同的教学方式。因材施教是教育界的一个重要的教学方法，既满足了学生的个性化发展需求，又充分发挥了教育的实效性。这种方法理应贯穿友善价值观教育的全过程，以实现学生的协调统一，但是传统的大班教授会因为各种因素的制约而无法达到因材施教的效果，比如学生数量过多、师资力量不足、时间不充裕等。信息时代的到来使得多媒体教育盛行，这就在一定程度上解决了传统教育模式所存在的问题。多媒体的运用可以为教师和学生提供友善价值观的相关内容，可以跨越时空的限制为学生的多样化发展提供更有利的条件，最大限度地实现因材施教。

高校思想政治理论课教师在对学生的评价方面，要一改以往的"唯分数论"，而要关注学生平时的表现，终结性评价要与教师在课堂活动中对于学生的表现形成的形成性评价、教学活动开始前教师针对学生的诊断性评价相结合。新教学理念下的教学评价活动要贯穿友善价值观培育的整个过程，评价空间要从教室延伸到课外，包括每个学生的宿舍、家庭等，由此评价主体就由原来教师是唯一的评价者扩展为包括家长、宿舍长、学生等其他成员在内的主体体系。教学评价内容方面，教师要关注学生在讨论友善价值观的过程中所表现出来的创新能力、沟通能力，同时要时刻关注学生的情感态度变化。另外，教师可以针对不同的学习活动采取不同的评价方法，例如小组讨论可以采取小组评价或者学生互评的方式，整个学期教学结束后可以采取教师评价及学生自评相结合的方式等。创新教学评价的模式，不仅能更全面地了解学生对于友善价值观的理解程度，更能实现以评促学的目标。

三、完善高校思政课教师的培养机制

建党以来，思想政治理论课在我国已经有百年的历史，走过了很远的历程，对于思政课教师队伍的培养与建设同样有着丰富的经验。回顾历史可以展望未来，从中可以更好地汲取经验以改革新时代下的教师培养机制。

培养一支高效、优质的师资队伍，首先要关注的是思政课教师的数量问题。新中国成立初期，我国思政课教师严重缺乏，国家又非常重视学生的意识形态及教育，不得已就由领导干部亲自向学生传播思想知识，或者层层选拔优秀党员将其逐渐培养成教师。党的十八大以来，各地高校为达到教育部的指标，通过多种增量方式，比如扩大思想政治教育类的专业招生规模、招聘优秀毕业生、鼓励思政专业的学生进入高校工作等，终于在 2021 年年底，满足了师生配比 1∶350 的要求[①]。另外在扩充思想政治理论课教师队伍时，不能一味关注数量而忽略了教师的质量，要严格把控思政课教师的教学门槛。首先，在引进教师时，其学术研究能力是主要方面，但教学能力、心理素质、职业道德素养、价值观等要素也应考虑在内。其次，为开阔思政课教师的眼界、更新教师的教学理念、提高教师的教学水平，学校要经常组织思政课教师开展培训、名校进修、国外交流的活动[②]。思政课教师的培训可以在教师入职前就进行，主要目的是将符合条件的优秀生源培养成合格的师资，将其学生思维转变为能担起育人教学重任的教师思维。利用名校进修的机会与更优秀的教学平台、师资队伍等进行交流与互动，新入职的教师和"老教师"可以相互学习、共同进

---

① 教育部社会科学司.学校思想政治理论课教师座谈会精神贯彻落实总体情况介绍 [EB/OL].[2023-03-30].http://www.moe.gov.cn/fbh/live/2022/54301/mtbd/202203/t20220317_608424.html.

② 王岩.关于加强高校思想政治理论课青年教师培养的思考 [J]. 思想理论教育，2020（10）：64-70.

步，更有利于探索全新的教学方式与精深的教学内容。最后，坚持对思想政治理论课教师的激励关怀是夯实高校思政教师培养机制的一大创新。从习近平总书记对教师提出的"六点要求"出发，结合思政课教师的友善专业水平、师德师风、教研能力与成果等要素制定评价标准，同时依据学生的反馈与教师互评结果，多角度地认定教师。对于满足要求的教师给予物质奖励，必要时要结合精神奖励以增强教师的获得感。比如，已经形成的"思政课"教师专门津贴、专门针对友善价值观设立的研究专项以及三级激励机制①，使得思政课教师专心从教而无后顾之忧。对于不满足教学要求的教师也要及时处理，有重大问题的教师要给予处分甚至开除处理，肃清思想问题，整顿不正之风。"奖励"与"惩罚"并存的机制才能使得教师队伍更加团结与完善。

第三节　搭建课程载体

友善价值观是一个国家的精神标识，是国家文化传统得以传承的基因，同时，友善价值观也是为国家和社会培养良好新人的文化资源。高校思想政治理论课的历史使命是立德树人，友善价值观传播的根本任务是教会学生成长，二者本质不谋而合，所以友善价值观在大学生群体中的传播可以借助思想政治理论课这一平台，以更好地发挥铸魂育人的作用。以高校思想政治理论课为载体传播友善价值观，实现对大学生的友善价值观的教育，就是要达到意识形态与中华优秀传统文化的密切结合，便于增强大学生的文化自信，强化大学生的爱国主义思想，提高大学生的友善素养。

一、大中小课程一体化

2014年，教育部针对课程教材、课程内容等方面提出建议，指出要构建大中小学有机衔接、和谐共进的教育体系。2017年，国务院强调要开展分层次教育、多阶段融合的德育方法。2019年，习近平总书记在座谈会上强调："在大

---

① 中华人民共和国教育部．中央宣传部　教育部关于印发《普通高校思想政治理论课建设体系创新计划》的通知 [EB/OL].[2023-04-25].http://www.moe.gov.cn/srcsite/A13/moe_772/201508/t20150811_199379.html.

中小学循序渐进、螺旋上升地开设思想政治理论课非常必要"①，这一论述为友善价值观的培育与思想政治理论课的建设指明了新的方向。实现友善价值观大中小一体化建设是对马克思主义系统理论的贯彻。马克思曾经在进行社会研究时，把社会的运转看成系统的运动，牵一发而动全身，一个环节的变化会影响整个系统的进程。实现友善价值观大中小一体化建设同时也是国家和党中央加强对大学生意识形态领域教育的必要途径。如今网络时代，各种思潮盛行，大学生对于错误观念缺乏足够的判断力，其中一部分原因是大中小友善价值观的培育出现断层的情况，没有有效地贯通。由此，需要构建大中小友善价值观教育一体化，在引领大学生形成良好的价值观的道路上作深入的探索。

首先，教师是立教之本，贯彻大中小一体化要从教师建设入手。高校是友善价值观教育的最后一个平台，是中小学校友善教育成果检验的地方。在大学阶段，这一任务的执行人主要是思想政治理论课教师与辅导员。思想政治理论课教师主要是通过思政课程传授，辅导员通过和学生的日常交往关注学生的思想状况。学校要经常组织思想政治理论课教师与辅导员召开以友善为主题的研讨会，为教师提供如何促进一体化的备课方案以及实现大中小友善一体化资源补充的交流平台。

其次，大中小学校与家庭等其他主体要加强将友善价值观与环境载体融合的理念，友善价值观与环境载体融合的深度影响着学生认同友善价值观的程度。各级学校要打破友善价值观与意识形态教育无关的偏见，共同建设与传承新时代的友善价值观。

最后，针对不同成长阶段的学生所表现出来的不同身心发展特点，摸索可以使得学生无缝衔接的一体化教育方法。中小学注重学生友善价值观教育的理论知识，而对于大学生，可以更加强调友善价值观的实践活动，这样既保证了友善价值观在内容上的层层递进，也实现了形式上的因材施教。大学里可以以思想政治理论课为载体，结合友善主题的相关实践活动，如志愿者服务等，将友善价值观融入实践活动之中，加强大学生的理解。

---

① 习近平.用新时代中国特色社会主义思想铸魂育人 贯彻党的教育方针落实立德树人根本任务 [N].人民日报，2019-03-19（01）.

二、显隐性课程协同化

思想政治理论课政治性、德育性、系统性的特点使得其与其他课程不同，其更加注重的是学生三维目标中情感态度以及价值观目标的达成。但是传统的思政课程只是按计划修完大学六门必修课程的学分，视野局限在既定课程中，这种课程观虽然提高了学生对于理论知识的掌握程度，但是也制约了思政课的建设，阻碍了学生在实践行为方面的行动。如今，习近平总书记对思政课的发展提出更高层次的要求，要求更加重视学生的体验感，把枯燥的书本知识转化为经验总和，这样不仅可以丰富思政课程的内涵，也能开拓思政课程的作用；另外要重视显性课程与隐性课程的互动，既要注重有计划的课程教学，又要注重计划以外的某些要素，比如价值观的内容。习近平总书记说："其他各门课都要守好一段渠、种好责任田，使各类课程与思想政治理论课同向同行，形成协同效应。"[1] 2020 年，习近平总书记强调："打好组合拳，才能讲好思政课。"[2] 思政课程始终处于显性课程的地位，不容撼动。对于大学生的思想政治教育不仅要包括思想政治理论课的教学内容，还要包括其他内容，比如专业课程、非正式课程等。

落实习近平总书记"课程思政"与"思政课程"相互促进的指示，首先，应该从完善制度建设开始。学校要统筹设计，从实际出发，厘清各个学科与思政课程之间的关系，制订合理的教学计划，为不同专业的教师队伍搭建友善资源平台，将友善价值观培育目标列入各个学科课程内。其次，各个专业课教师要树立积极的友善价值观教育理念，具备良好的课程思政意识。教师要深度挖掘专业课教材中所蕴含的友善要素，本着科学的逻辑原则，将友善元素与专业课知识结合在一起，从而达到友善教育效果的最大化。再次，课堂环境、学校环境等也是友善价值观教育隐形课程的来源。受传统教育的影响，教育者与受教育者都会认为课堂与校园仅仅是上课、休息的场所，与学生的思想意识、成绩并无关联，但事实并非如此。教室墙壁上悬挂的励志名言、讲桌的摆放、窗台上的绿色植物等同样可以对学生的心情、注意力、身体健康等产生重要的影响；校风校训是学校的标志，是建校以来所秉持的信念，积极向上的校园氛围可以使学生养成积极向上的心态，有利于开展友善价值观教育。不同层次、不同类型的学校，其对于学生的培养目标也不尽相同。高校要结合当地资源特色与自身实际情况，让学生感受到友善价值观的魅力，发挥隐性课程的作用。最后，家庭教育也是友善价值观培育课程的一部分。家庭环境、家风是掺杂着血缘因素的教育，是友善价值观的文化来源。家长要自觉改善自我友善教育理念，正确发挥家庭教师的价值引领作用。通过自身的榜样示范和言传身教将友善价值观的内容灌输给大学生，帮助大学生明晰自己的社会定位，正确地看待社会中的是非美丑。家长在利用家风涵养学生的友善思想时，要注意和学校密切配合，构建学校、家庭和社会"三位一体"的友善价值观培育模式，推动大学生友善思想的可持续性提高。

第四节　丰富活动载体

拓宽教育渠道、延伸教学场所不仅是教学理念的改革，更是友善价值观教育实践的开展。新时代，对于大学生的友善价值观教育本着回归教育本质的原则，推动友善育人渠道的扩建与拓宽，打造以高校为核心、以家庭为外延、以社会为延伸的空间教育布局，为加强大学生友善价值观培育提供了现实条件。从根本上来说，大学生的友善价值观培育问题是"以人为核心的社会实践活动"[1]，在实践互动进程中发生的任何问题，都能"在对实践深入理解的基础上加以解决"[2]，并能在培养友善意识的交往中赢得对价值观全新的理解。提升大学生的友善理念，既要从大学生自身出发催生主观能动性，也要注重友善实践措施的切实可行性。

---

① 孙其昂，胡沫. 思想政治工作的人本价值 [J]. 湖北社会科学，2002（2）：87-89.

② 中共中央马克思恩格斯列宁斯大林著作编译局. 马克思恩格斯文集：第一卷 [M]. 北京：人民出版社，2009：505-506.

一、激发大学生主观能动性

首先，增强大学生对友善行为的主体意识。激发大学生主观能动性就是发挥大学生在践行友善价值观过程中的主人公作用，大学生要彰显自己在社会主义友善价值观弘扬过程中的引领功能。教师在向学生们传授友善价值观的理论知识时，要坚持新时代教育理念，落实以学生为本的教育政策，逐渐增强大学生在课堂中的主体意识。教师要深知自己在大学生友善价值观培育过程中的主导地位，积极引导大学生开展与友善相关的讨论活动，构建初步的友善实践活动蓝图，鼓励大学生要善于发现友善价值观的逻辑。由此，让大学生内生出对友善价值观的敬仰之情，明确自己的小小善举会在社会中产生巨大影响，激发大学生的自豪感与责任感，以更加积极的态度认知友善、培育友善。

其次，促进大学生对友善价值观"知""情""意""信""行"的协调发展。"知"是一切行动和情感的基础，是指大学生对友善知识的充分掌握，是大学生判断是非善恶的理论依据。"一个有道德修养、接受过道德教育的人，是理性的道德人，他对有关道德的准则、要求、内在机理都有全面的认知，并且有能力将其应用在实际行动中。"[①] 若想在根本上促进大学生对于践行友善价值观的主观能动性，必须从提高紧迫性着手。加强大学生对于友善思想的认知，在了解友善渊源的基础上准确把握友善价值观及其具体细则，辨别友善行为，明晰自己在与他人相处时如何坚持友善的原则，遇到他人不友善的行为时自己应该采取何种态度。高校以培养学生友善认知能力为目标，促使大学生在日常生活中保持清醒的头脑，冷静处理事情，不随波逐流，迷失自己。"行"是友善行为，是大学生友善知识的外化表现，是指人们在日常生活中对朋友、家人、陌生人以及社会所作出的自然反应。高校在对大学生进行友善价值观培育的过程中，一方面要注重学生的理论知识，另一方面要促进学生实现"知"与"行"的辩证统一，强调理论和实践相结合的重要性，激发学生实施友善行为的主观能动性。"知"是基础，"行"是关键，而"情""意""信"三个因素是将友善理论与友善实践连接起来的重要环节，它们能够巩固"知"、改变"行"。"情"是

---

① 邬冬星. 彼得斯的道德教育哲学 [D]. 杭州：杭州大学，1997：210.

动力，"意"是保障，"信"是坚持。"情"在践行友善价值观方面指的是友善情感，是指大学生在对友善有一定了解的基础上对外界客观存在的人或事物、他人的行为举止等，通过自身的某些心理活动而产生的满足内心的价值体验。"意"即友善意志，是指大学生为践行友善价值观克服一切困难的坚强心理。"信"即友善信念，是指大学生在深入了解友善的基础上确定的信仰并甘愿为之努力奋斗的价值认同，是把友善价值观变成"奉行的信念理念"①的努力。综上所述，"知""情""意""信"、"行"五个要素是大学生友善价值观培育中不可缺少的环节，它们互相牵动，共同激发大学生的主观能动性。

二、积极参与志愿服务活动

首先，完善高校大学生志愿服务活动制度。党和国家非常重视青年志愿服务活动的开展，2021年提出的"十四五"规划和2035年远景目标中明确指出："支持和发展社会工作服务机构和志愿服务组织，壮大志愿者队伍，搭建更多志愿服务平台，健全志愿服务体系。"②志愿服务活动有助于培养大学生助人为乐、团队协作的精神，增强大学生的社会责任感，这也是彰显友善价值观最好的行动。只有大学生积极发挥自身的主观能动性，乐于参与志愿活动，才能在亲身经历中感受到友善价值观的崇高，进而加快大学生友善价值观的培育进程。高校要健全大学生志愿服务激励机制。辅导员和学校学生工作处对于学生参加过的志愿活动要作详细的记录，以便对大学生进行一定的物质奖励或精神奖励。通过综合测评，颁发"优秀志愿者""志愿者先进个人"等荣誉表达对大学生志愿服务的肯定，同时允许志愿者优先入党，这些奖励将会极大地调动大学生参与到志愿服务中，从而保障友善价值观的践行。

其次，丰富大学生志愿服务活动形式。拓展大学生志愿服务活动的形式与途径，有助于促进高校对大学生进行的友善价值观培育工作逐步向社会过渡，

---

① 习近平. 习近平谈治国理政：第一卷 [M]. 北京：外文出版社，2018：174.
② 中共中央关于制定国民经济和社会发展第十四个五年规划和二〇三五年远景目标的建议 [EB/OL].[2023-04-25].http://www.qstheory.cn/yaowen/2020-11/03/c_1126693429.htm.

延伸高校友善价值观培育工作的实践范围与空间，同时能帮助大学生以更加丰富多彩的方式提升自我友善水平和实现社会价值，并且通过学生的志愿服务也能将友善价值观带入社会交往中。由此看来，高校要以鼓励大学生参与志愿活动为契机，通过提供专业的志愿培训、有力的制度保障，开拓服务渠道，加大资金支持力度等，为大学生的志愿服务活动顺利进行保驾护航。一方面，高校可以筛选出品学兼优、处理事务能力强且具有一定的管理能力的大学生去社区锻炼，帮助社区工作人员处理相关的社区工作，培养大学生的友善思想。另一方面，高校要为志愿者大学生建立起与社会弱势群体连接的桥梁，引领大学生深入友善实践基地，遵循"一帮多"的志愿规则，通过体验关爱空巢老人、关怀留守儿童、照顾残障人士等扶贫助弱活动，加强对友善价值观的认知与理解。同时，可以结合大学生所学的专业选择适合的服务项目，最大限度地发挥大学生的才能。例如：护理专业的学生可以在社区开展基本的医疗知识普及活动；艺术学院的学生可以为老人举行公益表演；环境工程专业的学生可以为社区家庭提供室内空气检测服务；师范专业的学生可以为留守儿童辅导作业，也可以利用谈心的交流活动给予留守儿童心理安慰；等等。

三、积极参与友善组织活动

为了给国家和社会提供全方面发展的人才，新时代的高校有计划、有组织地开展以大学生的兴趣为基础，以自愿参加为原则，更加切合学生的实际生活，更加具有趣味性的课外实践育人活动。

首先，充分发挥"第二课堂"的协同育人作用。2016 年习近平总书记在全国高校思想政治工作会议上明确强调高校要格外重视"第二课堂"的建设与发展，与"第一课堂"紧密融合，发挥好"第一课堂"的延伸作用。2018 年，共青团中央与教育部联合印发的《关于在高校实施共青团"第二课堂成绩单"制度的意见》，是加强"第二课堂"建设的重要体现，有效地推进了高校教育改革的步伐。高校的宣传部、教务处、学生工作处等相关部门应该发挥部门的教育管理作用，定期制定友善价值观"第二课堂"主题，确保实践活动在能够激发起学生足够兴趣的同时也能最大限度地培养学生的友善思想。国家和教育部制定的一系列的制度与计划为高校开展友善价值观"第二课堂"提供了有利的制度保障。友善价值观"第二课堂"可以与其他的专业课程相结合。例如，环境与工程专业的学生可以在实践中融入生态友善的思想，师范专业的学生可以在实践活动中融入与他人友善的思想。友善价值观培育需要"因时制新"。"第二课堂"可以充分利用网络时代的信息技术，采取线上线下双渠道的教育模式，与学生多维互动。例如，教师以微信等交流频道为载体，发布有关友善的社会热点、时政新闻等，让同学、家长认真阅读并评论，从而创建师生课内外有机联动的生动课堂，促进友善思想的传播。另外，教师可以利用新媒体，让学生模拟政协提案的过程，从中感受中国特色社会主义民主协商政治制度的权威、友善价值观与人民实际生活联系的紧密。例如：让学生模拟"关于有效加强网红直播带货监管的提案"，可以体会到与社会的友善；模拟"关于加强大学生心理健康发展的提案"，可以认识到与自身的友善。

其次，依托社团开展友善活动。高校社团是指有着相同兴趣爱好的学生聚集到一起举办丰富的校园文化活动，从而充实课余生活的学生组织。开创以友善为主题的社团，深入开展友善实践活动，激发学生对友善的学习兴趣，还能够提高学生对友善价值观的坚定程度。例如，从传统友善出发，将友善价值观与中国传统文化结合在一起，邀请专家讲解其中所蕴含的友善思想，让学生对友善价值观的历史渊源与演进有充分的了解；也可以让大学生分享亲身经历过的对别人的关怀或者别人帮助自己的事情，从而对友善感同身受，学会尊重与包容他人。以友善为主题的社团要积极践行"日行一善"，在校园内传播感人事迹与友善典型事例，弘扬助人为乐、融洽相处的友善精神，将友善辐射全校园。另外，还可以与其他类型的社团结合，共同举办以友善为主题的演讲、书画、征文、摄影等比赛活动，可以根据真人事迹改编话剧、小品等，在学校里公开表演和展览，促进友善价值观的传播。

总的来说，通过拓展实践的方式培育大学生友善价值观是一个动态发展的过程，它的实现需要多方通力合作、全员互动。首先，高校及相关教师要为大学生提供专业的技术指导与相关培训，提高实践课堂育人的效率与质量。其次，要引导学生开展实践活动的整体方向，强化育人过程中的组织调控作用，加强对学生行为的监管，及时获得实践课堂育人的反馈。最后，要强调学生实践的结果，利用全面且公正的评价标准分析大学生在实践课堂中培育友善价值观的成果，从而进一步为调整理论课堂有关友善价值观的教学内容作铺垫。

第三章　大学生友善价值观培育的环境建设

环境影响着大学生友善价值观的培育效果，良好的环境是大学生友善价值观形成的重要前提。要系统建设大学生友善价值观的培育环境，依托环境形成对大学生潜移默化的影响；培养和强化大学生的主体意识、民主意识、竞争与合作意识、包容意识等；增强大学生友善价值观的包容性，从而使大学生友善价值观在良好环境的影响下不断发展。

第一节　大学生友善价值观培育的校园文化环境建设

一、依托校园显性文化建设培育大学生友善价值观

显性文化，顾名思义就是我们能够看得见的文化，主要是指校园文化的物质形态，有实际物质载体的文化承载物。有三种常见的校园显性文化：一是符号文化，是指以符号的形式来体现该校文化特色、文化底蕴的文化内容，比如校徽、校旗、校训、校歌等。校园的符号文化能够影响全体师生的归属感和自豪感的生成，是校园所有显性文化中特点鲜明且必不可少的重要组成部分。二是制度文化，指校内约束、规范教职工和学生的各项制度章程，如教师行为规范、学生日常行为规范、学籍管理办法、校历等。三是环境文化，包括校园的总体规划布局、校园的装饰与绿化、各类建筑物以及校园的卫生情况等，也就是我们常说的校容校貌[①]。

---

① 郑洪利. 重视校园文化建设 优化育人环境 [J]. 青岛职业技术学院学报，1997（1）：75-77.

　　优质的校园显性文化的作用良多，其最主要的作用则表现在育人上。显性文化的育人功能对于大学生友善价值观的培育发挥着不可或缺的作用。想要营造一种利于大学生友善价值观培育的校园显性文化环境，需要高校结合实际，有针对性地挖掘资源和谋划布局。首先，可以将校徽、校旗、校训等文化符号作为培育大学生友善价值观的资源。大学校徽、校旗、校训等文化符号体现了该所大学的历史发展、办学特色，又能够折射出其办学理念和办学精神，是极为有效的思想政治教育资源。这些高校独特的文化符号除了应该突出特点、体现办学宗旨以及实现美学价值以外，还应在培育大学生友善价值观方面发挥作用。这就要求思想政治教育者要努力挖掘高校文化符号的育人功能，对这些文化符号进行精细设计，降低文化符号物质层面的消耗，增强文化符号精神层面的价值[①]。例如：景德镇陶瓷大学就将"诚朴恕毅"四个字作为校训，"恕"体现了"恕则仁爱"的校训精神，从而通过校训向各界学子传递了友善价值观；南京医科大学的校训为"博学至精，明德至善"，意在勉励医学生要心存善念，医者仁心；宿州学院的校训为"友善、博学、务实、奋进"，直接把"友善"二字写进校训中，也彰显了该校育人于善的办学宗旨。另外，教育者还要注意对这些文化符号进行诠释和宣传，例如在校运会、开学典礼等重要场合向学生诠释校徽、校训等文化符号的象征意义，或者在录取通知书、纪念品上印发高校的文化符号，达到符号文化育人的良好效果。其次，要在学校规章制度的制定和实施中兼顾大学生友善价值观的培育。学校的规章制度对师生既具有引导、塑造和激励的作用，又具有规范、约束和整合的功能。倘若利用得当，这些规章制度将成为培育大学生友善价值观的宝贵资源。大学生友善价值观培育与高校制度建设也可以形成良性互动、相得益彰的良好局面。一方面，通过培育和践行友善价值观增强广大师生对校园规章制度的认同感和责任感，引导他们自觉遵守校园的规章制度；另一方面，通过不断完善校园规章制度，如设立"友善"相关制度、奖惩政策等，深化广大师生对大学生友善价值观的理解和认同，强化广大师生践行友善的自觉性，努力实现二者同频共振、共同发展。最后，可以将与大学生友善价值观相关的元素融入校图书馆、文化长廊、绿化

---

① 陈华洲．思想政治教育资源论 [M].北京：中国社会科学出版社，2007：137.

等物质建设当中。比如，利用图书馆构建一个大学生友善价值观文献信息资源体系，其信息资源体系可涵盖与大学生友善价值观研究相关的各类载体，如报刊、专著、小说以及数字资源等，高校图书馆应该充分利用在文献资源搜集与建设方面的专业优势，通过推广阅读参与到大学生友善价值观培育工作之中，以营造良好的校园友善氛围，推进校园显性文化育人实践。还可以在校园文化长廊建设中设定与友善相关的主题，通过资源整合、优化处理，用动画、短片的形式呈现出来，因为友善故事具有情节，更能引起学生的兴趣，能够吸引学生的关注，从而以生动有趣的方式宣传大学生友善价值观，让大学生身处文化长廊中，就能够自然地接受文化教育。另外，还可以在遵循生态友善的原则下，科学设计校园的整体布局、建筑物、绿化，以求充分体现人与自然之间友善和谐的关系。实质上，加强校园物质文化建设目的就在于将大学校园营造成为能够反映友善理念并实施友善价值观培育的重要载体，从而唤起大学生内心对关心他人、善待生态的道德意识。

二、利用校园隐性文化建设培育大学生友善价值观

校园"隐性文化"是指学校中客观存在的、常常以潜移默化的方式对学生的发展产生实际影响的各种因素。校园"隐性文化"可以分为以下三类：一是校园风气，通常简称为校风。校风是校园文化建设的核心内容，也是校园文化的最高层次。它是学校人员精神面貌的彰显，不仅体现在教师的教风、学校干部的作风、各班级的班风、学生的学风上，还存在于学校的各种事物和环境之中。校风的形成非一日之功，良好的校风既是高校育人的成果之一，反过来又在育人方面发挥着积极的作用。它有一股巨大的同化力、促进力和约束力，是一种精神力量和优良传统。二是学校的办学思想，这是一个具有鲜明特点的隐性文化内容。学校的办学思想是学校的教育理念、信仰、价值观在日常工作中的体现，对师生员工的工作、学习、生活都起着定向、引导和规范的作用。办学思想应当不完全是一个根据上级文件怎么说就怎么做的死套路，而是在实践上级文件时体现该校对教育独特的体悟与理想。三是学校的价值观念。学校的价值观念是学校全体师生员工共同认可并遵循的取向和观念，它深刻影响着高校教职工、学生的言行举止，形成校园的观念上的文化。

　　校园隐性文化对大学生友善价值观的培育作用，首先体现在它能够创造一个向善的精神世界，以校风、思想观念、价值体系等方式呈现出来的友善价值观念，形成了校园的主流氛围，使学生能够在这样的氛围中不断受到感染和熏陶。其次，与上述观念体系相符合的友善的思维模式、生活方式、工作及学习环境，同样也会潜移默化地影响身处其中的每个人。总之，校园隐性文化对大学生友善价值观的培育功能是在人的潜意识中长时间起作用的，而且这种作用对于每一个处在这种文化氛围里的人来说也是不可避免的。因为不管是否愿意，人都必须生活在某一个特定的文化环境中，不自觉地受其影响，这样的文化环境对人的价值观念的影响具有很强的渗透性和超越性。

　　利用校园隐性文化建设培育大学生的友善价值观，可以从以下三个方面着手：一是通过向善的校风建设培育大学生的友善价值观。首先，思想政治教育者要看到向善校风的巨大力量和作用，积极推进向善校风建设，并使其他教职员工和全体学生认识到向善校风建设的意义和构成，积极参与其中，形成合力。其次，结合时代深化舆论宣传，形成向善的集体舆论。向善舆论的形成，是向善校风形成的重要标志。应采取多种形式进行友善价值观的宣传教育，拓宽向善舆论宣传的广度、深度。充分利用团活、党课、专题讲座、线上交流等形式进行宣传，通过大学生友善价值观的内涵、重要意义、实践途径等对学生进行教育指导，并让学生积极献言献策，以此营造一个友善和谐的舆论环境。最后，端正教风，促进学风。良好的教风是校风建设的重要环节。治标治本都要靠教师，正如习近平总书记所说："教师传道，自己首先要明道、信道。"[①] 要努力培养一支关爱学生、善言善行的教师队伍。教师要认真贯彻习近平总书记在全国高校思想政治工作会议中的重要讲话精神，切实承担起"立德树人"的重要使命；在课堂上，要积极宣传和践行友善价值观，为学生树立良好的榜样，做一位有亲和力、感召力的好老师，从而春风化雨、入脑入心。教风的端正，必然带动向善学风的形成。教师在为人师表的同时，也要引导学生互帮互助，避免恶性竞争，在友善的学习氛围中实现全体师生的共同进步。二是将友善价值观融入高校办学思想当中。办学思想对学校的各项工作均有渗透性的指

---

① 新华社. 习近平在全国高校思想政治工作会议上强调把思想政治工作贯穿教育教学全过程开创我国高等教育事业发展新局面 [J]. 中国研究生，2016（12）：64.

导意义，要想使大学生友善价值观培育取得实效性进展，该所学校的办学思想不能缺席，但学校的办学思想绝不能只重视教学质量和考试成绩，反之，要更加重视学生的品德塑造尤其是友善价值观的培育，从而使大学生友善价值观培育工作拥有思想层面的统领。三是在学校的价值观念中涵养大学生友善价值观。学校的价值观念是构成学校软实力的核心内涵，是一种无形的文化存在和精神存在。要努力促进大学生友善价值观成为学校的主流价值观念，从而形成一种强大的"气场"——彬彬有礼、谦虚谨慎、互相帮助、无私奉献，使得全体师生自然而然地形成友善的精神气韵。

第二节　大学生友善价值观培育的班级环境建设

一、形成和谐友善的班级舆论环境

班级舆论是班级群体内占据主流地位、具有导向性和影响力的思想和言论，是班级文化的重要组成部分，班内每一位同学都会或多或少地受到班级舆论的影响。积极向上、和谐友善的班级舆论对于大学生友善价值观的培育来说具有重要的推动作用，辅导员应利用好班级舆论这一有效的培育渠道，为班内同学营造一个适合友善价值观萌芽发展的班级舆论环境。

首先，辅导员应引导学生坚持正确的舆论导向。对于友善的言论、思想要大力表扬、宣传，注意利用好榜样的力量。"加强学生的理想信念教育，引导学生坚持正确的政治立场和价值观念，强化班内的凝聚力和向心力。"[①]对于班内的不友善思想和言论要及时进行干预，提高学生明辨是非的能力。习近平总书记曾说过："是非明，方向清，路子正，人们付出的辛劳才能结出果实。"[②]只有树立了正确的人生观、价值观，才能作出正确的判断和选择，才能有所收获。其次，维护良好的班级网络舆论环境。网络舆论也是班级舆论的重要组成部分。辅导员应积极营造友善和谐的班级网络舆论环境，在班群、贴吧、博

---

① 刘洪波，杨巍. 新形势下新疆高校班级建设与管理研究 [J]. 新疆大学学报（哲学·人文社会科学版），2018，46（3）：30-34.

② 习近平. 习近平谈治国理政：第一卷 [M]. 北京：外文出版社，2014：258.

客、QQ 空间等网络公共区域，辅导员应带头传播友善的正能量，教导大学生不在网络上诋毁、诽谤、侮辱他人，注意友善用语。

二、正确引导班级中的竞争与合作

在班级内部，合作与竞争是学生之间最主要的两种交往方式，是影响班级氛围的两个重要因素。合作可以增进学生间的情感交流，加强班集体的凝聚力，培养学生换位思考的品质。竞争可以调节班级气氛，激发学生的内在潜能，提升他们的学术水平和实践能力。正确引导班级中的竞争与合作，对大学生友善价值观的培育来说至关重要。

在合作中，辅导员既要学会简政放权又要学会正确引导，要让学生学会独立与他人沟通交流，独立处理人际关系。同时，要教育学生养成换位思考、珍惜他人劳动成果、求同存异等友善思想，帮助学生建立起互相尊重、互学互补、相互包容的合作关系。在竞争中，辅导员要注意引导大学生养成健康的竞争心态，维护内部团结，避免恶性竞争。尤其要注意功利主义思潮对大学生造成的影响，以全方位育人为主要目标，引导学生形成"重过程、轻结果"的良好心态；培养学生奉献集体、回馈社会的友善精神，为学生营造一个客观公正、氛围纯净，能够充分展现自我、提升自我的竞争平台，让学生在竞争中养成戒骄戒躁，宽以待人，友谊第一、比赛第二的崇高品质。

三、深入开展有意义的班集体活动

"只有在社会实践过程中，人们达到了思想中所预想的结果时，人们的认识才被证实了。"[①] 以友善为主题的班级活动就是验证大学生友善价值观合理性的重要实践活动。辅导员应该精心策划、有效落实与友善相关的班级主题活动，充分调动起学生的参与热情，让每一位学生都能在集体活动中感受到来自"大家庭"的温暖与友善。

一方面，应积极组织以友善为主题的实践活动。"大学生社会实践活动的最终效果表现为大学生在实践中增长了见识和才干，完善了品格修养，改造了

---

① 毛泽东 . 毛泽东选集：第二卷 [M]. 北京：人民出版社，1991：96.

自身。"①辅导员应紧紧抓住这一培育途径，积极开展与友善相关的班级活动，例如班级义卖、扫雪、清扫街道、对弱势群体的帮扶等。为了有效落实友善主题活动，达到培育大学生友善价值观的目的，就需要对活动进行精心策划，积极引导。活动首先要具有安全性、可行性，要基于实际，考虑周全。活动形式要丰富多彩、引人入胜，最好能调动起全员参与的积极性；活动内容要贴合主题，达到育人的效果。在活动过程中，要注意充分发挥学生的主体地位，让学生在积极参与中感受温暖与爱的存在，浇灌学生内心善良的种子。另一方面，应做好活动反馈与评价工作。活动的反馈与评价不仅是检验活动是否落实、目标是否达成的重要手段，也是巩固活动效果、强化友善意识的有效举措。通过反馈，辅导员可以收集学生的看法，为下一次友善活动的开展积累经验。通过评价，可以使学生进一步认同友善主题活动的重要意义，从而继续保持自身的友善行为。

四、利用班干部团队带动班级向善风气

班干部是班级中的优秀代表，是整个班集体向前发展的动力和枢纽。班干部队伍对于班级的文化建设有着不可忽视的作用②。辅导员应充分利用班干部团队这一宝贵资源，引导班干部成为大学生友善价值观发展的带头人。

第一，强化班干部的友善思维引领作用。高校的学生干部肩负着双重身份。学生干部首先是受教育者，同时又是高校良好班风的带头人和繁荣校园文化的具体组织者，他们通过自己所做的工作影响和教育广大同学，因此又可以说是教育者③。班干部的思想政治教育工作是至关重要且不能怠慢的，辅导员应该首先重视班干部友善思维的培育和形成，端正班干部的选举动机，培养班干部的奉献精神，从而加强班干部的友善思维在学生群体中的引领作用。首先，辅导员应定期开展形式多样、内容丰富的班委会，在会议中积极调动气氛，给

① 薛天祥. 高等教育学 [M]. 桂林：广西师范大学出版社，2001：171.

② 王建亭，郝秀娟，刘健. 高校班级学生干部队伍建设探析 [J]. 高教探索，2016（Suppl.1）：166-167.

③ 王丽萍. 高校学生思想政治教育与创新思维 [M]. 北京：中央文献出版社，2009：148.

予班干部各抒己见、畅所欲言的空间和机会，让班干部在充分放松的环境中自觉明确责任、发现问题，引导班干部在履职过程中形成舍己为人、热心服务的友善品质。其次，辅导员应尽可能扩大班干部友善思维在班级中的影响，可以促成友善领导小组，在班干部的牵头带领下与同学共同开展友善实践活动、学习友善知识。最后，辅导员应定期与班干部进行一对一的谈心谈话，深入了解班干部自身友善品质的培育情况、班级友善氛围的形成情况，向班干部传达友善思想，引导班干部勇于承担责任，与同学密切联系、共同进步。

第二，加强班干部的友善行为示范作用。班级少数同学通过自荐、竞选、考察等流程当选为班干部，是同学普遍信任、学校着重培养的对象。并且班干部经过锻炼逐渐成长为具有一定影响力的优秀学生代表。比起普通同学，班干部的友善行为在同学中更具有感召力和示范作用，辅导员应善于利用班干部的友善行为带动效应，积极引导班干部多做善事、多行善举，从而为其他同学树立榜样和标杆。首先，辅导员应带领班干部尽可能多地开展友善活动，使得班干部通过身体力行的方式向其他同学传达友善观。例如帮扶班内困难学生、化解同学间的摩擦矛盾等。长此以往，班内其他同学尤其是受到帮助的同学也会受到正面的影响，从而达到以点带面的友善培育效果。其次，应完善班干部友善言行的监督机制。要注意经常听取广大同学的意见，及时了解班干部在实际工作中的友善情况，促使班干部在他律与自律中形成自我反思的习惯，并善于研究与同学良好的相处方式、合理的工作方法。最后，应完善班干部友善言行的考核机制。对班干部的考核不能仅仅停留在工作能力层面，而应该制定具体的友善评价指标。对缺失友善品质的班干部来说，要及时批评指正，让他们有危机感和问题意识；对于表现优异者，也不要吝啬表扬和鼓励，应使其本身进一步强化对友善行为的认同，也可以为其他同学树立良好的榜样。

第三，引导班干部形成团结互助的氛围。班干部团队是一个小集体，各个成员只有做到心往一处想、劲儿往一处使，才能实现整体功能大于部分功能之和的效应。倘若出现彼此对立、一言堂、拉帮结派等不友善现象，不仅会降低班干部的办事效率，还会影响到整个班级的和谐稳定。因此，辅导员首先应重视、促成班干部成员之间的友好相处，将他们拧成一股绳、汇成一股力，共同带动整个班级良性发展。首先，辅导员应积极组织班干部之间的交流合作。在任务分摊中，辅导员应注重公平合理，责任到人；在实践过程中，辅导员应引导他们互相帮助，换位思考；在结果形成中，辅导员应注重培育其包容体谅、礼让他人的品质。在这样的合作当中，班干部成员间更易形成友善的相处模式，形成团结互助的良好局面。其次，辅导员应及时化解班干部之间的矛盾与冲突。辅导员应理智分析其中的不友善因素，找出问题根源，对于不友善一方应给予批评教育，应运用温和的方式方法帮助矛盾双方和解。

第三节　大学生友善价值观培育的家庭环境建设

一、通过家风建设培育大学生友善价值观

家风是家庭在世代繁衍的长期历史发展中积淀而成，并通过家庭成员的行为习惯表现出来的，体现家庭群体较为稳定的共同心理期盼、审美情趣、思维方式和价值取向。家风既是家庭精神的凝聚，又是社会风尚在家庭内部的体现。家庭对其成员的责任，就是要培养符合社会需要的"现实的人"，是处于各种社会关系当中并"从事实际活动的人"。这就要求家庭必须积极关注社会，以社会主流价值观为引领，建立起个体、家庭、社会三者能达成价值共识的良好家风，并进一步发挥良好家风在推进主流价值观培育上的特殊优势，实现对主流价值观的深层次涵养。2015 年 2 月 17 日，习近平总书记在春节团拜会上强调："家庭是社会的基本细胞，是人生的第一所学校。不论时代发生多大变化，不论生活格局发生多大变化，我们都要重视家庭建设，注重家庭、注重家教、注重家风，密切结合培育和弘扬社会主义核心价值观，发扬光大中华民族传统家庭美德，促进家庭和睦，促进亲人相亲相爱，促进下一代健康成长，促进老年人老有所养，使千千万万个家庭成为国家发展、民族进步、社会和谐的重要基点。"[①] 大学生友善价值观作为大学生群体间的主流价值观念，理应成为优良家风内涵体系中的重要组成部分，形成展现友善精神风貌的家庭新风尚，从而使大学生在优良家风的熏陶中，上行下效，潜移默化，逐渐提升对友善价

---

① 习近平. 在 2015 年春节团拜会上的讲话 [N]. 人民日报，2015-02-18（02）.

值观的认知水平，形成友善的良好品格。友善家风的建设是一个动态化的长期过程，需要全体家庭成员同心同德、共同努力。首先，应努力保持和谐稳定的家庭结构。家庭结构是指一个家庭的组成方式和各家庭成员的总体状况。家庭结构对大学生心理健康和个人品行的影响是不容忽视的。有研究表明：成长在稳定家庭结构中的大学生，往往拥有更高的幸福感，性格也比较乐观开朗，这部分大学生对生活充满希望，有着良好的共情能力，乐于帮助他人。反之，成长在不稳定家庭结构中的大学生，则更容易缺乏幸福感和安全感，这其中有些大学生表现为性格内向孤僻，感情淡薄，不愿与人交流，对生活失去信心，缺乏爱他人的能力。因此，维护和谐稳定的家庭结构是营造友善家庭环境的首要前提。这就要求父母要明确树立家庭的责任意识，对待彼此要包容，对待子女要尽量亲自养育，加强亲子陪伴，家庭成员要团结一致，为了整个家庭的幸福而付出努力。在这样的家庭结构中成长，大学生会倍感幸福与关爱，也更愿意将爱传递给更多的人。其次，应努力营造和谐友善的家庭氛围。和谐友善的家庭氛围有利于形成家庭成员间和谐的相处模式，有利于家庭成员友善价值观念的培育。值得注意的是，和谐友善的家庭氛围培育人于无形之中，是一个博大精深的教育资源，通过教育和引导，能将这样的家庭氛围外化为家庭成员自觉践行的友善行为习惯、体现家庭成员友善的价值准则。这就要求全体家庭成员努力营造和谐友善的家庭氛围，在日常交流中应尽可能使用温暖、文明的语言，尤其子女到了大学阶段，父母更应该注意与其交流的方式方法，要充分尊重子女，维护其在该发展阶段的自尊心，从而促进子女心理的健康良性发展。在日常生活中，无论是夫妻之间还是父母儿女之间，都要多包容、多体谅，在这样的家庭氛围中，孩子也能够懂得推己及人，也能够学会尊重、理解更多的人。再次，应理性树立家长的权威。树立家长的权威并不等同于家长"独裁包办"。所谓家长的权威，是指家长在尊重子女个体人格发展的基础上，合理利用父母的社会阅历、知识水平和人格魅力等优势，获得子女发自内心地对家长的认可和尊重。子女在年幼时由于缺乏一定的理论和生活实践经验，难以树立起系统的友善价值体系，这就需要将幼儿友善价值观培育建立在与父母的情感关系之上。情感既包括父母对子女的爱，也包括父母在子女心目中树立起来的权威。家长权威的树立是一个长期的过程，很多家长在子女幼小时有很高的权威，但随着子女年龄的增长，尤其是到了大学阶段，孩子与外界接触日益增多，自我意识不断强化，独立分析、解决问题的能力也越来越强，有些家长的权威就日渐削弱甚至子女完全抵制并出现叛逆。这时候，有些家长会将问题归咎于子女身上，认为是子女太过叛逆，殊不知问题往往出在家长自己身上。家长首先要反思自己有没有将"权力"当成了"权威"，有没有在尊重子女的基础上树立权威。因此，尊重子女是树立权威的前提。另外，父母要注重利用自身人格魅力树立权威。倘若父母具有善良崇高的品格，那么就会在子女心中形成高大威严的形象，子女也会把父母视作榜样，自觉效仿。例如，很多公安干警的英烈子女长大后子承父业，继续为国家和人民贡献自己的青春和热血，这就是父母利用人格魅力的权威向孩子传递友善的能量。

二、依托优良家训涵养大学生友善价值观

家训是指家庭对子孙后代立身处世、持家治业的谆谆教诲，是家庭文化的重要组成部分，对个人的教养、原则和价值观念都有着重要的约束和指导作用。"家训"一词在现代来说可能显得有些陌生，但在中国古代却是独具特色的家庭文化，其内容之丰富、意义之深远是世界各国文化所不能比拟的。现在，中国特色社会主义已经进入新时代，全体中国人民正在努力实现中华民族伟大复兴的历史任务，而新时代的大学生作为中国特色社会主义事业的后备军和冲锋队，更要注重这一群体的道德建设。以爱祖国、爱人民、爱社会主义为基本要求，大力倡导培育彬彬有礼、谦逊谨慎、友好和善的新时代大学生。这就要求"家训"在大学生人格塑造中发挥重要作用。家训在长期的封建社会中孕育和发展，不可避免地受到封建社会严格的等级制度和尊卑观念的制约，受到封建的轻视妇女等观念的影响，形成"君为臣纲、父为子纲、夫为妻纲"以及"三从四德"等教条。我们要以辩证的观点去审视传统家训，既要看到积极的内容，又要看到消极的内容。在新时代家训建设与践行中，我们要取传统家训之精华，去传统家训之糟粕，依托优良的家训培育大学生的友善价值观。

所谓优良的家训是既传承了我国传统优良家训，又符合社会主义核心价值观要求，并且能够在培育大学生友善价值观当中发挥重要作用的家训内容。构建优良家训以涵育大学生友善价值观，主要有以下两个途径：一是将传统家训

的友善内容融入新时代家训建设当中。中国优秀传统家训作为中华优秀传统文化的重要组成部分，是社会主义友善价值观的源头活水之一。传承和丰富传统家训中的友善内容关乎新时代大学生的友善水平，关乎社会主义和谐社会的构建，是一条具有时效性的培育和践行大学生友善价值观的途径。古代家训中凸显友善内容的不胜枚举。例如，《蒋氏家训》中有言："不得逼迫穷困人债负，及穷佃户租税须宽容之，令其陆续完纳。终于贫不能还者，焚其券。人有缓急挪移，取利不得过贰分。"① 这就是在家训中告诫家人不能向穷困人逼债及向穷佃户逼租，要宽容他们；还比如，家训名篇《袁氏世范》指出："飞禽走兽之与人，形性虽殊，而喜聚恶散，贪生畏死，其情则与人同。"② 因而，"物之有望于人，犹人之有望于天也"③。袁采要求家人天气寒冷时经常去检查一下牛马猪羊鸡狗鸭的圈窝是否遮风挡寒。他认为："此皆仁人之用心，见物我为一理也。"不少家训都抨击了滥杀动物以满足口腹之欲的行为，甚至将"爱惜物命"提到了"养心""求仁""积德"的高度。再比如，《郑氏规范》中郑文融这样看待邻里关系："宁我容人，毋使人容我。"这展现了乐群贵和、文明谦恭的与人友好相处之道。这些深有友善意味的传统优良家训是我们建设新时代家训的宝贵资源，我们不仅要善于挖掘和传承，更要结合时代特色加以丰富和创新，使家训的形式和内容都更符合新时代社会发展的需要、新时代大学生身心发展的规律。要善于利用现代教育理念和通俗易懂的语言诠释家训的核心内涵，使得家训成为大学生易学、易用、易于传颂的道德准则。二是注重优良家训的躬行践履。优良家训绝不应该只停留在纸面上、口头上，这样的家训失去了其应有之义，成了游离于现实生活之外的抽象而空洞的条条框框。具有实效性的优良家训应该能够成为指导家庭成员行为标准的家庭道德规范，具备现实的可操作性。要充分发挥优良家训知行合一的特点，强化在实践中激活家训友善元素的生命力，要将家训中的友善内容贯彻到家族成员的日常行为中，使之成为一种习惯，使友善家风代代践行。要把家训落细落实。例如：在大学生遇到人际关系困扰时，家长要利用家训引导其形成和谐且恭谨的处事之道，教导孩子以

① 徐梓. 家训：父祖的叮咛 [M]. 北京：中央民族大学出版社，1996：325.
② 陈君慧. 中华家训大全 [M]. 哈尔滨：北方文艺出版社，2016：322-323.
③ 陈君慧. 中华家训大全 [M]. 哈尔滨：北方文艺出版社，2016：303.

和谐、仁爱、恭敬、诚信的态度对人对事；在他人遇到困难并求助时，家长要率先践行家训，为他人慷慨解囊、雪中送炭，从而为大学生树立起良好的榜样，让大学生在心悦诚服的基础上自觉践行友善，进而促进优良家训的培育和传承。总之，各家庭要充分重视优良家训的重要作用，通过多渠道、多方法积极地尝试培育和建立新型的家训，利用优良的家训培育大学生友善价值观。

三、采取科学的家庭教育方式

家庭教育是整个教育的开端，家庭教育早期是孩子接受性和可塑性最强的阶段。这个时期养成的价值观念及行为习惯，往往跟随人的一生，"三岁看大，七岁看老"正是这个道理。想要在家庭教育中为自己的子女上好"友善"第一课，就要注意采用科学的家庭教育方式。在教育学著作《爱弥儿》一书中，卢梭批评了家庭教育容易走入的两个极端：一是父母对孩子的关爱不足，导致孩子情感缺失。关于这一问题，书中以"母亲拒绝亲自给孩子哺乳而找保姆代替"为例，批评母亲对孩子的关爱缺失；又以"父亲借口工作繁忙不能亲自教孩子而给孩子请家教"为例，批评父亲对孩子的关爱不足。孩子从小缺失来自父母的关爱，就很容易造成性格敏感、情感淡漠甚至是人格方面的障碍等问题，具体表现为对周围的人或物漠不关心、容易猜忌、"玻璃心"、人际交往能力弱、友善意识淡薄等。二是父母过于溺爱孩子，使孩子经受挫折的能力下降。关于这一问题，卢梭在书中也列举了许多例子，说明父母对孩子的溺爱及由此产生的不良后果的严重性。比如，下雪天不让孩子去外面玩耍，总是给孩子穿最暖和的衣服，这些表面看似关爱孩子的行为，实际上是在扼杀他们抵御寒冷的能力，削弱他们的身体素质。再比如，孩子一哭就立刻顺从他，让他们从小就养成以哭威胁成人的习惯，形成了以自我为中心的不良品行。卢梭在《爱弥儿》一书中的观点，可以说为当前采用科学的家庭教育方式培育大学生友善价值观提供了借鉴和启迪。

作为家长，在教育子女时要做到以下几点：一是遵循平等原则，采用民主的家庭教育方式。孩子是独立的个体，不是家长的附属品，许多家长认为孩子必须言听计从、服从自己，这样独裁的家庭教育方式往往会害了孩子一生。因此，父母要有意识地营造民主的家庭氛围，多倾听孩子的想法，虚心接受孩子的建议或意见，帮助孩子树立自信心，把孩子看作与自己平等的人，只有这样，孩子才能学会与他人平等相处，这是友善价值观形成的重要体现。二是遵循适度原则，采用严慈并济的家庭教育方式，正如卢梭在《爱弥儿》中所表达的观点，溺爱和放任不管都会对孩子的身心健康造成极大的伤害。这就要求家长把握好"爱"的度，既不能无休止地满足孩子的要求，让孩子形成"唯我独尊"的意识，也不能认为孩子是负担、是累赘，放任不管，让孩子从小就缺失陪伴和关爱，而是要做到爱而不溺、宠而不娇。与孩子进行有涵养的交流，给予孩子有原则的爱，让他们在温暖中成长成才，学会正确审视自己，学会把爱传递给他人。三是遵循自由原则，采用张弛有度的家庭教育方式。随着家庭中独生子女越来越多，很多家长把唯一的孩子视作自己的希望，并且对于孩子的行为多加干涉，害怕他们受到外界的不良影响，不希望孩子与他人多交往，甚至对于孩子的活动时间和活动范围都加以限定，更有甚者则不希望孩子参加集体活动，害怕耽误学习时间。这些不科学的家庭教育方式都不利于孩子友善价值观的形成。孩子需要自己探索外部世界的空间，也需要在实践中形成明辨是非善恶的能力，更需要在与外部世界的交往中逐渐树立起友善价值观念，在这一过程中，家长要做的就是给予他们充足的自由、及时的鼓励和正确的引导，为孩子友善品质的形成提供有力的支撑和温暖的呵护。

四、重视家长的友善行为对子女潜移默化的影响

家庭是孩子人生的第一课堂，父母是孩子的第一任老师，孩子接受的最好的教育就是父母优秀的言传身教。对于培育大学生友善价值观来说，家长的友善水平往往直接影响着子女友善价值观的形成和发展，正如曾子所言："婴儿非与戏也。婴儿非有知也，待父母而学者也，听父母之教。"家长的言传身教成了大学生友善价值观培育过程中最直接、最具有影响力的培育方式。因此，在家庭教育中，一定要重视家长的友善行为对子女潜移默化的影响。首先，要重视父母友善言行的提升。"传"和"教"的输出，其前提是父母本身就有一些值得输出、可以输出的东西，父母想要利用自身影响培育起子女的友善价值观，日常就要通过自己友善的言行为子女树立起良好的榜样。在

践行友善的过程中，家长要做到心口一致、表里一致、言行一致、前后一致，只有这样才能赢得子女的尊重与信服，家长也才能成为子女学习和敬仰的对象，从而让他们在效仿父母的过程中自然地形成友善的良好品质，并且这种友善品质一旦形成，在他们心中是根深蒂固的，能够伴随、影响他们终身。所以，父母要通过言传身教来培育子女的友善价值观，要面对的问题就是不断提升自身的友善水平。其次，家长不光要以身作则，树立起典范，还要注意对子女的友善言行有意识地加以引导，这就涉及如何"传"与"教"的问题。在这个过程中，家长要把握教育的主动权，随时关注子女的一言一行，对于不友善的言行加以批评纠正，对于友善的言行加以强化，还可以通过其他的实践活动提升子女对于友善价值观的认同，比如带子女参加慈善义卖活动、鼓励他们用自己的零花钱捐助贫困山区的孩子上学，和他们一起去孤儿院、敬老院献爱心等，并且要与他们多沟通、多交流，倾听子女内心的真实感受，实现父母与孩子间的良性互动，从而以实际行动来强化子女的友善情感，推动子女的友善价值观的自我内化。

第四节　大学生友善价值观培育的自媒体环境建设

一、建立健全自媒体环境监管机制

党的二十大报告中指出，要"健全网络综合治理体系，推动形成良好网络生态"。党中央对于网络生态治理的高度关注，充分证明了对于加强网络环境综合治理的坚定决心。法律是道德的最后准绳，因此，对于大学生友善观的提升和培育，净化培育空间和舆论环境，不单单是简单的教育问题，还迫切需要法律法规的强力保障，筑牢法律法规制度底线，以稳定大后方。自媒体具有大众化、多元化、碎片化和交互性的特点，与当今社会的快节奏高度融合，并迅速发展，成为新时代最前沿的行业之一。一方面，自媒体丰富了群众尤其是大学生群体的信息挖掘方式，畅通了民意表达愿望的渠道，另一方面，自媒体所具有的即时性和包容性等特点也使得一些不友善的信息和行为难以得到及时的规制和惩戒，对当代大学生的价值观引导产生负面影响。实践证明，新事物的发展创新必须要在规则的制约下进行，否则可能会产生难以估量的影响。当前的法律法规虽然在一定程度上可以对自媒体环境中的违法违规行为进行规制，但仍然存在着一定的滞后性，难以与飞速发展的自媒体行业完美适配，在实践中也难以得到有效适用。因此，应建立起一套完善的具有针对性的与自媒体相关的法律制度，加强网络立法，切实提升其可操作性和可执行性。

首先，要强化自媒体领域立法，推动自媒体空间治理制度化、规范化。应明确立法目标，确定立法准则，建立完备的监督体系。第一，要结合自媒体空间特点，开拓新型的、广泛的参与形式，在立法程序的启动、审查、提交、表决等阶段，以网民讨论、网民投票等创新形式吸引民众参与，在广泛收集民意和深入钻研社会背景的前提下，推动自媒体空间立法，凝聚群众认同。第二，作好衔接。既要探索自媒体立法新流程，作好自媒体立法与传统立法程序的衔接，使其最终上升为国家法律；又要作好自媒体空间法律与现实自媒体实践的衔接，完善网络管理体系。作好组织保障，扩大自媒体空间网络活动中法律的覆盖面；实事求是，与时俱进，具体问题具体分析，制定出科学有效的法律规范；细化法律条例，优化问责渠道，切实提升自媒体环境治理的专业水平。

其次，要强化自媒体领域执法。对于自媒体空间网民反映强烈的突出问题，要加大执法力度，扩展执法覆盖面，强化监管和整治要点，严厉打击"造谣诽谤""网络诈骗""裸贷""人肉搜索"和"个人信息隐私贩卖"等严重影响大学生身心健康的非法现象，对自媒体环境下造成严重社会影响的网络事件中的发起者、传播者和监管者规定明确的追责制度，并根据受害者的损失范围明确赔偿范围，提高违法成本，遏制犯罪者的主观意图。对于自媒体平台中的违法违规事实，强化整改，依法处置危害国家网络安全、侵犯公民个人信息等违法行为。同时，创新监管手段，通过信息公示、强化用户保护等方式，清理"网络水军"等违法账号、贴吧和群组，拦截造谣、诋毁、谩骂等负面信息，降低安全隐患，推进网络空间法治化发展，为大学生友善观的培育打造和谐有序的自媒体空间。

二、优化自媒体环境友善评价制度

自媒体的流行和发展是大势所趋，各个自媒体号信息的发布除了受到法律法规的制约外，还需要在自媒体平台的规范下开展正常的运营。因此，各大平台应当严格管理制度，优化评价方式，从而营造风朗气清的自媒体环境，营造友善氛围。

首先，自媒体平台应当积极承担起社会责任，自觉把社会责任和经济效益良性结合起来，将营造崇德向善的互动氛围作为平台所追求的企业文化。自觉增强企业责任意识，增强自主创新能力，提高技术水平，提升企业文化高度，倡导友善价值观。应主动在自媒体平台中开设时政板块，并扩大影响力和展示力度，紧跟主流媒体，旗帜鲜明、大张旗鼓地宣扬友善典型和鲜活精神，如"感动中国十大人物""最美乡村教师"等，使其深入人心。在自媒体环境中，主动塑造友善精神、传播友善能量、坚定友善信念，能够使大学生在自媒体环境中感受到友善观力量的精神鼓舞，使友善精神进一步得到洗礼和升华。自媒体平台是大学生友善观培育课程设计的资源宝库，对自媒体中资源的有效利用能够丰富友善的呈现形式。幽默诙谐的漫画和脱口秀、声文并茂的诗朗诵、情感丰富的音乐剧、庄严肃穆的政治纪录片等各种各样丰富多元的资源都有可能为大学生友善观念的塑造埋下种子。平台应在友善环境营造过程中，主动破除"信息茧房"和大数据精准推送，避免大学生因信息过滤在自媒体环境中产生信息孤岛化的现象。兴趣是最好的老师，以学生喜闻乐见的形式传递友善，以新鲜的时政热点切入，更能够切实拉近和学生之间的距离，走进青年网民内心，从而将友善观理论转化为情感意志，提升大学生对友善观的认同度，根植友善精神。

其次，平台应当加强监管和治理，严格把控，建立科学的审核制度。自媒体环境的净化为大学生友善观念的树立培育土壤。自媒体环境中信息量大，形式多元，用户发布的文字、音频、视频乃至实时直播数量庞大，加之用户信息的发布具有即时性和碎片性，因此建立行之有效的权力约束与管理机制具有重要意义。从源头方面来说，自媒体平台应该对用户发布的信息严格把关，创新管理方法，利用新技术突破监管难题，建立起科学筛选与监控的有效方法，做到"先审核再发布"。从根源上切断恶意欺诈虚假信息、负面反动不良信息和宣扬西方所谓"民主思想""普世价值"等违背友善思想信息的发布和传播。对于已经发布造成一定影响的虚假反动信息，应当及时删除并积极配合相关部门进行规范管理，履行社会责任。严格实行自媒体用户注册实名制制度，配合相关部门对特殊用户，如粉丝众多的"流量明星""网红大 V"等加强管理和监督。对于大学生用户应特别关注，多次告知并提示该平台的使用规范、注意事项及法律准则，将不良信息的负面影响降到最低，承担起疏解矛盾、化解冲突的作用，将自媒体环境建设成为一个扬善抑恶的道德场域。只有充分凝聚自媒体平台中的友善热情，才能调动起大学生在网络人际交往中善意的一面，使大学生在一个风清气正的环境中感受到友善，进而学会友善、传递友善。

三、提高教育者自媒体媒介素养

自媒体的兴起重构了当代人际主体间的交流模式与信息传播方式。高校是大学生友善观培育的前沿阵地，教育生态的变化使友善观培育更具挑战性，其特殊性要求教育者具有更高层次的友善教学水平及更具时代性的媒介素养。教育者理念的更新与技能的提升，关系教育方式的进步和创新，关系大学生友善观培育的深化发展。《大学》有云："大学之道，在明明德，在亲民，在止于至善。"[①] 与人为善，自古以来就是中华优秀传统文化的重要思想。到今天，友善已经成为国民的基本素养，成为社会主义核心价值观的重要组成部分，被纳入国民教育体系。因此，教育者也应当与时俱进，在不断提高自身友善理论水平的同时，更加注重提高自身的自媒体媒介素养。

首先，在课堂上，教育者应当提升自媒体使用技能。自媒体的飞速发展已经使其不是简单地局限于日常交流沟通和文件传输等基础功能。虽然当下 QQ、微信、抖音、微博等 App 在学生和教师之间的普及率已经很高，但其在教学方面的功能并没有完全地发挥出来。教育者应当熟练掌握使用主流自媒体 App 的方法，积极探索其在思政课堂中所具有的教育引导功能，为自媒体环境下创新教学方法、创新教学思路提供多重可能性，如直播课堂、弹幕实时互动、匿名

---

① 张居正 . 大学·中庸 [M]. 北京：中国华侨出版社，2009：26.

点评等，以充分发挥自媒体对大学生友善观培育的教育引领作用，从而提高思政课影响力。丰富的媒介信息和多元的教学方法，有利于使单向的友善理论灌输逐步转变为多向的情感交流和多元素互动，从而有利于打破现有大学生的友善观培育框架，为激发课堂活力和学生创造力提供新思路和新思考。

其次，高校应当加快推进教师队伍媒介素养建设，培养善于运用自媒体教学能力的师资队伍，以牢牢把握住当前自媒体环境下的教育主动权。一方面，高校应当建立教师的媒介素养培养机制，并将媒介素养纳入教师的评价体系中，以媒介素养和能力，促进教育者尤其是思政教师的教学能力提升，从而发挥自媒体优势，在校园中建立起良好的师生沟通模式，拓宽友善观培育的教育渠道。另一方面，高校还应当提高对学习通、慕课、雨课堂等在线教育工具的重视，在网络空间营造良好的友善教育阵地，以顺应教育发展规律，结合新型教育形式，与时俱进，对大学生的友善观培养进行正确科学的引导，使崇德向善的道德追求强有力地渗透到大学生的价值观认同中。

再次，教育者应当树立自媒体思维。自媒体环境下的大学生群体，与以往相比能够接触到更加丰富多元的文化和广阔的知识范围。相比于现实生活中的人际交流，大学生在自媒体环境下更容易找到志同道合的倾诉对象，表达渠道的畅通性和便捷性使得大学生更愿意在网络中抒发情感和发表观点，如在朋友圈中感谢同学的善意，在微博中转发公益众筹链接，或者在抖音上谴责不友善的行为等。因此，除了常规的教学阵地，自媒体平台也是了解大学生友善价值认同和践行状况的重要渠道。教育者应当树立自媒体思维，在自媒体环境中主动与大学生建立联系，深入挖掘自媒体平台中大学生发表的碎片化内容，增强辨别信息的能力，从而及时了解大学生的思维变化并发现问题，主动为学生解决人际矛盾，或纠正其在网络上错误的价值认知，从而消除不友善行为的负面影响，并引导其在自媒体环境中主动践行友善行为，传播友善能量，弘扬友善理念。

最后，教育者更要以身作则，树立友善教育的观念，并将这种观念融入自媒体教学中。在思政课堂上和课余生活中有意识地传播友善思想，这就要求教师真切落实"立德树人"的根本任务，主动学习友善相关理论，尤其是阅读社会主义核心价值观的相关学术性书籍，以提高自身水平。思政教师还应当树立以学生为本的教学理念，从学生的实际情况出发。在教学课堂开始前，认真了解大学生的理论水平、接受程度，根据当下大学生群体心理状态进行教学设计，做到因材施教，将理论和实践结合在一起，将灌输和疏导结合在一起，将学理性和趣味性结合在一起，使大学生能够通过课堂感受到教师的学术魅力和自媒体教学的趣味所在，真正在情感层面认同友善、践行友善。辅导员队伍也是大学生友善观教育中不可或缺的重要力量。作为大学生成长和发展道路上的引导者，除了理论方面的教育和灌输外，辅导员还应在生活和学习方面为大学生提供帮助和引导。因此，辅导员也应当积极提高自身的友善理论水平及帮助学生解决在人际交往过程中遇到的问题的能力，通过多种方式开展以友善为主题的教育活动、社会志愿服务活动，组织学生参与社会公益活动等，在校园范围内形成良好的友善氛围，以科学的理论引导大学生坚定友善信念。

四、强化大学生自媒体环境下友善自律

大学生友善观的培育，既有外因，也有内因。社会教育、家庭教育、学校教育是促进大学生友善观培育的重要外在条件。内因是事物变化的根据，大学生自身对于友善品格的追求和向往也是提高大学生自主性的内在路径。习近平总书记强调，新时代中国青年要锤炼品德修为。止于至善，是中华民族始终不变的人格追求。因此，大学生自身对于友善观学习的内生动力是大学生唤醒道德自觉性、强化友善自律、内化友善认同、践行友善品格的强大动力来源。

首先，大学生要树立自媒体环境友善意识。一方面，大学生应当在自媒体环境中主动提升自我学习能力，深化对友善思想的认知与理解。大学生友善观的培养离不开大学生自身对于友善价值观念认同的强烈动机。大学生应当充分发挥主观能动性，在成长和学习的过程中，对于自身的道德观念、对于友善的认知水平、对于友善的情感和意志不断地进行检验、反思、充实和提高，加强友善的自觉性，不断地提升和完善自我、塑造并锻炼自我。大学生应学会以礼待人、与人为善，在现实的社交领域或自媒体环境下的人际沟通中都能够发自内心地秉持着坚定的友善信念，锤炼友善品质，并在人际交往中宣扬正能量，在社会、学校和家庭中营造和谐的友善氛围，传递友善的美好品质。另一方面，大学生应当善于发现身边和自媒体环境中的友善榜样，养成自觉向榜样学

习的习惯。榜样示范的正面影响能够引导大学生积极反思自身的缺点，并在对比中认识到自己的不足。榜样的力量为大学生树立了优秀的示范，大学生在言行举止中自觉地向优秀品行靠拢，不断完善自身，进入更高的道德境界。

其次，要丰富大学生自媒体环境友善实践。大学生应当在自媒体环境中主动践行友善行为。大学生对于友善观的践行集中体现出其对于友善观念的认知、对于友善品格的情感认同和道德意志。大学生对于友善品德的内化认识，只有落实在实践中，外化于行，才能够真正得到转化和巩固。一方面，现实生活中践行友善。大学生应主动参与社会和学校组织的各项公益活动和志愿服务，如探访敬老院、孤儿院，为社区中有困难的居民做一些力所能及的服务等。通过实践服务，能够让大学生对于课本上客观的理论知识有感同身受的情感体验和价值认同，从而在现实生活中得到获得感，促进认识与践行友善价值观的良性循环。另一方面，大学生应当提高逻辑思辨能力，提高甄选信息与解读信息的能力。网络是一个复杂的社会系统，融入了大学生生活的各个领域。但是当前很多大学生还处于一种自发、无意识、盲目的状态，对自媒体及其传递的信息容易产生严重的误读、误用以及可能被其严重误导。大部分的大学生并没有意识到自媒体平台背后信息发布者参差不齐的现状，只是借助自媒体宣泄情绪、自我放松。在自媒体环境中，言辞激烈、"人肉"行为和"无脑"跟风等"隔着屏幕"的偏激行为与网络暴力现象频发，大学生在纷繁复杂的信息中，应当学会保持清醒的头脑和客观的态度，坚持正确的、积极的、向上的思维方式，保持自律、保持慎独，避免人云亦云，坚持自我，勇敢对负面信息说不。当大学生遇到煽动性的不友善言论时，应该克制住自我的激动情绪，从各个渠道搜集较为全面的信息，从而学会对其形成一个客观而系统的把握后再发表自我的见解和看法。同时，大学生还应当提升自媒体素养，坚持学习各种先进的自媒体技能和各个领域的知识，正确利用好互联网这个新时代最具潜力的工具，发挥最大能量，提高并充实自我，加强自我约束。

第四章　大学生友善价值观培育的机制建设

机制建设是大学生友善价值观培育的重要举措。大学生友善价值观尚处在不断发展阶段，只有构建好相关机制，依托校内协同培育机制、制度保障机制、宣传教育机制、实践内化机制的不断建设和发展，才能为大学生友善价值观培育提供更多优质平台、更多宝贵机会，从而确保大学生友善价值观培育的长效性。

第一节　构建大学生友善价值观的校内协同培育机制

一、增强辅导员对友善价值观的教育引导

辅导员是专门从事大学生友善价值观培育的一线工作者，是落实党和国家教育方针、实现最终培育目标的骨干力量，是促进大学生全面发展的重要角色。辅导员应积极发挥职业特点，集合一切可利用的班级内外培育资源，将大学生友善价值观培育作为自己义不容辞的责任和终身探索的课题。

（一）重视大学生友善价值观的培育

友善价值观不仅是班级稳定和谐不可缺少的元素，更是大学生个体全面发展、成人成才的基本品质要求。辅导员作为班级建设的带头人，是大学生友善价值观培育最直接的组织者和引领者，他们能否重视大学生友善价值观的培育，能否将友善品质的培养纳入班级建设的重要组成部分，对于大学生养成良好品行、身心良性发展都有着至关重要的影响。

首先，辅导员应该提高自身修养，强化相关知识储备。"其身正，不令而

行；其身不正，虽令不从。"[1] 在友善行为方面，辅导员应率先垂范，做学生的榜样，以自己的人格魅力教育影响学生；另外，辅导员应树立终身学习理念，开阔与友善相关的知识视野，更新与友善相关的知识结构，结合实际情况自觉自愿地参加与友善相关的培训课程与讲座。其次，辅导员应该学会关爱、包容学生，将友善传递给学生。"当你的学生看出你对他的爱护照料的价值时，即便你自己不说有多大的价值，他是会感觉到它有多大的价值的，从而使你在他的心中享有任何力量都无法摧毁的威信。"[2] 日常工作中，辅导员要走出办公室，走进公寓楼，深入课堂与学生进行交流，及时了解学生的实际需求，掌握学生的所思所想，成为学生亲密的良师益友。要特别关注学困生、贫困生、心理问题学生等特殊学生群体，帮助他们解决困难、打开心结，要注重调和少数民族学生与汉族学生间的文化差异与习惯差异，努力营造和谐的氛围。只有学会关爱大学生、温暖大学生，才能成为大学生心中友善的榜样，学生也会将这份友善传递给更多的人。最后，辅导员应更新观念，进一步加深对大学生友善价值观培育的重视程度。辅导员应自觉将大学生友善价值观培育作为自己的工作职责，并善于统筹资源，挖掘有效渠道和方法对大学生友善价值观进行培养。与此同时，高校班级内部很多问题的发生都能够折射出大学生友善价值观的缺失，作为辅导员在按照校规校纪处理此类问题时，也应该有一定的敏锐性，在批评教育的同时达到友善价值观培育的效果。

（二）加强与思政课教师的协调合作

班级建设与思想政治理论课是大学生友善价值观培育的两个主要渠道，辅导员与思政课教师则是大学生友善价值观培育的两个主要角色，但就目前而言，这两种主要培育方式往往存在脱节现象，辅导员与思政课教师的交流也是微乎其微的。思想政治理论课以理论学习为主要形式来培育大学生的友善价值观，是一种目标明确的、显性的培育手段；班级建设以学生管理为主要形式来培育大学生的友善价值观，是一种潜移默化的、隐性的培育手段。如果能够将二者结合起来，让"有形之手"与"无形之手"共同发力，必然会收到事半功倍的效果，这就需要辅导员与思政课教师有效沟通，协调合作。一方面，思政

---

[1] 杨伯峻 . 论语译注 [M]. 北京：中华书局，2009：88.

[2] 卢梭 . 爱弥儿 [M]. 方卿，译 . 北京：北京出版社，2009：358.

课教师通过与辅导员交流，能够更加清晰地了解授课班级的学生特点，从而施以适合学生需要的授课方式，有针对性地对大学生友善价值观进行理论指导。除此之外，在进行统一授课的同时，在保护学生隐私的前提下，还可以采取恰当的方式，根据实际情况对个别同学进行重点关注和教育，从而为学生提供更加切实有效的思想政治理论课。另一方面，辅导员通过与思政课教师的沟通，能够更加详细地了解学生的理论水平，并且可以根据思想政治理论课当前的授课内容安排班级活动、主题班会，让理论课堂和实践教学呈"嵌套式"发展，打造"随时随地"的"第二课堂"，把"纸上谈"变成"实践行"①，从而帮助学生更加直观生动地掌握理论知识，并转过来为实践服务，以期实现理论与实践相结合的理想效果。

（三）增进与大学生家长的交流沟通

辅导员与学生家长是大学生友善价值观培育过程中不可缺少的两个角色，然而，由于大多数大学生已经成年，拥有良好的自我生活能力和强烈的自我意识，相比小学、初中和高中，高校缺少与学生家长沟通的有效机制，辅导员很难了解学生们的家庭背景、性格特点，家长们也难以掌握学生在学校的具体情况，使得班级内开展的友善价值观培育活动得不到家长的有效支持，严重削弱了大学生友善价值观培育的效果。一方面，辅导员应该积极与学生家长建立沟通。可以通过电话、网络、书信等多种方式与家长保持密切的联系，交流学生的在校情况，了解学生的性格特点；应特别注重与学困生、贫困生等个别同学的家校沟通，并依据学生的自身情况来施以有区别的培育引导，从而增强大学生友善价值观培育的针对性。另一方面，辅导员应该积极征求、采纳学生家长的建议和意见。在利用宿舍活动、班级活动、主题班会等形式培育大学生友善价值观时，辅导员可以提前与学生家长沟通商量，鼓励学生家长出谋划策，辅导员再酌情采纳，这种方式不仅能够更好地得到家长们的支持，其活动形式也更贴合学生们的需求。

---

① 张家玮 . 立德树人：给学生心灵埋下真善美的种子 [J]. 高校辅导员，2019（2）：17-19.

二、强化专业课教师的大学生友善价值观培育责任意识

专业课是培育大学生友善价值观的"第二课堂",专业课教师是高校思想政治教育队伍中不可或缺的角色,但是当前很多专业课教师尚未意识到自己承担着提升大学生思想道德水平的重要责任,把全部的时间和精力都放在了自己的研究领域,只看重学生的专业成绩和专业水平,而忽视了学生的人格塑造和道德提升。《大学》中有"德者,本也;财者,末也"①,这是我们中华民族几千年来的教育宗旨。德行是立身之本、做人之本,本立而道生,有了德行的基础以后,才会拥有其他的一切。人最可怕的,不是没有知识,而是没有德行,而良好德行的一个突出表现就是友善。倘若培养出来的学生只有才干没有德行,利用自己的专业所学去作恶,那最终将成为危害社会的毒瘤。因此,专业课教师应当切实承担起培育大学生友善价值观的责任,将"课程思政"建设落实好、发展好,成为塑造学生友善品格的良师益友。

首先,专业课教师应该深入挖掘专业知识中蕴含的友善元素。

习近平总书记指出,要用好课堂教学这个主渠道,思想政治理论课要坚持在改进中加强,提升思想政治教育亲和力和针对性,满足学生成长发展需求和期待,其他各门课都要守好一段渠、种好责任田,使各类课程与思想政治理论课同向同行,形成协同效应。②专业课教师应以习近平总书记课程思政重要论述为指导思想,通过挖掘、提炼专业课程中与人为善、乐善好施等思政元素,实现专业知识传授与友善价值引领的有机统一,进而构建起各种专业课程与思想政治理论课程同向同行、多方协同的育人格局。专业课教师应在专业课授课过程中向学生传递友善思想,在专业实操中倡导学生践行友善。比如:在做实验或合作探讨时,鼓励学生相互帮助、合作完成;在问题讨论中,引导学生学会倾听、互相尊重等。

其次,专业课教师应该鼓励大学生利用本专业所学好德乐善。

利用专业课教学培育大学生友善价值观,其成效归根到底还是在于学生,

---

① 朱熹.四书章句集注 [M].北京:中华书局,2011:98.

② 刘军涛,赵纲.习近平在全国高校思想政治工作会议上强调把思想政治工作贯穿教育教学全过程 开创我国高等教育事业发展新局面 [N].人民日报,2016-12-09(01).

具体表现为学生能够积极、主动地利用自己的专业所学行善事、做好事。为达到这一成效，专业课教师应该通过各种方式引导、鼓励大学生利用专业知识好德乐善。第一，专业课教师应该让学生正确理解学习专业知识的社会价值，那就是面对我国在科技文化创新领域存在的不足，面对日益激烈的国际竞争，新时代的大学生们必须奋起直追，努力学习专业知识，刻苦钻研，努力成才，义不容辞地肩负起发展我国科技文化的历史重任，从而让学生在心中树立起社会责任的意识，理解学习专业知识的深刻价值内涵。第二，要鼓励大学生运用所学的专业知识和专业技能投身于服务人民和国家的事业当中。对于大学生的善举善为，专业课教师应该给予大力支持和公开表扬，并进一步强化大学生将专业知识与实际生活相结合的能力。专业课教师更应该以身作则，成为大学生践行友善的鲜活的榜样。第三，要防范、制止大学生利用专业知识危害人民、危害社会的行为。近年来，也有一些大学生利用自身专业优势危害他人利益，破坏社会秩序，甚至走上了违法犯罪的道路。为减少大学生犯罪，实现这一群体的良性发展，专业课教师也应该发挥自身的重要作用，对于学生间利用专业知识开展的失德行为要及时发现和制止，平时要加强正向引导，教育他们要利用专业所学多做善事，不做坏事，奉献人民，奉献社会。

最后，专业课教师应将大学生的友善水平纳入专业课评定标准。

大学生正处于青春发育期，生理、心理各方面都处于尚未完全成熟的阶段，具有极大的可塑性。也正因为如此，他们的友善价值观既不是与生俱来的，也不可能一成不变，将会在多种因素作用下，随着年龄的增长而逐渐形成和发展起来。专业课教师应基于大学生这样的身心发展特点，通过科学的专业课评价标准，帮助大学生牢固树立起友善价值观。专业课教师应转变"重才能""轻德行"的专业课评价理念，自觉把学生的友善言行纳入专业课评价标准当中，从而培养出德才兼备的合格大学生。具体来说，对于学生在课堂上、实践中的友善言行，专业课教师要及时发现并给予表扬和鼓励，要引导学生在专业课学习中相互分享学习经验、相互合作、共同进步，对于做得好的学生应该给予一定的成绩加分，以此来强化学生的友善言行，营造一种和谐友善的专业学习氛围。反之，对于在专业课学习时，学生诋毁他人、不尊重他人的行为，或是在考试中舞弊、帮助他人舞弊等行为，专业课教师也应该给予批评和教育，并扣除相应的专业成绩，从而给学生以警醒。总的来说，将学生友善水平纳入专业课评定标准，有利于学生更加兼顾自身"德"与"才"的均衡发展，专业课教师应始终以习近平"四个引路人"的教育思想为科学指引，既做学生学习知识的引路人，又做学生道德垂范的引路人，既做学生尊敬的"经师"，又做学生爱戴的"人师"。

三、引导高校行政职能部门共担大学生友善价值观培育工作

高校行政职能部门主要是指高校内相互联系的不同权力和职责主体，承担着协助领导、服务学生、协调各类关系、统筹各项资源等任务，是高校得以正常运转的重要保障。在"立德树人"的时代背景下，高校应承担起服务和育人的双重责任，在行政工作中彰显使命担当，回应社会关切，体现高校办学理念，满足学生人格发展尤其是大学生友善价值观发展的内在需求，从而配合校内思政教师、专业课教师以及其他校内职能部门协同育人，形成校内"四位一体"的大学生友善价值观培育模式。

（一）高校行政职能部门应成为大学生友善价值观培育的政策支持者

高校行政职能部门具有制定政策的权力，而培育大学生友善价值观也需要相关的政策作为支撑和保障，因此，高校行政职能部门的政策制定应该回应大学生友善价值观发展的诉求，确保培育大学生友善价值观这项工作能够持续开展并取得成效。作为高校政策的制定者，在培育大学生友善价值观这项工作中可起到两个方面的规制作用：一方面是保证参与主体参与的有效性，即在把握友善价值精髓、充分尊重学生民主权利的前提下，发展和创设更多的培育大学生友善价值观的渠道，并且通过共同体运行机制保障，使广大学生能够真正参与其中，并取得培育大学生友善价值观的良好效果。另一方面，是控制参与的良序性，即有序扩大高校学生的参与规模，合理控制其他培育力量的介入程度，以保障该项工作开展的稳定性与常规性。

（二）高校行政职能部门应成为大学生友善价值观培育的资源支撑者

新时代，站在服务育人的新起点上，为推动大学生友善价值观的高质量发展，教育行政职能部门要积极进行培育资源要素的整合，与其他培育力量协同整合、优化，包括课程资源、师资力量、财政力量、社会资源、相关信息、制

度政策等育人"能量"与要素高效流动，围绕目标要求，将资源糅合进培育的各个环节当中。例如，在这项工作开始前就应该投入相当的师资力量，予以相应的政策支持，在运行过程中，应广泛开发课程友善资源、搜集社会资源，跟进和完善相关制度等，待一个阶段的培育工作完成后，也应该加以财政支持用于表彰先进，激励下一阶段工作的良性发展。教育行政职能部门应切实跟进培育工作，善于在培育过程中挖掘有效资源，并合理应用于培育本身，从而促进大学生友善价值观培育资源的内生性可持续发展，保持其运行的动态平衡。

（三）高校行政职能部门应成为大学生友善价值观培育的行动引领者

高校行政职能部门育人效果的提升离不开其部门内部的"人"的自我更新。正所谓"打铁还须自身硬"①，只有激发起高校行政人员的内在育人动机，勇于承担培育大学生友善价值观的使命，才能真正实现服务育人的效果。因此，在培育大学生友善价值观方面，高校行政职能部门不仅要扮演好政策制定者、传达者的角色，还应当强化行政人员对于培育友善各类项目规划的对接、协调意识，监督、调查意识，从而解决政策"不落地""难落地"的问题。例如学生的校外友善社会实践、实地参观以及社会企业或个人力量对于学生的友善帮扶等，这些友善行为的背后都需要行政部门扮演好行动引领者的角色，在过程中演绎好监督、调查者的角色。想要做好这些，需要相关行政人员增强责任心与工作能力，亲力亲为跟进政策执行，细心观察，查漏补缺，广泛听取参与主体的意见或建议，深入一线体察政策的合理性和可执行性，从而以实际行动保障友善价值观培育的规范性、实效性发展。

四、鼓励高校后勤部门共同参与大学生的友善价值观培育

高校后勤管理工作具有复杂性和烦琐性的特点，其具体工作包括宿舍管理、校区活动、维修改造、装备计划以及服务保障等多项内容，在管理过程中需要与学生、学院频繁沟通。高校后勤管理工作是高校改革创新发展的重要支撑，也是为广大师生生活、工作、学习提供物质与安全保障的关键机构②。后

---

① 中共中央文献研究室. 习近平总书记重要讲话文章选编 [M]. 北京：中央文献出版社，党建读物出版社，2016：217.

② 刘樊. 高校后勤管理水平的提升思路 [J]. 大学（研究与管理），2021（12）：15-17.

勤管理部门作为高校的服务部门，同样也承担着服务育人、管理育人的重要职责，后勤管理水平和后勤工作人员的友善意识能够直接影响大学生友善价值观的产生和发展。面对新时期高校新的育人要求，高校后勤管理部门要以"立德树人"为根本，加强自身服务建设，通过提高后勤服务的政治站位和工作人员的政治觉悟，参与到大学生友善价值观的培育当中。

（一）后勤部门要为培育大学生友善价值观提供人力支持

后勤服务可以说覆盖了大学生校园生活的方方面面，这样的工作属性也决定了后勤部门在培育大学生友善价值观中的重要地位。后勤部门对学生进行服务和保障的过程就是对大学生渗透友善思想的过程，是培育大学生友善价值观的有效途径。因此，想要发挥后勤部门的友善培育功能，就要打造一支有素质、有觉悟、有能力的后勤工作队伍，可以组织后勤部门内部定期开展思想政治理论学习或者定期开展培训，强化后勤工作人员培育大学生友善观的责任意识。在工作中，后勤工作人员要革新工作理念，将全员育人、全方位育人、全过程育人作为开展工作的目标导向，以此展现后勤工作育人价值，通过后勤服务引导来帮助大学生树立友善价值观念；后勤工作人员要善于将友善元素融入实际工作中，如在为学生服务时应态度亲和、友善用语，及时解决学生的困难；在宿舍管理时应引导学生和舍友和谐相处，营造温馨友善的宿舍氛围，从而通过价值引领、行动引领加强学生的友善意识，发挥后勤部门的育人功能。

（二）后勤部门要为培育大学生友善价值观提供物力支持

后勤部门为高校师生提供基本的物质生活保障，是高校得以正常运转的客观物质基础和必要条件，也是后勤部门的基本职能。后勤部门的物质保障涵盖师生学习、生活的方方面面，覆盖校园的角角落落，从教室的桌椅、黑板、多媒体设备等教学物质资源，到学生宿舍、教师办公室的基本设施配备，再到食堂的环境、食物的供应以及校园里的一草一木和各类设施建筑，都由后勤部门来管理、维护和统筹规划。高校后勤的物力支持能够为师生提供必要的物质保障，有利于改善高校师生的学习条件和生活环境，帮广大师生消除后顾之忧。同时，后勤部门也能在提供"物"的有形服务的同时传递无形的思想观念和价值观念。比如：后勤部门可以打造、维护校园内良好的生态环境，并附上"保护生态环境"的标语，从而引导学生善待自然、保护环境；后勤部门可以为校园内的流浪动物搭建防护棚或救助基地，鼓励学生参与到保护流浪动物的行动中来，从而引导学生善待动物；在教学楼或学生宿舍内，后勤部门也可以通过物质建设打造温馨的学习、生活环境，从而营造友善的氛围等。总之，后勤部门要将友善观无形孕育于校园物质生活的有形之中，通过提供物力支持培育大学生友善价值观。

（三）后勤部门要为培育大学生友善价值观提供项目支持

由于各高校办学理念、办学特色、历史背景等不尽相同，其后勤部门在长久发展的岁月沉淀下也形成了独具特色的后勤管理模式。要提升后勤部门服务育人的质量，让后勤部门在培育大学生友善价值观当中发挥作用，还需要主动出击，在提供人力、物力支持的前提下，结合大学生友善价值观发展的特点和学生的内心需求，积极创新培育手段，搭建培育平台，开发培育大学生友善价值观的项目。要坚守"立德树人"的初心，勇担铸魂育人使命，紧密结合后勤服务的工作性质，围绕食堂饮食、宿舍建设、用水用电、垃圾回收、勤工助学等学生关切的大事小情，广泛征求学生的意见建议，把后勤服务与培育大学生友善价值观项目建设紧密结合起来，比如，可以举办"最美宿舍"评比活动，让学生在齐心装扮自己宿舍的过程中增进宿舍成员彼此之间的感情，通过相关项目建设为学生搭建情感交融的平台。

第二节　完善大学生友善价值观的制度保障机制

一、民主机制建设是培育友善的重要保障

加强校园民主制度建设，不仅是凝聚人心、构建平等的师生关系与友好和谐的生生关系的重要保障，而且是培育大学生友善价值观、实现大学生德智体美劳全面发展的必要条件。因此，校园民主制度应广泛融入校园各方面管理和校园各项活动当中。

（一）应该在学校各项工作的决策中加强民主制度建设

不管是学生会选举、发展学生党员、奖、助学金评选等任何决策活动都应做到公正公开透明，与每位同学切身利益息息相关的事，都应该坚持民主原则，进行共同商议、集体表决，学生只有在一个风清气正的环境中和公正平等的民主制度中才能激发起内心深处的友善意识，从而转化为实际行动，自觉维

护当下的和谐环境。

（二）应该在高校畅通民意诉求通道

高校畅通民意诉求通道，有利于充分维护学生的民主权利，激发学生的民主意识。高校可以通过学生座谈会、校长信箱、热线电话、网络留言板、领导接待日等各种形式，畅通大学生提出意见、建议和个人意愿的渠道。要发挥好行政职能部门的功能，做好校园信访工作，开展好信访工作领导班子和网络建设，针对大学生反映的突出热点和难点问题及时把握情况，督促相关人员妥善解决，及时回复学生。要扩大高校对社会的开放力度，注意媒体及社会各界对学校各方面工作的评价和反映，及时发现问题及时整改，接受社会监督。学校通过建立民意诉讼通道保障大学生的民主权利，而大学生在反映个人意愿的过程中也会受到潜移默化的积极影响，使其可以用宽容之心接纳他人，能够更加设身处地地为他人着想。

二、奖惩机制建设是培育友善的推进器

奖惩机制是大学生友善价值观培育重要的激励手段，在十八届中央政治局第十三次集体学习的讲话当中，习近平总书记就特别强调："要注重在日常管理中体现价值导向，使符合社会主义核心价值观的行为得到鼓励、违背社会主义核心价值观的行为受到制约。"大学生友善价值观形成的过程中，奖惩机制发挥着不可替代的作用，可以通过科学合理、切实可行的奖惩机制鼓励先进、鞭策后进，进而激发大学生内心的友善意识，削弱内心的不友善念头，调动大学生践行友善的积极性。

（一）学校应制定合理的友善激励机制

激励机制鼓励人们在学习、工作和生活中表现出高度的积极性、能动性以及创造性[①]。激励机制的目标制定要充分考虑学生现有的友善水平和践行能力，不能过低也不能过高，要实现学生"跳一跳能够摘到桃子"的效果，要实现价值目标同奖励、回报的有机结合，为培育大学生友善价值观提供制度支持。例如，可以将综合测评加分作为一项激励机制不断推进。综合测评是

---

① 陈成文，姜正国. 思想政治教育学 [M]. 长沙：湖南师范大学出版社，2007：246.

对大学生在校阶段的德、智、体、美、劳等方面的综合评定，其分数高低往往会影响学生的价值观念、荣誉取得及长远发展。可以将大学生的友善行为与其综合测评挂钩，在友善方面表现突出的同学可以给予科学合理的加分政策，以此激励学生保持友善品行，继续朝着该方向发展。但是，这一策略更多地强调学生的综合性发展，忽略了对某一特定品质的专项培养。为弥补这个不足，还可以在学校内部设立"友善荣誉专项奖"，对积极践行友善的大学生给予表彰和物质或证书奖励，从而树立起积极践行友善的大学生模范榜样。

（二）学校也要制定相应的友善惩罚机制

在制定友善惩罚机制时，教育者一定要正确认识惩罚机制设立的根本目的，那就是惩罚本身不是目的，教育才是初衷。适当的惩戒，让大学生有所畏惧，而不是为所欲为，也帮助大学生拉起一条心中的"底线"，让大学生在规章制度的约束下实现友善价值观的良性发展。正如著名教育学家夸美纽斯所言："犯了错误的人应该受到惩罚，但他们之所以受罚，并非因为他犯了过错，而是为了使他不再犯。"因此，教育者要针对不友善的大学生采用正确的惩罚手段，把握好惩罚的"度"，真正实现"以惩促进"的效果。比如，对于存在不友善行为的大学生进行综合测评减分的惩罚，从而对其不友善行为产生负强化效果，约束学生规范自身言行，实现良性发展。另外，家长以及学校的思想政治教育工作者还应该配合恰当合理的说教，和学生摆事实、讲道理，让学生真正意识到问题所在，并要求学生对其不友善行为产生的后果负责任，责令其立即改正，以此纠正学生的不友善言行，培养学生的友善责任意识。

三、评价机制建设是培育友善的重要衡量标准

评价的目的是塑造人、完善人。不要求每个人都能做到十全十美，但希望每个人都能在评价的过程中养成良好的品格。在大学生友善价值观培育过程中，评价是尤为重要的一个环节，只有对学生的友善及不友善行为进行及时、正确的评价，才能使大学生对友善价值观形成正确的认识，才能激发起大学生践行友善的积极性和主动性。因此高校教育工作者应积极探索各种大学生友善价值观的评价方法，对学生的思想言行作出恰如其分的评价，才可以推动大学生友善价值观的发展，反之，若没有评价或评价脱离实际、方法错误，也会成

为阻碍大学生友善价值观发展的瓶颈。

（一）应建立起形成性评价和终结性评价相结合的评价机制

对于大学生友善价值观的评价，其过程和结果都应有所体现。因此就需要形成性评价与终结性评价共同发挥作用。所谓形成性评价，是指在大学生践行友善的过程中，对其行为表现以及所反映出的情感、态度等方面的评价，是以激励学生、帮助学生有效调控自己的行为为目的的，从而使学生形成对于友善的正确认识，能够更加客观地审视自己的优缺点。所谓终结性评价，是对最终行为结果作出相应的判断，其主要目的是了解目标的完成情况。高校思想政治教育工作者要采用灵活的方式对学生进行形成性评价。例如，在校内外友善活动中，对于大学生的友善活动要给予及时、得体的评价，夸奖也好，批评也罢，切不可千篇一律，要根据每一个学生的实际情况给出有价值的评价。终结性评价是选拔学生的重要手段，但是也要注意利用终结性评价实现大学生友善价值观的良性发展。一方面，目标制定要科学合理；另一方面，要做好评价后进一步的交流、引导工作，让学生在评价中受到教育。教育者在落实好这两种评价方式的同时，也要注重二者的紧密衔接、有机结合，让评价贯穿大学生友善价值观发展的全过程。

（二）应建立起定性评价与定量评价相结合的评价机制

大学生的友善品质体现在日常生活的点点滴滴之中，只有采取定性评价与定量评价相结合的方式才能形成更科学完备的评价体系。所谓定性评价法，就是通过平时观察和逻辑分析，用特定的方法或恰当的语言对学生的友善言行进行分析的评价方法。而定量评价就是对学生的友善言行作出定量结论的评估。在定性评价中，可以采用温暖、得当的评价用语，这样不仅呵护了大学生的心灵，还能让他们通过评语对自己的言行有更加清晰的认识。在评价中，也要适当运用定量评价的方法。教师可根据具体情况采用不同形式的定量评价方法，评分标准要注意公平公正，这样才能让每位同学心服口服。定性评价和定量评价有各自的特点和作用，教师要科学利用、妥善安排，让这两种评价方法在培育大学生友善价值观中发挥出其应用的作用。

（三）应建立起自我评价与他人评价相结合的评价机制

大学生思想品德形成的过程是复杂的辩证统一的过程，是主观因素与客观因素相互协调、平衡统一的过程，因此，大学生的友善言行不仅需要来自外界的鼓励与引导，更要有自身清醒的认识，才能自觉查漏补缺，不断进步，由此自我评价与他人评价相结合的评价机制才会产生重要的作用。自我评价法，就是学生按照一定的友善评价指标体系，对自己的情况进行自我评价，以达到预期的评价目的。这种评价方法不仅有利于被评价者对自身作出正确的衡量，还能进行相应的调整，以此不断完善自己。而他人评价法，则是指被评价者自身之外的他人对评价者作出的评价。他人评价法相对比较客观，评价的结果具有有效性、可靠性等优点。

对于自我评价，比较易于组织，教育者可以根据本班的实际情况定期开展。大学生自我评价的表现形式有很多种，其中最常见的就是学生友善发展"记录袋"。学生友善发展"记录袋"是遵循学生个人意愿建立属于自己的友善发展记录，学生把自己拟定的活动计划、活动笔记以及自己在践行友善的过程中遇到的问题放入友善发展"记录袋"中，然后由教师带领学生进行汇编，定期整理自己的友善发展"记录袋"，并自觉做到随时增添内容。通过对友善发展"记录袋"的自我整理、自我保管，大学生能够养成查漏补缺的优良习惯，还能培养他们的创造性。

自我评价方法有众多优点，但是因为其缺少外界参照系，不能与他人进行比较，所以必须与他人评价方法进行巧妙结合。他人评价方法来源有很多，例如校内领导、学生家长、同班同学、相关社会人士的评价都是他人评价。其实现形式也是多种多样的，例如家校合作就是家长参与评价的一种普遍形式，邀请家长共同参与对学生的友善评价，请家长和孩子共同建立孩子的友善发展"记录袋"，定期开展线上、线下的家长交流会。这些以家长为评价主体的评价方式，不仅能够促进孩子与家长之间的情感交流，也能让家长更深入地了解孩子的性格品质，从而制订合理的培养计划。而来自社会人士的评价也是不可缺少的。教师可以在假期给学生布置一些友善社会实践活动，例如帮助孤寡老人、探望残障儿童等，然后请参与实践的另一方社会人士对学生的社会实践活动给予评价。这种评价方式能够检测、培养学生在活动过程中所养成的人文关怀、友善品质。不管是自我评价还是他人评价，表现形式都很灵活。教师要基于学生的特征和发展规律采用最合适恰当的方式开展，在此过程中，还要注重自我评价与他人评价的完美结合，使得学生能够获得从内而外、纵横交错的友善评价。

第三节　建立大学生友善价值观的宣传教育机制

一、依托学校公众号宣传大学生友善价值观

与报纸、广播等传统媒介相比，以微信公众号为代表的新型媒介展现出新的特点和优势，能够更加快捷地为受众提供信息，同时也成为新时代大学生获取信息的重要途径。庞大的用户数量和强大的用户黏性使通过高校微信公众号培育大学生友善价值观成为可能，也体现出培育模式的与时俱进。

（一）打造"友善"板块创新公众号内容

微信是当今大学生与人交流、分享生活的重要工具，而公众号又内置其中，其发布的内容很容易引起大学生的关注和访问，因此，要善于将大学生友善价值观的相关元素整合到微信公众号的推文当中，借助微信公众号传播速度快、范围广、影响大等特点，向学生有效传递友善价值理念。一方面，要注意微信公众号内容的创新。传统的友善价值观培育更加偏重理论知识的学习，学生的学习热情不高，对理论的接受效果也不尽如人意。而微信公众号的内容形式呈现多样化特点，文字内容简洁明了，搭配丰富的静图、动图、音频、视频等素材，再经过精美的排版，能让枯燥的友善理论知识瞬间变得活灵活现起来，学生的阅读量与关注度也得到明显提升。因此，要在创新微信公众号内容上下功夫，让公众号成为大学生关注友善、交流友善的"新天地"。公众号内容要注意时效性，尽可能选择一些与友善相关的时政热点推送，往往更能引起学生的阅读兴趣。公众号内容、形式的选择要迎合大学生的心理发展特点，这样才能引起他们对内容本身的关注和思考。公众号管理者尤其是教师也要及时掌握学生的思想动态，从而更加有针对性地开展大学生友善价值观的培育工作。另一方面，要注意微信公众号的友善内容与思政课堂友善内容的有效衔接。随着微信公众号功能不断完善和发展，其中自带的用户留言、投票、抽奖、视频分享等功能可以作为思想政治理论主课堂的有益补充，教师可以借助

微信公众号平台，将线下活动放到公众号上开展，让微信公众号成为"第二课堂"。例如，开展以友善价值观为主题的演讲比赛、知识竞赛、微电影等实践教学活动，鼓励学生通过微视频、图片等形式参赛，将优秀作品在微信公众号上展出或开展线上投票。这样的线上参与方式符合学生特点，能够带给学生一种全新的学习体验，从而极大地激发学生的参与热情，让学生在广泛参与中并逐渐树立起友善价值观念。

（二）培养一支优秀的公众号运营团队

想要利用微信公众号培育大学生友善价值观，离不开一支优秀的公众号运营团队，因此，要加强公众号运营团队建设，更新教育理念，熟悉新媒体运作。公众号的运营团队要守正创新，通过推广相关公众号引领大学生友善价值观发展。要善于开发、应用新媒体技术，依托公众号搭载培育大学生友善价值观的"第二课堂"。应打造一支由教师牵头引导、学生骨干和学生工作者组成的熟悉公众号运营、胜任文化宣传工作的专兼职队伍，从而通过公众号将与友善价值观相关的新闻、舆论、活动、主题教育等进行宣传和推广。可以定期开展校内的新媒体运营培训课或开设相关选修课，课程内容应包括大学生网络工作、网络舆情分析与处理、推文撰写与排版等，培训或选修课程一方面可以培养新的公众号运营人才，为公众号运营队伍注入新鲜血液，另一方面也可以提升现有工作人员的工作素养和能力。公众号运营工作也应分工明确，涉及的友善素材搜集、推文撰写、图片整理、视频拍摄以及小程序开发、舆论监控等都要有专人负责，学校也应为运营团队提供资金、技术及硬件支持。

（三）加大宣传力度，增加公众号用户数量

微信公众号作为宣传大学生友善价值观的重要手段，是成本极低的宣传窗口。学校思想政治教育者一定要利用好公众号这一优势，拓展多种渠道对公众号进行宣传，避免单一化。一方面，要使大学生对公众号的关注由被动转为主动。大学生对微信公众号的关注存在着主动性和被动性的双重特质，倘若他们对公众号推送的内容感兴趣，就会主动关注并阅读内容信息；而被动性关注往往表现为由于外部压力而不得不关注，学生本身对公众号并不感兴趣，推送的内容大学生也未必会查看。这样的规律就要求除依靠微信公众号自发推送外，还应广泛开拓宣传渠道，强化宣传力度。比如，可以把每期有关友善的精彩内容向学生的 QQ 群、微信群主动分发，教师和微信公众号运营人员也应积极转发公众号，从而吸引学生的关注。另一方面，公众号推送的文章标题应该足够吸睛，能够迎合学生的心理发展特点。学生在详细阅读推文内容前，第一眼看到的就是文章标题，倘若文章标题足够吸引人，更能引来学生驻足观看，因此文章标题一定要既能突出友善内容特点又能引发学生阅读兴趣。总的来说，有吸引力的标题和畅通无阻的宣传渠道二者缺一不可，只有二者兼备，才能有效保证蕴含着友善价值观的推文被大学生所关注和感悟到，从而确保高校微信公众号的友善价值观宣传教育收到实效。

二、利用校园广播宣传大学生友善价值观

校园广播是校园文化特色的鲜明体现，一段时间的学习结束后，当校园广播在耳边轻柔响起，校园里的人也将进入一种放松舒适的状态。利用校园广播宣传大学生友善价值观，并不是期待其能起到直接的教育效果，而是能通过校园广播渲染一种和谐友善的校园氛围。利用校园广播宣传大学生友善价值观，应注意广播员的语气、广播的内容、广播的时间三个方面。

（一）广播员的语气要温柔有感染力

校园广播作为传统媒介的一种，主要是通过声音传递信息，其优点是对象广泛、传播迅速、功能多样、富有感染力，这也是校园广播的魅力所在，也使得校园广播更容易走进学生的心灵深处。播音员饱含深情的声音，更容易与学生产生共鸣。基于这一点，想要通过校园广播培育大学生的友善价值观，应对播音员的播音素养也提出相应的要求：一方面，播音员的语气要温柔。有研究表明，温柔的播音语言往往更能拉近与听众的距离，给人以友善、亲和的感受。因此，播音员要通过语言艺术渲染友善气氛，当温柔的广播响彻整个校园的时候，学生们放下了疲惫，舒缓了心情，整个校园都沉浸在一种温馨和谐的氛围之中。另一方面，播音员的声音要有感染力。能够直击听众内心的广播一定是感情饱满的广播，随着广播内容的变化，播音员的声音也应该有相应的含蓄、激昂、平静，这样才能带给听众一种美的享受，才能真正引起听众思想情感的变化，从而通过情感刺激影响学生友善价值观念的发展。

（二）广播的内容应是积极向善的

面对功利主义思潮的冲击和西方敌对势力对我国意识形态安全的挑战，新时代推进大学生友善价值观建设是加强高校意识形态工作的重点内容。校园广播要牢牢把握友善价值观及学生发展核心素养的文化需求，精选广播内容，提升传播效果，吸引学生关注，引发学生思考，从而对大学生友善价值观产生潜移默化的培育效果。一方面，广播内容应该是积极向上的。校园广播作为思想引领的重要载体，"要发挥正向引导作用，在节目定位上必须是励志引导的，具有理想信念的"[①]。校园广播内容基调应该是向善向上的，情感基调应该是积极明朗的，广播类型应该是灵活多样的，这样才能给大学生正向的引导，从而使校园广播在满足他们精神世界发展的同时，提升他们的友善水平，浸润社会主义友善价值观。校园广播站可以开发不同的栏目向学生传递友善思想。比如：有的学校设立了《我的支教梦》栏目，通过广播一个个大学生支教的小故事，弘扬支教奉献精神；有的学校专门在广播站设立了《散文鉴赏》栏目，通过诵读与友善相关的散文，渲染校园友善氛围。另一方面，广播的形式应该少说教、多引导。学生在课堂上主要是接受理论的灌输和聆听教师的教诲，如果广播内容再以说教的形式呈现，很可能会使学生产生厌烦、抵触的心理。因此，广播应该强化内容的导向性，坚持以正面宣传为主，通过诗歌、散文、轻音乐等迎合学生心理的方式呈现出来，这样更能起到良好的育人效果。

（三）广播的时间应该恰当安排

高校应该科学规划校园广播的播放时间，使广播既不影响学生的学习、休息，又能使学生放松心情，沉浸在校园广播的优美旋律中。因此，广播播放时段可以选择在中午和晚上学生下课后到休息前的这段时间。这个时候，学生经过了半天的系统学习，身心都比较疲惫，走出教室后，大家都想赶紧调整一下精神状态，寻求放松。当校园广播在耳边轻柔响起，播音员用柔美声音开始播报时，整个校园都沉浸在温暖柔和当中，在这种氛围下，绝大多数大学生是乐于接受传播内容的，因此，在这两个时间段播报的友善内容往

[①] 李欣. 类型化广播的中国发展道路 [M]. 北京：人民出版社，2015：2-3，252-254.

往更容易走进学生心灵深处，更能引起学生的共鸣。除此之外，广播时长也应该科学设置和灵活调整：平常每次广播时长应控制在 40 分钟左右，全天播音时间最好不要超过 2 个小时，这样的播放时长能够使学生保持对校园广播的新鲜感和期待感；倘若是周六日，广播时长可以适当延长；但如果是学期末或有重大考试任务的节点，广播时长也应相应缩短，不能让广播影响了学生学习。总之，广播的时间应该结合实际恰当安排，让广播成为学生校园生活的调和剂，发挥校园广播对学生友善价值观的熏陶、教化、激励作用。

三、运用校报宣传大学生友善价值观

校报作为高校传统媒介，是学校宣传工作的重要载体，是校园文化建设的重要阵地，是向广大师生宣传学校办学理念特色、展现校风校貌与师生风采的重要平台，更承担着弘扬正确价值观和道德观的重要任务。早在五四新文化运动时期，蔡选培、李大钊等教育家就十分重视校报对学生思想的引领作用，他们主持创办了《北京大学日刊》，这也成了中国最早的现代大学"日报"。蔡元培作为当时北大的校长，力求师生可以"有联络感情、交换意见之机关，且亦借以报告吾校现状于全国教育界"[①]。他亲自在《北京大学日刊》上发表文章，勉励北大学子修身养性，形成正确的价值观和高尚的道德情操。当前，校报对于倡导进步的价值观、高尚的道德情操、健康的生活方式等仍然具有重要的导向作用。因此，高校教育工作者要利用好校报这一培育途径，通过校报建设涵养大学生友善价值观。

（一）以创办友善主题校报提升学生友善品质

近年来，各高校先后开展了培育大学生友善价值观的各项实践活动，并取得了良好的效果，如果能将培育成果或经验分享到本校校报上，或以校报为载体开展新的友善价值观培育探索或活动，创办友善主题校报，既能够在一定程度上弥补校内培育工作的不足，也能够整合资源和培育成果，为更多高校工作者尤其是思想政治教育工作者提供借鉴和启示。由于友善主题校报的受众群体是高校师生，因此，友善主题校报的内容安排、风格设计等要迎合受众群体

---

① 蔡元培.《北京大学月刊》发刊词（1918 年）[J]. 今日教育，2009（10）：39.

的心理发展特点，从而吸引他们的关注，引发他们的阅读兴趣。一方面，友善主题校报的版面安排要科学合理：既要有理论宣传版面，主要是对友善价值观理论的阐述、解读，这一版面的设计也能够成为课堂友善价值观理论教授的有益补充；也要有文摘版面，主要用于刊发与大学生友善价值观相关的各方面文摘，内容要简短、生动，同时具备科学性、前瞻性、指导性的特点，这一版面如果内容设计得当，最能引起师生的阅读兴趣；还要有学生版面，主要刊发学生供稿或学生对友善价值观的问询等，这一版面的设立能够充分彰显出大学生友善价值观培育的学生主体地位。另一方面，友善主题校报的风格设计要新颖。友善主题校报如果只有文字内容会让读者感觉枯燥乏味，试想如果你拿到一份报纸，映入眼帘的全是密密麻麻的文字，恐怕在看到报纸的第一眼就倍感索然无味了。因此，友善主题校报的设计风格是十分重要的，能够为内容增添色彩。各个版面的内容要尽可能图文并茂，图片选择要把握友善主旋律，在字体、字号、行间距、分隔线等细节的处理上也要充分考虑版面整体的美观性和师生的阅读体验，让内容安排和风格设计互为表里、相得益彰，从而吸引更多人驻足品阅。

（二）要加强友善主题校报的宣传力度

校报作为纸质传媒，相较于微信、微博等数字传媒来说，传播效率比较低，这就要求校报负责人要在校报宣传上下大功夫。高校教育工作者要利用新生开学典礼、班会等集体活动做好友善主题校报的介绍、宣传工作，从而让学生对友善主义校报有初步的印象和了解，在此基础上再开展深度宣传。一方面，要实现友善校报与常规友善价值观培育活动的有效衔接。相比于数字传媒的快节奏的传播方式，校报可以对理论或事件展开全面的阐述和深度的剖析，这也是纸质传媒的优势所在。高校教育工作者要把握好校报的这一优势，将友善校报的内容与课堂理论教学、实践教学等常规友善价值观培育活动有机结合起来，既实现了友善主题校报的日常宣传，又丰富和完善了日常的培育活动。另一方面，要实现友善校报与新媒体的融合发展。校报需要以原有宣传平台为基础，不断推陈出新，汇集宣传渠道。例如，将友善主题的纸质校报转化为电子校报，在学校官微、网站等平台同步发布，以此增强友善主题校报的宣传效果；或在友善主题校报上设置二维码，学生可以扫描二维码获取更多信息或给校报留言、提建议，或是将校报内容一键分享到自己的 QQ 空间或朋友圈等，从而借助学生的力量实现友善主题校报的宣传。

（三）要吸纳人才加入友善主题校报的建设当中

"办报育人"是老一辈教育者开辟并世代传承下来的优良传统，在信息飞速发展的时代，如何在新形势下延续传统纸质媒介的生命力和吸引力，是每位校报人应该深思的问题。这就要求新时代校报人拥有更高的业务素养，以自身实力和团队协作力打造好校报这一育人载体。以友善为主题的校报建设过程其实也是打造人才的过程，要全面促进友善校报人员配置、管理宣传等层面的融合。一方面，友善主题校报隶属于高校党委宣传部门，校宣传工作者要坚持正确的政治方向，把握好友善舆论导向，做好校报建设的统筹引领工作。另一方面，友善主题校报的编辑记者要不断在实践和学习中提升自己的业务能力和水平，既能敏锐地捕捉与友善相关的新闻热点，又能立足于大学生友善价值观发展的需要，从而做到既立足当下又放眼未来。此外，还应不断吸纳新的人才力量尤其是大学生力量到友善主题校报的建设当中来，发挥他们在校报建设当中的主观能动性，借助校报建设工作强化学生的友善意识，形成以校报建设育人、以人才培育建报的良性循环局面。

第四节　建立培育大学生友善价值观的动力机制

培育大学生友善价值观是包括学校、家庭、社会以及大学生自身在内的共同责任，它们是大学生友善观的培育主体，同时也内含着使大学生将友善观内化于心、外化于行的动力要素。建立动力机制有利于培育主体找准激发的动力点，发挥更加积极有效的培育作用。培育大学生友善价值观的动力机制就是在一定的目标引领下，将大学生需求这一核心要素作为内驱动力，将学校、家庭及社会各方的保障作为外推动力。在内外动力的相互作用下，实现培育的最终目的，即能够让大学生真正实现对友善价值观从内心的认同到行动上的自觉。

一、完善以满足大学生需求为核心的内驱动力机制

一般来说，"内部动力有利于引导个体的主动行为"[①]。心理学研究表明，需要是一切行为产生的源泉，而需要只有转化为动机才能成为推动和维持个体行为的内部动力。所以说，内驱动力机制的构建，要落脚于大学生的需求，在此基础上达到让大学生认同并自觉践行友善价值观的目的。那么，根据大学生的身心发展特点与友善价值观的特性，在培育友善价值观的过程中，需要着重满足大学的理论认知需求、价值选择需求与道德回应需求。

对于友善价值观，大学生经历着从理论认知到价值认同的这一过程，理论认知处于基础阶段，如果大学生无法将对友善观的认识和了解转化为自己的思想，那么就很难达到价值认同的目标，所以说培育大学生的友善价值观离不开对友善观的理论教育。通过调查研究发现，目前高校对于友善观理论教育的重视程度有待提高，诸多高校在开展友善观教育时存在着重实践轻理论这样的问题，忽略了大学生对于理论认知的需求，导致出现"理论知晓度高，认知深度偏低"的情况。实际上，友善价值观教育需要引导学生们"知其然"，更要"知其所以然"，即不仅要解决学生"应当做什么"的问题，更要回应学生"为什么这么做""这么做之后可能面临的挑战"以及"这么困难为什么要做"的困惑。所以在开展实践教学前，应更多地在理论上下功夫，让大学生深入了解友善价值观的理论知识，满足他们的理论需求。尤其是思政课教师在备课时需在马克思主义、中国传统文化与中国特色社会主义实践等多方面挖掘友善价值观的内涵，在上课的过程中关注大学生对于理论知识的掌握情况，通过各种方式调查教学结果并及时调整教学方案。一旦大学生的友善观理论认知需求得到满足，就有充分的动力空间向理论认同与情感认同，最终向价值认同和实际行动转变。

友善价值观的培育实际上就是一种价值观教育，"它面对的是由心理、情感、意志乃至包括知识等形成的人的复杂'熔炉'，需要突破抽象性、理想性、

[①] 程燕林，徐然，常亚男. 基于科研人员行为动力的科技成果转化模式研究 [J]. 科学管理研究，2022，40（1）：54-61.

超功利性的理念"①，而大学生群体也存在一定的个体性与自主性，每个人都有着不同的社会实践，使落实到人的友善观培育经受着重重考验。因此，在培育友善价值观的过程中，需要充分强调大学生的主体性。同时，当代大学生基本上处于青年中期，心理发展呈现出具有强烈的自我意识但未完全成熟的状态，所以需要在其价值观形成过程中加以适当引导。总体而言，对大学生进行友善观的培育不是单纯地为了把其强加于大学生的头脑中，而是要让他们经历一个在衡量不同的价值观后进行价值选择的过程，在这个过程中需要加以适当的引导，让他们在深刻理解友善观的基础上主动选择与友善观"建立联系"。这样一来，一方面满足了他们的价值选择需求，另一方面也使得培育更有方向性。总之，满足大学生的价值选择需求不是通过一味灌输的方式，更不是放任不管，而是让大学生在与友善观建立理论认同、情感认同后再形成价值认同。

当前，我国社会道德冷漠现象频发，让人们对于友善价值观产生了怀疑。尤其是在当下互联网飞速发展的时代，友善或不友善的行为都会暴露在大众视野下，特别是一旦施善者遭到了不该有的对待，更会使友善本身遭到"网络暴力"。大学生在网络群体中占比较大，加之他们正处于价值观形成期，很容易受到影响，因而对友善价值观产生误解。一旦他们的善心善行未被回应或得到了消极的回应，那么他们对于友善价值观的信仰可能就会在一次次失望中"崩塌"，所以说我们赞成追求适当的道德回应，但绝不是一味地做好事求回报。道德回应不同于道德回报，它讲求的是不以物质回报为基础的人们从内心深处产生的感激之情。新时代背景下的大学生，追寻的是一种精神世界的满足，他们大多都处于"被尊重"和"自我实现"这两个阶段。因此，无论是在校内和校外，都不应该无视适当的道德回应。一方面，要以积极的方式回应善行；另一方面，更要让那些给施善者带来严重伤害并造成恶劣社会影响的人得到相应的惩罚，勿让消极的道德回应止住大学生认同与践行友善价值观的脚步。

二、加强以多元载体为保障的外推动力机制

大学生友善价值观培育的成效是内因与外因共同作用的结果，大学生是内

---

① 侯玉环. 新时代中国青年友善观践行之难论析 [J]. 当代青年研究，2020（1）：61-67.

因，培育者以及其使用的手段和培育内容等都属于外因。一方面，培育者、培育内容和手段都要围绕着大学生来选择，另一方面，也更需要关注学校、家庭和社会等培育者发挥的外部推动力是否真正能够保障动力机制的运行，最终作用于以满足大学生需求为核心的内动力。

要发挥外推机制中多元载体对大学生友善观培育的保障作用，首先就应该明确各主体要素对于大学生友善观培育的动力点在哪里。

高校对于大学生友善观的培育发挥着极其重要的作用，尤其思政课事关大学生的价值观引领。习近平强调，"思想政治工作是学校各项工作的生命线"，"要把立德树人融入思想道德教育、文化知识教育、社会实践教育各环节"①。2021年3月6日，习近平在看望参加全国政协会议的医药卫生界教育界委员时指出，"'大思政课'我们要善用之"，并强调"思政课不仅应该在课堂上讲，也应该在社会生活中来讲"②。所以说，要重视思政课在"立德树人"上的作用，更要充分运用"大思政"环境下培育大学生友善价值观的各种力量，让理论教学与实践教学齐头并进。一方面，注重提升大学生的友善观理论素养，让价值观内化于心；另一方面，依托实践教学，让友善观外化于行。友善价值观教育尤其要保证实践教学的有效性，可以通过校内校外实践或网络平台等方式，让学生更好地认识价值、感受价值、检验价值、巩固价值和实现价值。由此，要充分发挥思政课的塑造力，这是推动大学生认同并践行友善价值观的动力点之一。

常言道："家庭是人生中的第一课堂，父母是孩子的第一任老师。"这足以说明家庭教育的重要性。在家庭生活中，父母的一言一行都能够对孩子产生潜移默化的影响，尤其父母在日常生活中的道德行为极容易被孩子学习和模仿。相关实验研究表明："父母的教养方式对孩子做出利他行为呈现显著相关关系，父母的情感温暖更利于个体形成良好的道德认同，令个体具有更高的利他动

---

① 冯粒，袁勃.习近平在全国教育大会上强调：坚持中国特色社会主义教育发展道路　培养德智体美劳全面发展的社会主义建设者和接班人[N].人民日报，2018-09-11（01）.

② 杜尚泽."大思政课"我们要善用之（微镜头·习近平总书记两会"下团组"·两会现场观察）[N].人民日报，2021-03-07（01）.

机，表现出更多的利他行为。"[①] 人创造环境，环境反过来也能塑造人。可想而知，如果大学生生活在充满友善温情的家庭氛围里，在这样的环境熏陶下，他们如何能轻易地否定友善、违背友善呢？相反，在这样环境成长下的大学生更容易以友善为信仰，追求高尚的道德情操。因此，父母不仅要有德育教育的意识，更要有良好的道德行为表现，以身作则，成为孩子学习的榜样。家庭的影响力不可估量，是培育大学生友善品德不可缺失的动力点之二。

除了学校和家庭之外，社会中也蕴含着培育大学生友善观的动力要素，社会中的友善氛围以及社会中具备的健全制度体系都是培育大学生友善观的助推力。复杂多样的社会大环境虽然不同于家庭这样的小环境，但是同样能够熏陶人们的友善情感，而且在需要面对形形色色陌生人的社会环境中能够培育出人们更加高尚的道德情操。友善价值观内含着知与行的统一，重知更重行，制度体系保障给予施善行为的"安全感"就是第三重动力，包括法律法规制度保障和道德评价体系。施善行为需要激励，更需要保护。适当的激励机制满足了施善者的心理运转规律，法律法规制度尽可能地规避了施善者可能遭遇的风险，这都在一定程度上激发了大学生的友善动力。

不管是学校、家庭还是社会，都催生着推动大学生友善价值观不断向前发展的动力要素，这些动力要素不仅要全方位地纳入动力机制中，而且要时刻关注它们以何种方式激发了大学生的友善动力，而这些方式还需要完善加强，这样才能让外推机制发挥更高的动力效用。

三、建立发挥持续性效用的合力机制

大学生动力机制的运转离不开运行过程中内外动力机构的相互配合，这就需要进行合力机制的构建。

首先，构建合力机制要整合内外动力机制中的各动力要素，其中内驱动力机制中的动力要素主要指大学生的需求，要着重关注如何激发大学生的内动力，例如前文中提到的理论认知需求、价值认同需求、道德回应需求等。同时，也要特别注意大学生的心理动向和行动导向，与时俱进地培育友善观。另

[①] 孙颖，陈丽蓉. 父母教养方式对个体利他行为的影响：道德推脱、道德认同的链式中介作用 [J]. 教育理论与实践，2017，37（29）：18-21.

外，要整合外推机制中的动力要素，包括学校、家庭和社会等，还要充分开发各类能促进友善动力的主体要素和介体要素。在高校，以整合教育资源为主，主要包括优化教师队伍、更新教学方式以及适当投入教学资金；家庭中的教育资源包括和睦的家庭关系和良好的家风家教，因此家长要提升自身的道德素养，平时要关注自身的言行、德育方式、德育内容等；社会中的友善动力要素庞大又复杂，各种人的力量与物的力量交织，整合起来可能比较困难，这就需要相关部门在做好职责权限内工作的同时，关注自己职权内与大学生的友善价值观培育相联系的部分。例如，法律部门不但要完善法律法规，还要派专人进行相关专题的法律知识宣讲会，社会团体与组织开设友善观实践基地，政府部门加强规章制度的管理，影视宣传部门拍摄相关电影或宣传片等。

其次，需要增强内外动力机制中各要素的互动。第一，要加强高校、家庭、社会各系统内部之间的互动。各系统内部都要有统一的友善观培育目标，同时各要素之间要有组织性与协调性。例如，父母要弄清楚各自在德育教育中扮演什么样的角色以及以何种方式共同配合孩子的德育教育；高校要制定大学生友善观培育的目标，同时协同各组织机构在友善培育内容、管理评价和学科发展等多个领域分别承担的责任；社会各组织机构保证分工负责的前提下加强联系，定期开展交流，商定合作事宜，为培育大学生友善观共同努力。第二，各动力培育主体处于一个有机整体中，本身就存在一定的联系，而构建合力机制最主要的就是加强家校社联动，形成以高校为主，高校与家庭、社会相联系的教育合作机制。一方面，高校要保持与家长的沟通交流，以辅导员为主要联络员，及时了解学生的情况并让家长配合学校的德育工作；另一方面，高校要与企业、政府和其他社会组织合作联动，有利于为大学生友善价值观的培育提供更多便利条件。

最后，要保证动力机制运行结果向目标反馈，以达到发挥持续性效用的目的。动力机制最终运行的结果要与最初制定的目标相比对，查看目标完成的效果与程度。这样便于及时查看动力机制运行中动力要素、动力结构、运行过程出现的问题，然后再根据这些问题随时对动力机制进行优化，这样经过反复调整修改，就会让动力机制按照既定的方向和目标运作，最大限度地实现培育大学生友善价值观的最初目标。

第五章　提高安全意识与践行友善并举的关键环节

　　安全是大学生生存和发展的基础，随着社会经济与科技的飞速发展，大学生身边的不安全因素也日益增多，尤其是大学生在践行友善的过程中，所面临的不安全因素更是错综复杂、难以预料。因此，本书特别探讨了提高安全意识与践行友善并举的关键环节，在明确要鼓励大学生践行友善的基础上，探索大学生安全意识的影响因素及增强大学生安全意识的教育对策，以实现大学生既保证自身安全又能不断践行友善的协同、良性发展。

第一节　引导大学生正确分辨"友善"与"伪善"

　　当前，真善美仍然是时代的主旋律，尤其是我国不断推动构建社会主义和谐社会，人民素质显著提升，人与人之间关系越来越融洽，整个社会都呈现出一片安顺祥和的发展景象。但是我们也要看到，事物都是具有两面性的，任何一个社会都有光明的一面和阴暗的一面。当前，我国社会的真善美、光明面是绝对的主流发展趋势，但也确实存在着一些阴暗的、违背主流价值观的社会现象，主要原因在于少部分人存在着亟待改变的不良心态——虚伪、狡猾、打着善良的幌子做坏事、招摇撞骗等。而大学生心智尚处于从不成熟到成熟的转变发展阶段，明辨是非曲直的能力仍然有待提升。他们由于缺乏丰富的社会实践经验，在对人、对事的认知上往往存在着盲目性和片面性，这就导致大学生易受一些"伪善"行为的蒙蔽，在"友善"与"伪善"面前，一时难分是非良荐，最终被一些心怀不轨的人消费了善良，甚至付出了沉重的代价。因此，正确分辨"友善"与"伪善"是大学生维护自身安全增强友善意识的关键环节，也直接决定了他们今后践行友善、传递友善的积极性和可持续性。

一、引导大学生正确分辨"友善"的特征

我们所提倡的友善，作为社会主义核心价值观之一，是种真善，是内心善良品质的外现，具体表现在两个方面：第一，真正的友善是言行合一的。古人云："闻之不若知之，知之不若行之。"这就是在强调躬亲实践的重要性。友善价值观也是如此，既是人内在的良好道德，又是人外在的善行善举，只有达到了善心与善行的合二为一，才能说是真正具备了友善的品质。因此，言行一致、内外兼修是检验一个人是否真正具备友善品质的首要标准，大学生在判定他人是不是真正友善之人时，不光要看他的言语是否友善，更要检验他是否真的具有善行。第二，友善是不计回报的。行善无须人见，真正善良的人，从来不会计较回报得失，也不需要别人歌功颂德，是尊崇自己内心而做出的善良举动，其动机是单纯的，情感是真挚的。譬如做好事不留名、乐于助人、扶贫济困、见义勇为、为了人民的事业无私奉献的"雷锋"们，譬如李白《侠客行》中"事了拂衣去，深藏身与名"的"侠客"们，在做好事时从没想过回报，将默默行善作为自己的一贯作风，只求问心无愧。正所谓："君子戒慎乎其所不睹，恐惧乎其所不闻。"对于这样的人，大学生应该自觉将其作为自己的榜样，在心中将其尊崇为"友善之师"，当这样的人遇到困难时，也应该尽自己所能予以帮助，不能让真正的好人寒了心。

二、引导大学生正确分辨"伪善"的特征

伪善是一种不良的社会现象，消磨了人的善良，导致人性的扭曲。"伪善"的特征表现在两个方面：第一，伪善是言行不一的。善行是善心的投射，倘若一个人言行不一，说一套做一套，嘴上说得天花乱坠，实际却干违背道德的事，那就是"伪善"。正如《荀子·大略》中所言："口言善，身行恶，国妖

也！"[1]"伪善"的实质是善的品质与外显行为的脱节。"伪善"主观上并不具备善良初心，实际上也可能有善行，比如"歪打正着"或"动机不纯"，也可能是假善为，披着友善的外衣谋取个人私利。比如，我们最常见的路边的免费理发公益活动，实际上那些公益理发师基本上全都是学徒，公益理发只不过是一个幌子：一来是为了吸引想要免费理发的人来，有足够的人可以练手；二来是为了说服顾客"办卡"，从而为理发店创造更多的利润。理发店挂上了公益的标签，吸引了眼球，引来了顾客，赚取了利润，可谓一举多得，公益的背后是赤裸裸的牟利手段。还比如我们总能看到一些超市"回馈消费者"的活动，而实际上，这些活动只是为了清理超市内的临期商品，"回馈消费者"成了他们的幌子，而顾客买回家的是不尽快吃就会过期的商品。这些所谓的"善良"，实质是利益操弄，这就是"伪善"。第二，"伪善"是表里不一的。"伪善"是虚假的友善，是因为它并不是发自内心的善良，其"善"的言行举止并不是出自自然本性。通俗来讲，"伪善"是刻意伴装出来的"善"，是在外界压力下不得不展现出来的一种口是心非的"善"。那么为什么人要假装善良呢？因为"伪善"能给他们带来好处，让他人误以为其是真正善良的人，从而得到他人的崇拜和尊重，获得心理上的满足和实际的利益。正如倪梁康教授所言："所有不是出自本能，而只是刻意地为了使自己在别人眼中甚或自己眼中显得善而做出的善举（包括善行、善言和善意），都属于伪善。"

　　总之，伪善作为一种社会不良现象，屡屡突破公序良俗线，并在社会上普遍存在着。针对于此，大学生一定要擦亮双眼，正确分辨"友善"与"伪善"的基本特征，不要让打着友善的幌子、图谋不轨的人消费了宝贵的善良，甚至付出金钱和生命的代价。

第二节　大学生践行友善要量力而行

　　大学生践行友善、助人为乐是值得提倡的，是坚持立德树人、培育符合社

---

[1] 荀况．荀子全译[M]．蒋南华，等注译．贵阳：贵州人民出版社，1995：337．

会需要的社会主义接班人的根本要求。但是，大学生践行友善仍然需要结合实际，倘若盲目行善，很可能"事与愿违"。因此，大学生应依据个人能力、选择正确方法开展有效的助人活动，在行善的过程中，更应该善于运用好法律武器维护自身的合法权益，让友善之花真正能结出友善之果，让行善的热情在大学生心中永不磨灭。

一、大学生践行友善要依据个人能力

2018 年暑假期间有这样一条新闻，看了令人十分心痛：2018 年 8 月 5 日上午 10 时 30 分左右，临澧县新安镇发生一起青少年溺亡事故，溺亡 3 人，2 人为高中生，另 1 人为大学生。据新安镇上坪村支书谭清平透露，事发前，临澧第四中学学生邢某峰、第四中学学生谭某阳和常德师范学校的学生虞某等 5 人在该镇青山渠附近游玩，其中 1 名中学学生在沟渠边捡东西时不慎滑入渠水中，其他 4 人下水施救，导致 3 人溺亡。溺水是造成大学生意外死亡的第一杀手，每年暑期，大学生溺水事故也进入危险期、易发期、高发期。新闻中的大学生，在看到同伴落水后，不顾自身安危前去施救，展现的是一种舍己为人的奉献精神，是大学生友善价值观的充分彰显，但是从现实情况来说，在自己没有救助能力甚至不会游泳的情况下，大学生盲目下水救人或采用手拉手的方式救人是非常危险的，很可能会造成伤亡扩大、事故升级。因此，大学生在施救时一定要依据个人能力，切不可盲目施救、不顾后果。若发现有人溺水时，不熟悉水性的大学生可以立刻大声呼救或拨打"110"请求救援，也可以将能够在水中漂浮的物品，如塑料桶、木板、泡沫等抛给落水者，帮助溺水者借物漂浮在水面上等待救援。还有一条施救新闻，听起来则比较令人欣慰：西安市蓝田县普化镇，在 2022 年 1 月 31 日除夕夜，一民房发生火灾，民房中一个 12 岁的女孩正在屋中酣睡，幸运的是，女孩被同村一名少年及时救出。这位少年发现火情后第一时间拨打了"119"，并对现场情况进行了研判，考虑到屋内结构不明，没有贸然进入，而是选择破窗救人。将人救出后，少年迅速求助有车的大人将女孩送到医院救治，自己则返回现场，拉了电闸，避免二次起火。这位少年在火情面前临危不乱，用自己掌握的消防知识，既救了人，又保护了自己,将安全意识牢牢记在心头,将践行友善落实于他人危难之间,成为新时代大学生践行友善的好榜样。这两个事例也启发了大学生,任何情况下,大学生在施救时都要结合个人的实际情况,倘若不顾个人能力盲目施救,会造成更多的无辜热心施救的大学生的伤亡,给他们的家庭带去巨大的打击,这种生命财产的损失是不可估计的。因此,大学生应该提升迅速对事发情况作出研判的能力,采取在自己能力范围内的施救手段;学校、家长也要加强对大学生救援能力和应急知识的培训,让他们在平时能充分了解不同危急场合下的应急方法和可能造成人身伤亡的危险因素;还要定期开展应急演练,使大学生能够掌握逃生、自救、施救的方法,熟悉相关应急预案内容,提高他们的应急处置能力,从而为大学生践行友善、勇敢救人提供行动指南和重要保障。

二、大学生践行友善要采用的正确方法

一般来讲,大学生践行友善中的助人行为是一种利他行为,友善动机和行为效果是一致的。但在现实的生活中,有时候好心未必都能成就好事,善心未必都能结出善果。人民网曾发布这样一则新闻:一位不足一岁的婴儿在吃排骨粥时,将一块直径 1.5 厘米的碎骨吸入食道,好心女子为救助婴儿,连忙用手去抠,却将碎骨捅进食管更深处,导致碎骨随时可能刺穿婴儿食管,引发感染和大出血,最终在医护人员的紧急抢救下,婴儿终于转危为安。这样的事件是我们每个人都不愿意听到的,新闻中的女子出于善良的本心,及时对婴儿出手相救,但却因为施救方法不当,险些好心办成坏事,酿成惨剧。其实在社会上,这样"事与愿违"的事不在少数,而大学生缺少社会阅历,对于危机事件的整体评估能力不强,对于施救的正确方法尚未完全掌握,因此,很多时候也容易陷入"好心帮倒忙"的困境。这就需要大学生在施救过程中要结合当时的具体情况采取正确的施救手段,大学生在平时要加强安全学习,学校、家长以及社会各界也应该进一步强化对大学生的安全教育,可以聘请消防、医疗等专业人士到校园"现身说法",或利用真实案例对大学生开展有针对性的安全教育,并定期组织大学生开展应急演练,使大学生在日常能够掌握海姆立克法、心肺复苏法等正确的救人方法,练就大学生临危不乱、从容不迫的良好心态。

只有这样，大学生在面对真正危险的时刻，才能拿出这些本领来帮助他人渡过危机，大学生的善心才能结出"善果"，从而使大学生保持助人于危难的热情和信心。

三、大学生在践行友善时要善于运用法律武器保护自己

有这样一个小品想必很多人都看过：青年小伙看到一位路边摔倒的老太太，赶忙扶起，老人却反说自己是被小伙推倒的，小伙"有理说不清"，最终找来警察才帮助老人回想起自己摔倒的真正原因，小伙也最终获得清白。这就是在 2014 年春节联欢晚会上播出的小品《扶不扶》。《扶不扶》虽然以文艺作品的形式播出，但实际上却深刻反映了现实中的社会问题。2006 年引发社会热议的南京"彭宇案"就是一个活生生的例子，彭宇因"举证"难，导致整个案件争议不断。而在 2012 年，这样类似的事情又一次发生了：一位老人在路上骑车时不小心摔倒了，一位学生恰巧经过，他见到老人摔倒在地不能动弹，连忙将老人扶起送到医院，第二天老人却说是学生将其撞倒导致受伤，最终学生报了警，警方通过监控系统调查取证，最终确认是老人自己摔倒，证明了学生的清白。近年来，由于相似事件时有发生，"扶不扶"的问题成了大家关注的焦点。而对于大学生群体来说，一方面倡导大学生践行友善，乐于助人，另一方面大学生缺乏社会经验，法律基础不牢固，在助人的同时如何能够运用好法律武器维护自身的合法权益，仍然是引人深思的问题。大学生一直以来受到家长、学校和社会的多重保护，在实际生活中很少用法律武器解决问题，这也导致大学生对于法律维权的相关知识和技巧掌握明显不足。因此，在日常生活中，应切实提高大学生的法律维权意识，保障大学生在助人为乐的同时自身合法权益不受到损害。一是国家应该进一步加强立法完善工作，制定、出台善意救助免责的相关法律来保障施救者权益；二是学校应该发挥好教育主阵地作用，利用课堂、班会、实践活动等引导大学生强化法律维权意识；三是大学生家长应做好大学生的普法工作，同大学生一起学习相关法律知识；四是大学生自身应不断提升法律维权能力，树立起正确的维权观念，当遇到问题时应冷静分析，当遇到不法侵害时应寻求相关部门的帮助，正确行使自己的权利。总

之，提升大学生在践行友善时的法律维权能力是一项长期复杂的工程，需要国家、学校、家长、大学生自身的协同发力，更需要把握不同的时代背景与要求去探寻更加科学有效的方式方法。

第三节　大学生要坚持网络人际友善
和提高网络安全意识并举

网络信息纷繁复杂、良莠不齐，既有宝贵的教育资源，又有很多错误思想言论和潜在危险，在这样的网络环境之下，如何能够使大学生这一重要的网民群体成为网络友善言行的自觉践行者、网络和谐环境的自觉维护者。与此同时，大学生能够明辨是非善恶，在践行网络友善的同时保护好自己的人身安全和切身利益，仍是当前亟待解决的重要问题。

一、坚持践行网络友善的正面引导与网络安全教育相结合

大学生是网民化程度非常高的一个群体，网络对大学生的生活、学习产生了广泛而深刻的影响，也给大学生的友善价值观培育带来了前所未有的机遇和挑战。大学生心智尚未完全成熟，缺乏社会经验，长期处在校园这个象牙塔当中，对于网络信息的是非、善恶难以独立甄别。再加上当前属于网络全面开放、信息飞速传播的时代，网络上享乐主义、拜金主义、极端个人主义等蔓延滋长，使大学生友善价值观培育遭遇严峻挑战，因此在网络视域下，要按照学懂、弄通、做实的要求，深入推进大学生网络友善价值观培育，教育他们在网上要友善发表言论，形成友善的网络人际关系，鼓励他们在网络中积极践行友善，帮助他人，自觉维护风清气正的网络友善环节。要充分发挥好思政课堂主阵地的作用，辅之以班会、团活、实践教学、社会实践等方式，切实做好大学生网络友善价值观培育工作。

但同时我们也要看到，随着时代的发展，我国面临复杂多变的国内外发展环境，网络的不安全因素也随之增多。从第 50 次《中国互联网络发展状况统计报告》可以看出：截至 2022 年 6 月，46.8% 的网民表示过去半年在上网过程中遭遇过网络安全问题，而这些遭遇网络安全威胁的网民当中，有很大一部

分就是在校大学生。一些不法分子、居心叵测之人将大学生作为欺骗的对象，他们通过各种手段骗取大学生的信任，利用大学生的同情心理达到他们不可告人的目的。大学生在网络上遭遇欺骗后，身心会受到严重伤害，很多学生在受骗后情感脆弱，甚至荒废了学业。网络欺骗还会对大学生的道德观、价值观造成巨大的负面影响，大学生在遭遇网络欺骗后对友善价值观的认同大大降低，还磨灭了他们践行友善的热情和积极性，极少数大学生在被网络骗子蒙蔽后，甚至发展成为他们的同伙、下线，继续在网络上行骗。因此，在引导大学生在网上践行友善的同时，加强大学生网络安全教育是必不可少的环节。要通过摆事实、讲道理等方式对大学生进行网络安全教育，促使大学生在网络践行友善的同时提升自我防护的意识和能力。要善于运用典型案例从正、反两方面对大学生开展必要的网络安全教育，引导大学生在网络交往中增强警惕心，在网络行善前有意识地核查受助对象的信息真实性，不要被骗子消费了善良、浪费了感情。在受骗后要第一时间找老师或警方寻求帮助，通过合法渠道维护自身的合法权益，不要伤害了自己还宽恕了骗子。

总的来说，培育大学生网络友善与加强大学生网络安全教育是必不可少又相辅相成的两个环节，要切实将二者结合起来，形成相互促进的良性互动局面。

二、多措并举加强大学生在践行友善中的网络风险防范意识

加强大学生在践行友善中的网络风险防范意识，需要多方协同发挥作用，应切实建立起学校、家庭教育与大学生自我教育相结合的培育机制。既要发挥好教育者的引导作用，还要启发大学生以自我教育理念树立网络人际友善观和网络安全观。在学校教育方面，首先，要发挥好课堂的主阵地作用，将思政课程和安全教育课程融会贯通、有效衔接。既鼓励学生在网络上积极践行友善、维护和谐的网络环境，又做好学生的网络安全教育，提升学生网络风险防范意识。其次，要定期组织开展专题教育，可以是专题讲座、主题班会等形式。在活动中要充分尊重学生的主体地位，全面了解学生在此方面的所思所想、问题所在，从而开展有针对性的教育。最后，高校的辅导员、心理教师要做好学生的心理体察工作，防患于未然，防微杜渐。一旦发现学生

遭遇类似问题，要及时上报学校并帮助学生解决问题，做好学生的心理疏导工作，将网络风险给学生带去的不良影响降到最低。在家庭教育方面，家长要发挥好榜样作用，身体力行地为孩子树立起典范。家长作为孩子最亲密、最信任的人，平时要多和孩子交流，遇到危险要陪孩子一起面对、解决，配合学校开展好网络安全教育及网络友善观培育，打造良好融通的教育环境。在大学生自我教育方面，大学生应积极学习相关理论知识，增强防护意识，在网络活动中，大学生应保持适度的紧张和警惕，在尊重他人、友善与他人交流互动的同时也要切实做好自我防护，在网上参加捐款、捐物等助人活动时也要有意识地核查受助者的真实身份，保护好自身的财产安全，在心中建立起完备的网络防范体系。大学生要加强自我约束，分清网络上的"友善"与"伪善"，远离不良诱惑，消除占小便宜的心理，做好个人信息的保密工作，研究获取可靠网络信息的方法，不轻易相信他人。大学生要通过自身的努力，做好新时代网络友善的践行者和网络安全的守护者，为营造风清气正、和善温暖的网络环境贡献自己的力量。

三、依托完备的网络安全法律体系维护大学生的善良初心

网络空间安全的立法完善工作是大学生践行网络友善的重要保障之一。当前，我国的网络安全立法工作已经取得重要进展和成果。2016 年 12 月，十二届全国人大常委会第二十四次会议表决通过了《网络安全法》，该法规定了对于攻击、破坏我国关键信息基础设施的境外组织和个人的一系列法律惩治措施，完善了惩治网络诈骗等新型网络违法犯罪活动的规定等。2016 年 12 月，《国家网络空间安全战略》接续发布，该战略表明了中国关于网络安全的鲜明立场和重要观点，明确了一段时间内维护网络安全的战略方针和主要任务，这些法律成果为我国建设风清气正的网络环境提供了重要保障。在坚持和遵守已有的网络安全相关法律和制度文件的基础之上，为应对各种严峻挑战、切实维护网络安全，国家应该进一步完善、健全《网络安全法》，以法律手段为大学生践行网络友善保驾护航，让大学生的网络生活在法治轨道上健康运行。

首先，国家应该明确发布网络信息的法律红线。在信息网络安全的管控下，我国网络诚信建设整体状况持续向好，规范力度明显加大，失信惩戒也取

得了良好效果。但是，我们仍然可以看到网络上的一些虚假信息、恶意言论给广大网民们带来了极大的负面影响，成了建设清朗和谐网络空间的阻碍。在迅猛发展的网络时代，人人都是信息的制造者和传播者，只有坚守住法律红线，从源头切断谣言、恶语的传播，才能有效抵制这些负面网络信息对大学生的干扰和伤害，才能为大学生开展友善的网络人际交往提供有效的法律保障。其次，要加强网络安全相关法律在大学生当中的宣传和教育。应把《网络安全法》的普法宣传嵌入高校文化建设当中，通过《网络安全法》知识竞赛、主题班会等多种方式做好普法工作，利用课堂把法律讲得更接地气、更通俗易懂，使大学生能够深刻理解我国《网络安全法》的内容，在知法懂法的基础上更好地守法用法，当遭遇网络攻击或面临危险时，能够自觉用法律武器维护自己的合法权益，以超强的法律应用能力为自身的网络友善言行提供支持和保护。最后，可以开设国家网络安全教育主题讲座或综艺节目，以大学生乐于接受的方式宣传法律，并开设官方的法律咨询通道，设置法律专家为大学生答疑解惑，从而为大学生运用《网络安全法》提供免费的指导和帮助。

参 考 文 献

一、中文书籍

[1] 中共中央马克思恩格斯列宁斯大林著作编译局 . 马克思恩格斯文集：第一卷 [M]. 北京：人民出版社，2009.

[2] 中共中央马克思恩格斯列宁斯大林著作编译局 . 马克思恩格斯文集：第二卷 [M]. 北京：人民出版社，2009.

[3] 中共中央马克思恩格斯列宁斯大林著作编译局 . 马克思恩格斯文集：第四卷 [M]. 北京：人民出版社，2009.

[4] 中共中央马克思恩格斯列宁斯大林著作编译局 . 马克思恩格斯文集：第五卷 [M]. 北京：人民出版社，2009.

[5] 中共中央马克思恩格斯列宁斯大林著作编译局 . 马克思恩格斯文集：第九卷 [M]. 北京：人民出版社，2009.

[6] 中共中央马克思恩格斯列宁斯大林著作编译局 . 马克思恩格斯文集：第十卷 [M]. 北京：人民出版社，2009.

[7] 中共中央马克思恩格斯列宁斯大林著作编译局 . 马克思恩格斯全集：第一卷 [M]. 北京：人民出版社，1956.

[8] 中共中央马克思恩格斯列宁斯大林著作编译局 . 马克思恩格斯全集：第二卷 [M].2 版 . 北京：人民出版社，2005.

[9] 中共中央马克思恩格斯列宁斯大林著作编译局 . 马克思恩格斯全集：第三卷 [M]. 北京：人民出版社，1960.

[10] 中共中央马克思恩格斯列宁斯大林著作编译局 . 马克思恩格斯全集：第十卷 [M].2 版 . 北京：人民出版社，1998.

[11] 中共中央马克思恩格斯列宁斯大林著作编译局 . 马克思恩格斯全集：第二十三卷 [M]. 北京：人民出版社，1972.

[12] 中共中央马克思恩格斯列宁斯大林著作编译局 . 马克思恩格斯全集：第四十九卷 [M]. 北京：人民出版社，1982.

[13] 中共中央马克思恩格斯列宁斯大林著作编译局 . 马克思恩格斯选集：第一卷 [M].2 版 . 北京：人民出版社，1995.

[14] 中共中央马克思恩格斯列宁斯大林著作编译局 . 马克思恩格斯选集：第一卷 [M].3 版 . 北京：人民出版社，2012.

[15] 中共中央马克思恩格斯列宁斯大林著作编译局 . 马克思恩格斯选集：第四卷 [M].2 版 . 北京：人民出版社，1995.

[16] 中共中央马克思恩格斯列宁斯大林著作编译局 . 列宁全集：第二十五卷 [M].2 版 . 北京：人民文学出版社，1988.

[17] 中共中央马克思恩格斯列宁斯大林著作编译局 . 列宁全集：第一卷 [M].2 版 . 北京：人民文学出版社，2013.

[18] 毛泽东 . 毛泽东选集：第二卷 [M]. 北京：人民出版社，1991.

[19] 毛泽东 . 毛泽东选集：第三卷 [M]. 北京：人民出版社，1991.

[20] 毛泽东 . 毛泽东选集：第四卷 [M]. 北京：人民出版社，1991.

[21] 毛泽东 . 毛泽东文集：第三卷 [M]. 北京：人民出版社，1993.

[22] 毛泽东 . 毛泽东文选：第三卷 [M]. 北京：人民出版社，1991.

[23] 习近平 . 思政课是落实立德树人根本任务的关键课程 [M]. 北京：人民出版社，2020.

[24] 习近平 . 习近平谈治国理政：第一卷 [M]. 北京：外文出版社，2014.

[25] 习近平 . 习近平谈治国理政：第一卷 [M].2 版 . 北京：外文出版社，2018.

[26] 习近平 . 习近平谈治国理政：第二卷 [M]. 北京：外文出版社，2017.

[27] 中共中央文献研究室 . 习近平总书记重要讲话文章选编 [M]. 北京：中央文献出版社，2016.

[28] 班固 . 汉书 [M]. 北京：中华书局，1962.

[29] 陈成文，姜正国 . 思想政治教育学 [M]. 长沙：湖南师范大学出版社，2007.

[30] 陈华洲 . 思想政治教育资源论 [M]. 北京：中国社会科学出版社，2007.

[31] 陈君慧 . 中华家训大全 [M]. 哈尔滨：北方文艺出版社，2016.

[32] 陈向明 . 质的研究方法与社会科学研究 [M]. 北京：教育科学出版社，2014.

[33] 辞海编辑委员会 . 辞海：第六版缩印本 [M]. 上海：上海辞书出版社，2010.

[34] 杜维明 . 仁与修身：儒家思想论集 [M]. 北京：生活·读书·新知三联书店，2013.

[35] 费孝通 . 乡土中国：修订本 [M]. 上海：上海人民出版社，2013.

[36] 傅小兰 . 情绪心理学 [M]. 上海：华东师范大学出版社，2016.

[37] 王利器 . 新语校注 [M]. 北京：中华书局，1986.

[38] 汉语大字典编纂处 .60000 词现代汉语词典 [M]. 成都：四川辞书出版社，2017.

[39] 黄俊杰 . 传统中华文化与现代价值的激荡 [M]. 北京：社会科学文献出版社，2002.

[40] 黄明理 . 社会主义核心价值观研究丛书：友善篇 [M]. 南京：江苏人民出版社，2015.

[41] 金良年 . 论语译注 [M]. 上海：上海古籍出版社，2004.

[42] 康有为，杨佩昌 . 民国时期影响国人的大师著作·康有为：大同书 [M]. 北京：中国画报出版社，2010.

[43] 李申 . 四书集注全译：下册 [M]. 成都：巴蜀书社，2002.

[44] 李欣 . 类型化广播的中国发展道路 [M]. 北京：人民出版社，2015.

[45] 刘翔 . 中国传统价值观诠释学 [M]. 上海：上海三联书店，1996.

[46] 卢梭 . 爱弥儿 [M]. 方卿，译 . 北京：北京出版社，2009.

[47] 罗吉芝 . 诗经 [M]. 成都：四川人民出版社，2019.

[48] 马克斯·韦伯 . 儒教与道教 [M]. 洪天富，译 . 南京：江苏人民出版社，2010.

[49] 迈尔斯，休伯曼 . 质性资料的分析：方法与实践 [M]. 张芬芬，译 . 重庆：重庆大学出版社，2006.

[50] 中山大学历史系孙中山研究室，广东省社会科学历史研究所，中国社会科学院近代史研究所中华民国史研究室．孙中山全集：第六卷 [M]．北京：中华书局，2011．

[51] 色诺芬尼．回忆苏格拉底 [M]．吴永泉，译．北京：商务印书馆，2009．

[52] 宋希仁．西方伦理思想史 [M]．北京：中国人民大学出版社，2004．

[53] 王海明．人性论 [M]．3 版．北京：商务印书馆，2014．

[54] 王丽萍．高校学生思想政治教育与创新思维 [M]．北京：中央文献出版社，2009．

[55] 王先谦．荀子集解 [M]．北京：中华书局，1988．

[56] 尾关周二．共生的理想 [M]．卜崇道，刘荣，周秀静，译．北京：中央编译出版社，1996．

[57] 许慎．说文解字 [M]．北京：中华书局，1985．

[58] 许慎．说文解字注 [M]．南京：凤凰出版社，2007．

[59] 薛天祥．高等教育学 [M]．桂林：广西师范大学出版社，2001．

[60] 荀况．荀子全译 [M]．蒋南华，等译．贵阳：贵州人民出版社，1995．

[61] 徐梓．家训：父祖的叮咛 [M]．北京：中央民族大学出版社，1996．

[62] 中共中央马克思恩格斯列宁斯大林著作编译局．1844 年经济学哲学手稿 [M]．北京：人民出版社，2002．

[63] 亚里士多德．尼各马科伦理学 [M]．苗力田，译．北京：中国人民大学出版社，2003．

[64] 陈戍国．四书五经：上 [M]．长沙：岳麓书社，2014：513．

[65] 严群．亚里士多德之伦理思想 [M]．北京：商务印书馆，2003．

[66] 杨伯峻．孟子译注：下册 [M]．北京：中华书局，1960．

[67] 杨伯峻．论语译注 [M]．北京：中华书局，2009．

[68] 姚新中．儒教与基督教：仁与爱的比较研究 [M]．北京：中国社会科学出版社，2002．

[69] 约翰·穆勒．功利主义 [M]．徐大建，译．上海：上海人民出版社，2008．

[70] 张居正．大学·中庸 [M]．北京：中国华侨出版社，2009．

[71] 周辅成．西方伦理学名著选集：下 [M]．北京：商务印书馆，1987．

[72] 朱熹 . 大学·中庸·论语 [M]. 上海：上海古籍出版社，1987.

[73] 朱熹 . 四书章句集注 [M]. 北京：中华书局，2011.

[74] 金良年 . 中庸译注 [M]. 上海：上海古籍出版社，2010.

二、中文文献

[1] 毛泽东 . 论十大关系 [J]. 文史哲，1976（4）：18-19.

[2] 习近平 . 在纪念五四运动 100 周年大会上的讲话 [J]. 思想政治工作研究，2019（5）：10-15.

[3] 习近平 . 共同构建人与自然生命共同体：在"领导人气候峰会"上的讲话 [N]. 人民日报，2021-04-23（02）.

[4] 习近平 . 在全国高校思想政治工作会议上的讲话 [N]. 人民日报，2016-12-09（01）.

[5] 刘军涛，赵纲 . 习近平在全国高校思想政治工作会议上强调把思想政治工作贯穿教育教学全过程 开创我国高等教育事业发展新局面 [N]. 人民日报，2016-12-09（01）.

[6] 习近平 . 用新时代中国特色社会主义思想铸魂育人，贯彻党的教育方针落实立德树人根本任务 [N]. 人民日报，2019-03-19（01）.

[7] 习近平 . 在北京大学师生座谈会上的讲话 [N]. 人民日报，2018-05-03（02）.

[8] 习近平 . 在 2015 年春节团拜会上的讲话 [N]. 人民日报，2015-02-18（02）.

[9] 冯粒，袁勃 . 习近平在全国教育大会上强调：坚持中国特色社会主义教育发展道路 培养德智体美劳全面发展的社会主义建设者和接班人 [N]. 人民日报，2018-09-11（01）

[10] 蔡元培 .《北京大学月刊》发刊词（1918 年）[J]. 今日教育，2009（10）：39.

[11] 陈学廉 .《周易》倡导谦虚美德：读《周易》有感 [J]. 金融队伍建设，2012（4）：65-66.

[12] 程燕林，徐然，常亚男 . 基于科研人员行为动力的科技成果转化模式研究 [J]. 科学管理研究，2022，40（1）：54-61.

[13] 丁利锐，李丽华，朱世英 . 人文关怀与大学生主体人格建构 [J]. 中国成人

教育，2012（4）：21-33.

[14] 杜尚泽.“大思政课”我们要善用之（微镜头·习近平总书记两会“下团组”·两会现场观察）[N].人民日报，2021-03-07（01）.

[15] 段江波.友善价值观：儒家渊源及其现代转化 [J].社会科学，2015（4）：139-147.

[16] 范益民，袁静.大学生社会主义核心价值观培育反思 [J].中学政治教学参考，2021（44）：28-31.

[17] 冯正强，何云庵.习近平的生态伦理思想初探 [J].社会科学研究，2018（3）：129-135.

[18] 高国希.关于社会主义核心价值观逻辑结构的思考 [J].复旦学报（社会科学版），2021，63（6）：1-9.

[19] 侯玉环.新时代中国青年友善观践行之难论析 [J].当代青年研究，2020（1）：61-67.

[20] 胡冰.大学生价值判断与价值选择能力的培养探析 [J].高教论坛，2016（4）：11-13.

[21] 黄明理.友善之为社会主义核心价值观论析 [J].广西大学学报（哲学社会科学版），2015，37（5）：29-36.

[22] 黄津.善以立世天下同：大学生友善观培育探微 [J].辽宁医学院学报（社会科学版），2016，14（2）：122-124.

[23] 教育部办公厅.关于进一步加强高等学校思想政治理论课教材编写管理、规范教材使用的通知 [J].中华人民共和国教育部公报，2016（10）：31.

[24] 冷雅琳.自媒体环境下大学生友善观的培育研究 [D].秦皇岛：燕山大学，2021.

[25] 林丽群.当代大学生友善价值观培育探究 [J].广西教育学院学报，2017（1）：97-102.

[26] 刘艳萍.影响大学生核心价值观培育的社会环境因素论析 [J].毛泽东思想研究，2016（1）：149-152.

[27] 刘洪波，杨巍.新形势下新疆高校班级建设与管理研究 [J].新疆大学学报（哲学·人文社会科学版），2018，46（3）：30-34.

[28] 刘樊.高校后勤管理水平的提升思路 [J]. 大学（研究与管理），2021（12）：15-17.

[29] 罗明，张川.培养学生主体意识的历史学科育人探索 [J]. 历史教学问题，2019（2）：110-113.

[30] 蒙珍珍.社会主义核心价值观之友善观研究 [D]. 银川：宁夏大学，2020.

[31] 彭红艳，万美容.论大学生道德主体能力的培养 [J]. 教育评论，2017（1）：98-102.

[32] 钱俊君，王周.中西伦理传统差异及对中西政治理念的影响 [J]. 湖南师范大学社会科学学报，2003，32（3）：16-20.

[33] 阮晓莺，迟沅帅.高校思想政治理论课教师立德树人的实践逻辑 [J]. 思想理论教育导刊，2020（8）：144-148.

[34] 佘超.论在弘扬友善品德中培养时代新人的依据、价值与进路 [J]. 道德与文明，2021（5）：153-160.

[35] 史泽源，荆蕙兰.试论践行友善价值观的三重境界及提升策略 [J]. 广西师范大学学报：哲学社会科学版，2018，54（4）：120-124.

[36] 宋劲松.社会主义核心价值观：大学生公民意识教育的新指向 [J]. 求索，2017（1）：76-80.

[37] 孙伟平，尹江燕.论作为社会主义核心价值观的"友善" [J]. 学习与探索，2017（6）：16-21.

[38] 孙其昂，胡沫.思想政治工作的人本价值 [J]. 湖北社会科学，2002（2）：87-89.

[39] 孙颖，陈丽蓉.父母教养方式对个体利他行为的影响：道德推脱、道德认同的链式中介作用 [J]. 教育理论与实践，2017，37（29）：18-21.

[40] 谈钟明.网络社交平台对大学生人际关系的影响 [J]. 中国成人教育，2015（1）：82-83.

[41] 唐明燕."友善"社会风气的涵育路径论析：以《论语》所倡导的价值理念为借鉴 [J]. 东岳论丛，2018（6）：53-59.

[42] 王岩.关于加强高校思想政治理论课青年教师培养的思考 [J]. 思想理论教育，2020（10）：64-70.

[43] 王建亭，郝秀娟，刘健 . 高校班级学生干部队伍建设探析 [J]. 高教探索，
2016（Suppl.1）：166-167.

[44] 邬冬星 . 彼得斯的道德教育哲学 [D]. 杭州：杭州大学，1997.

[45] 许小军 . 高校课程思政的内涵与元素探讨 [J]. 江苏高教，2021（3）：101-
104.

[46] 杨根东 . 论完善的友爱在亚里士多德伦理学中的意义：以《尼各马可伦理
学》之友爱论为中心 [J]. 理论界，2018（6）：35-43.

[47] 杨文全 .20 世纪中国第一部新型大词典：《辞源》编纂体制说略 [J]. 贵州社
会科学，1998（3）：89-95.

[48] 杨振斌，李焰 . 大学生非正常死亡现象的分析 [J]. 心理与行为研究，2015，
13（5）：698-701.

[49] 张家玮 . 立德树人：给学生心灵埋下真善美的种子 [J]. 高校辅导员，2019
（2）：17-19.

[50] 赵亚萍，杨建云，张力 . 大学生友善价值观培育困境及发展对策浅析 [J].
教育现代化，2019，6（1）：136-139.

[51] 赵爽 . 班级建设视域下大学生友善价值观培育研究 [D]. 秦皇岛：燕山大学，
2020.

[52] 郑洪利 . 重视校园文化建设优化育人环境 [J]. 青岛职业技术学院学报，
1997（1）：75-77.

三、中文网络资料

[1] 习近平 . 高举中国特色社会主义伟大旗帜 为全面建设社会主义现代化国
家而团结奋斗：在中国共产党第二十次全国代表大会上的报告 [EB/OL].
[2023-03-30].http://www.gov.cn/xinwen/2022-10/25/content_5721685.htm.

[2] 教育部社会科学司 . 学校思想政治理论课教师座谈会精神贯彻落实总体情况介
绍 [EB/OL].[2023-03-30].http://www.moe.gov.cn/fbh/live/2022/54301/mtbd/
202203/t20220317_608424.html.

[3] 中华人民共和国教育部 . 中央宣传部 教育部关于印发《普通高校思想政治
理论课建设体系创新计划》的通知 [EB/OL].[2023-04-25].http://www.moe.

gov.cn/srcsite/A13/moe_772/201508/t20150811_199379.html.

[4] 中共中央关于制定国民经济和社会发展第十四个五年规划和二〇
三五年远景目标的建议 [EB/OL].[2023-04-25].http://www.qstheory.cn/
yaowen/2020-11/03/c_1126693429.htm.

附　　录

附录1　大学生友善价值观认同现状调查问卷

问卷调查

亲爱的同学：

您好！非常感谢您参与此次问卷调查。这是一份关于大学生友善价值观认同状况的调查问卷。本问卷仅作为学术研究，且为匿名调查，我们会对您的作答严格保密。请您认真阅读题目，在您觉得合适的选项下打"√"。答案没有正误之分，请您按照真实想法作答。您的作答对我们的研究十分重要，再次感谢您的配合！

第一部分（现状）

1. 您对社会主义核心价值观中的"友善"了解吗？

A. 非常了解　B. 比较了解　C. 说不清　D. 比较不了解　E. 非常不了解

2. 您是通过哪些途径了解友善价值观的？（多选）

A. 思想政治理论课

B. 学校的实践活动

C. 横幅或宣传标语

D. 知乎、微信、微博等自媒体

E.《新闻联播》《人民日报》等主流媒体

F. 听身边人提及

G. 其他

3. 在您心中，您认为的友善是什么？（多选）

A. 与人为善　B. 心怀善意　C. 尊重他人　D. 待人诚恳　E. 孝敬父母

F. 关心朋友　G. 助人为乐　H. 见义勇为　I. 尊重生态　J. 关爱社会

4. 您认为当前提倡的友善价值观是？（多选）

A. 社会主义核心价值观建设的重要内容

B. 每个公民自觉形成的行为规范和道德准则

D. 学者们研究讨论的学术问题

C. 应对多元价值观挑战的选择

5. 您了解友善的理论渊源吗？

A. 非常了解　B. 了解　C. 说不清　D. 不太了解　E. 非常不了解

6. 您对于友善是处理人际关系的基本准则，是公民的基本道德规范怎么看？

（6～12 题为打分题，采用 NPS 计分）

不认同 | 1 | 2 | 3 | 4 | 5 | 6 | 7 | 8 | 9 | 10 | 非常认同

7. 您认为大学生树立友善价值观重要吗？

不认同 | 1 | 2 | 3 | 4 | 5 | 6 | 7 | 8 | 9 | 10 | 非常认同

8. 您觉得友善价值观对您个人生活有多大帮助？

不认同 | 1 | 2 | 3 | 4 | 5 | 6 | 7 | 8 | 9 | 10 | 非常认同

9. 友善价值观被提出以后，您觉得对您的价值观指导有帮助吗？

不认同 | 1 | 2 | 3 | 4 | 5 | 6 | 7 | 8 | 9 | 10 | 非常认同

10. 您是否认同我们应该友善地对待曾经犯过错的人？

不认同 | 1 | 2 | 3 | 4 | 5 | 6 | 7 | 8 | 9 | 10 | 非常认同

11. 网络时代，人人都有麦克风，那您觉得友善在网络世界重要吗？

不认同 | 1 | 2 | 3 | 4 | 5 | 6 | 7 | 8 | 9 | 10 | 非常认同

12. 虚拟世界中的伪善言行是不道德行为吗？

不认同 | 1 | 2 | 3 | 4 | 5 | 6 | 7 | 8 | 9 | 10 | 非常认同

13. 您在接触友善价值观以后有没有运用它作为您解决实际问题的策略？

A. 经常　　B. 偶尔有过　　C. 不确定　　D. 没有

14. 您认为自己友善观践行状况如何？

A. 优秀　　B. 良好　　C. 中等　　D. 合格　　E. 不合格

15. 当身边的人遇到困难需要帮助时，您会？

A. 在自己的能力范围之内，尽可能提供帮助

B. 视情况而定，有选择地提出帮助

C. 碍于情面而关心，但不会付诸行动

D. 不会帮助，因为和自己无关

16. 您的室友生病或者遇到困难了，您怎么办？

A. 毫不犹豫立刻帮忙

B. 看交往程度，关系好帮忙，关系不好则不帮忙

C. 视情况而定，自己的利益不受影响会帮，自己的利益受损则不帮

D. 与我无关

17. 如果您走在路上看到有人晕倒了，旁边有人围观，您会不会去帮忙？

A. 会，帮忙送医院

B. 不会，随大流也围观

18. 朋友圈里频繁出现招募献爱心的信息，如"轻松筹"等，面对与病魔抗争的陌生人，您的选择是？

A. 主动捐钱　　B. 看情况选择捐不捐　　C. 不去看　　D. 一律不捐

19. 您帮助他人是因为？（多选）

A. 帮助别人，让我快乐

B. 有人曾帮助过我

C. 我有能力帮助他人

D. 应该互相帮助

E. 会得到大众的表扬

F. 其他

20. 您觉得见义勇为、助人为乐是否应当有回报？

A. 应当　　B. 不应当　　C. 无所谓　　D. 说不清

21. 您是否参加过社会志愿服务活动？

A. 经常参加　　B. 偶尔参加　　C. 从不参加　　D. 非自愿参加

（如果有请选择 22 ～ 23 题作答；如果没有请选择 24 ～ 25 题作答）

22. 您每年参加志愿服务的次数是多少？

A. 1 ～ 2 次　　B. 3 ～ 4 次　　C. 5 次以上

23. 您参加志愿服务的主要目的是什么？（可多选）

A. 锻炼提高自己

B. 让自己有更多的社会实践经历

C. 以此为平台广交朋友

D. 奉献爱心，共享快乐与幸福

D. 综测加分

E. 大学生应尽的社会责任

24. 您是如何看待大学生志愿服务的？

A. 发展社会公益的好渠道

B. 能够帮助弱势群体

C. 促进社会和谐

D. 纯粹是搞形式

25. 您没有从事过志愿服务活动的原因是什么？（可多选）

A. 脱离大学生实际

B. 服务活动流于形式

C. 志愿活动太老套

D. 课业负担过重

E. 感觉浪费学习时间

F. 活动缺乏组织性

G. 学校宣传不够

H. 不知道如何参加

I. 想参加没有机会

26. 当代部分大学生友善价值观认同相对不足，您认为可以在哪些方面提高？（最多选三项）

A. 家庭教育　B. 学校教育　C. 社会教育　D. 文化熏陶

E. 制度保障　F. 其他

27. 您认为大学生友善价值观认同的有效途径有哪些？（多选）

A. 思想政治理论课课堂教学

B. 开展校园媒体宣传活动

C. 开展友善专题讲座

D. 参加社会实践活动

E. 树立榜样形象

F. 加强自我道德修养

G. 完善相关法律法规制度

H. 其他

第二部分（个人基本情况）

1. 您的性别（　　）

A. 男　B. 女

2. 您是否为独生子女（　　）

A. 是　B. 否

3. 您的学历层次（　　）

A. 专科　B. 本科

4. 您的专业（　　）

A. 理工农医类　B. 法政文史类　C. 艺术体育类　D. 财经管理类　E. 其他

5. 您的政治面貌（　　）

A. 中共党员（包括预备党员）

B. 共青团员

C. 群众

D. 其他民主党派

6. 您的家乡所在的地区是（　　）

A. 东部（辽宁、北京、天津、山东、江苏、上海、浙江、福建、广东、海

南、港澳台）

B.中部（黑龙江、吉林、山西、河南、湖北、安徽、湖南、江西）

C.西部（重庆、四川、贵州、云南、广西、陕西、甘肃、青海、宁夏、西藏、新疆、内蒙古）

7.您的生源地域是（　　）

A.农村　B.城镇

附录2　班级语境下大学生友善价值观现状调查问卷

亲爱的同学：

　　您好！这是一份关于大学生友善价值观的问卷调查，本问卷仅作为学术研究，且为匿名调查，我们会对您的作答严格保密。请您认真阅读题目，在您觉得合适的选项下打"√"。答案没有正误之分，请您按照真实想法作答。您的作答对我们的研究十分重要，再次感谢您的配合！

一、现状

　　1.您对党的十八大正式提出的社会主义核心价值观中的"友善"的了解程度是？

　　A.非常了解　B.比较了解　C.不好说　D.比较不了解　E.非常不了解

　　2.您所在的班级一学期开展的主题班会次数是多少？其中，涉及班级同学和睦相处、友善互助的主题班会次数是多少？（若选B、C、D项请回答下一题，选A项请跳过）

　　A.0次　B.1次　C.2次　D.3次及以上

　　3.在友善主题班会上，您是否愿意主动分享自己的观点？

　　A.非常愿意　B.比较愿意　C.不确定　D.比较不愿意　E.非常不愿意

　　4.您所在班级一学期内公益活动（如义卖、义工、义讲、捐款捐物等）开展的次数是多少？（若选B、C、D项请回答下一题，选A项请跳过）

　　A.0次　B.1次　C.2次　D.3次及以上

　　5.您是否能够自觉主动地参加班级内部的公益活动？

　　A.非常能　B.比较能　C.不确定　D.比较不能　E.非常不能

　　6.您所在的班级中，同学之间是否能够和睦相处？

A. 非常能　B. 比较能　C. 不确定　D. 比较不能　E. 非常不能

7. 班级内部是否有排挤、孤立的对象？

A. 是　B. 否　C. 不清楚

8. 在班级内部进行思想品德互评的过程中，大家是否能够将个人的友善言行纳入评价标准？

A. 全都能　B. 部分能　C. 不确定　D. 少数能　E. 全都不能

9. 在评选优秀班干部、优秀团员、三好学生时，您是否会将候选人的热心程度与同学的关系融洽程度等友善元素纳入考虑范畴？

A. 是　B. 否　C. 不清楚

10. 您所在的班级中，辅导员是否会注重教育学生要与人为善？

A. 非常注重　B. 比较注重　C. 不确定　D. 比较不注重　E. 非常不注重

11. 您所在的班级中，师生之间是否能够互相尊重、见面问好？

A. 全都能　B. 部分能　C. 不确定　D. 少数能　E. 全都不能

12. 您所在的班级中，辅导员在与学生家长沟通时，是否会交流该生在校的友善言行情况？

A. 是　B. 否　C. 不清楚

13. 您所在的班级中，辅导员是否会经常称赞乐于助人的同学？

A. 是　B. 否　C. 不清楚

14. 您所在的班级中，班干部是否能够做到主动帮助同学？

A. 全都能　B. 部分能　C. 不确定　D. 少数能　E. 全都不能

15. 您所在的班级中，班干部是否能够主动调和同学间的矛盾？

A. 全都能　B. 部分能　C. 不确定　D. 少数能　E. 全都不能

16. 您所在的班级中，班干部团队内部是否团结？

A. 非常团结　B. 一般团结　C. 不团结　D. 不清楚

17. 与同学合作完成任务时，您是否能够做到换位思考？

A. 非常能　B. 比较能　C. 不确定　D. 比较不能　E. 非常不能

18. 在班级内的竞赛活动中，您是否能够做到公平竞争？

A. 非常能　B. 比较能　C. 不确定　D. 比较不能　E. 非常不能

19. 当知道同学遇到困难时，您是否愿意主动伸出援助之手？

A. 非常愿意　B. 比较愿意　C. 不确定　D. 比较不愿意　E. 非常不愿意

20. 当看到同学或舍友争吵时，您的做法是什么？

A. 尽快离开现场　　B. 坐视不管　　C. 予以劝解

D. 火上浇油　　E. 暗中拉偏架　　F. 不确定

21. 当您与同学发生矛盾时，您的处理方式是什么？

A. 自己主动寻求和解　　B. 等待对方来主动和解　　C. 寻求第三者帮助

D. 冷战　　E. 报复　　F. 视情况而定

22. 您对所在的班级开展的友善宣传活动的看法是什么？

A. 内容丰富，形式多样，受益匪浅

B. 形式古板，有一定的教育意义

C. 流于形式，无实际意义

D. 没有开展友善宣传的相关活动

E. 不清楚

23. 您所在的班级都通过哪些形式进行友善价值观教育？（多选题）

A. 主题班会　B. 宣传展览　C. 团日活动　D. 社会实践　E. 其他

24. 您认为以下哪些属于友善行为？（多选题）

A. 主动为学习成绩差的同学辅导功课

B. 主动调解缓和同学间的矛盾

C. 当发现同学有缺点时，能主动提出并给予建议

D. 与您关系好的同学逃课时，帮他签到

E. 评优评先时，把票投给与您关系好的同学，而不考虑他的综合素质

25. 您认为造成班内同学友善价值观缺失的原因有哪些？（多选题）

A. 辅导员对培育友善价值观的指导不足

B. 班级内不同学生特点造成的挑战

C. 不合理的班级制度带去的阻碍

D. 班级内利益相争带来的负面影响

E. 其他

26. 关于班级建设视域下大学生友善价值观的培育，您有什么好的建议？

二、基本信息

1. 您的年龄：（　）岁

2. 您的性别（　）

A. 男　　B. 女

3. 您是否为独生子女（　）

A. 是　　B. 否

4. 您的生源地域类别（　）

A. 城市　　B. 乡镇　　C. 农村

5. 您的政治面貌（　）

A. 中共党员　　B. 中共预备党员　　C. 共青团员　　D. 群众　　E. 其他民主党派

6. 您的学历层次（　）

A. 专科　　B. 本科

7. 您所在年级（　）

A. 大一　　B. 大二　　C. 大三　　D. 大四

8. 您的学科背景（　）

A. 理工农医类　　B. 法政文史类　　C. 艺术体育类　　D. 财经管理类　　E. 其他

9. 您所在班级的人数大概是（　）

A.30 人以下　　B.30 到 50 之间　　C.50 人以上

10. 您所在班级的男女比例是（　）

A. 男生较多　　B. 女生较多　　C. 一半一半

11. 您是否在班级中担任班干部（　）

A. 是　　B. 否

再次感谢您的参与，祝您生活愉快！

附录3 自媒体环境下大学生友善价值观现状调查问卷

亲爱的同学：

你好！感谢您参与此次问卷调查。本调查旨在了解自媒体环境下大学生友善观的认知与践行现状，同时，也是完成我的毕业论文的需要。您的答案没有正确错误之分，只需按照自己真实的情况答题即可。本调查均为匿名，调查结果仅用于学术研究，不会对您造成不良影响，请放心作答。感谢您的合作与配合！

1.自媒体是一种新兴的、能够实现即时传播和多向互动的信息传播媒介，例如微博、抖音等。您是否有自己的自媒体账号？（单选题）

A.有　B.没有

2.您认为自媒体最主要的作用是？（多选题）

A.社交需要

B.工作学习需要

C.交友聊天

D.娱乐打发时间

E.了解社会热点

F.其他

3.您每天在自媒体平台花费的时间是多少？（单选题）

A.小于2小时　B.2～4个小时　C.4～6小时　D.6小时以上

4.您使用自媒体关注的内容是什么？（多选题）

A.时政热点

B.娱乐八卦

C.体育新闻

D. 学习技能

E. 购物消费

F. 科技创新

G. 其他

5. 您平时经常使用哪些自媒体？（多选题）

A. 微博

B. 微信公众号

C. 抖音

D. 快手

E. 哔哩哔哩

F. 斗鱼

G. 企鹅直播

H. 其他

6. 您对所在高校开通的自媒体账号的满意程度？（单选题）

A. 非常满意　B. 比较满意　C. 一般　D. 比较不满意　E. 非常不满意

7. 您关注的主流媒体的自媒体窗口有哪些？（多选题）

A. 光明网　B. 人民网　C. 新华网　D. 央广网

E. 学习强国　F. 中国新闻网　G. 其他

8. 您对主流自媒体窗口的关注度如何？（单选题）

A. 非常关注　B. 比较关注　C. 无所谓　D. 比较不关注　E. 非常不关注

9. 您对于主流媒体传播的信息态度是怎样的？（单选题）

A. 完全认同　B. 比较认同　C. 无所谓　D. 比较不认同　E. 非常不认同

10. 您如何理解"友善"？（多选题）

A. 与人为善

B. 心怀善意

C. 尊重他人

D. 尊重生态

E. 关爱社会

F. 谦虚礼貌

G. 无私奉献

11. 您平时主要在哪些渠道了解到友善典型人物或事例？（多选题）

A. 自媒体平台

B. 电视

C. 课堂

D. 书籍

E. 报刊

F. 广播

G. 听人讲述

H. 社区宣传栏

12. 您认为自媒体让当代大学生变得如何？（单选题）

A. 变得自私封闭冷漠　　B. 没什么影响　　C. 变得更加亲和善良

13. 您认为自媒体对您品格塑造的影响是什么？（单选题）

A. 影响很深　　B. 比较有影响　　C. 有一点影响　　D. 没有影响

14. 您在自媒体环境知道或遇到过哪些不友善的现象？（多选题）

A. 网络掐架

B. "人肉"搜索

C. 谣言

D. 赌博、涉黄等非法广告和信息

E. 非法校园贷

F. 其他

15. 您在自媒体平台中参与过哪些体现友善的行为和事件？（多选题）

A. 水滴筹等网络众筹

B. 支付宝植树

C. 支付宝爱心小鸡

D. 为灾区捐赠物品钱款

E. 其他 ___

16. 当您在自媒体环境中遇到友善的行为您会怎样做？（多选题）

A. 点赞　　B. 转发　　C. 积极评论　　D. 在私人社交软件中发表观点看法

E. 什么也不做

17. 当您在自媒体环境中遇到不友善的行为您会怎样做？（多选题）

A. 举报

B. 投诉

C. 客观评价，理性谴责

D. 生气但不发表评价

E. 置之不理

F. 在网络上叫骂

G. 在社交平台"晒"当事人个人信息，号召大众对其谴责

H. 其他

18. 您的性别？（单选题）

A. 男　B. 女

19. 您的学历？（单选题）

A. 高职　B. 本科　C. 研究生

20. 您的政治面貌？（单选题）

A. 中共党员（预备党员）　B. 共青团员　C. 群众